Hotel Food & Beverage Service

호텔 식음료실무

김진수 · 복창근 · 이현재 · 이성우 · 김원식

백산출판사

머리말

관광서비스산업의 발전은 국가의 위상과 더불어 비약적인 발전을 하고 있다. 한류 열풍과 더불어 문화관광과 서비스산업은 한국의 관광상품을 더욱 돋보이게 하는 핵심산업으로 부각되고 있는 실정이다.

관광산업에 있어서 호텔산업은 매우 중요한 부분을 차지하고 있으며, 컨벤션산업 또한 비약적인 발전을 거듭하고 있다.

현대의 호텔산업은 첨단화·대형화의 시대로 접어들었다. 호텔기업의 대표적인 상품으로 객실상품과 식음료상품을 말할 수 있는데, 초반에는 객실상품 위주의 경영형태로 운영을 하였으나 식음료상품의 판매신장률이 객실에 비하여 매우 탄력적이므로 호텔영업에서 큰 비중을 차지하게 되었다. 그리고 호텔 내에서 조직규모도 크고 근무종사자도 많이 보유하다 보니 대학의 관광분야나 호텔분야에서 호텔의 식음료분야에 관심을 갖고 이 분야에 대하여도 활발한 연구가 진행되었다.

서양의 식문화와 식습관이 우리나라의 문화와 다름에도 불구하고 국제화 속에서 살아가는 오늘날에는 서양의 식문화가 우리의 생활 속에 서서히 자리 잡게 되었다. 또한 소득의 증가로 인한 레저문화의 발달과 여성의 사회진출 및 세계적인 외식업체의 진출로 인하여 식음료분야는 급속한 성장을 이루고 있으나, 구조적으로 아직도 여러 가지 저해요인이 있다. 그리고 턱없이 부족한 객실 수와 폭발적으로 늘어나는 외식사업체들로 인하여 우리의 호텔식음료산업이 또 다른 어려움에 처해 있는 것 또한 걱정이 아닐 수 없다. 어려울 때일수록 더욱더 용기와 희망을 잃지 않고 새로운 시대에 맞추어 슬기롭게 대처하는 계기로 삼기를 바란다.

호텔의 식음료가 매우 중요한 부문임에도 불구하고 실질적으로 이 상품을 판매하는 직원들이나 이 분야를 공부하는 학생들이 이 식음료상품에 대한 정보나 지식이 저를 포함해서 아직도 미흡하다고 생각한다.

본서가 학생들에게 호텔에 대한 기본적인 지식과 식음료에 대한 이론을 정립하는 데 도움이 되고자 노력하였으나, 흡족하지는 않은 것 같다. 하지만 학생들에게 가능한 한 많은 내용을 알려주려 애썼으므로 그 점을 높이 사주기를 바랄 뿐이다. 요즘 경제가 어려운 상황이다. 모쪼록 이 책이 식음료를 전공하는 학생들에게 초석이 되어줄 것을 믿어 의심치 않으며, 취업을 하고 실무에 적응하는 데도 미력하나마 보탬이 되었으면 하는 바람이다.

그동안 특급호텔에서 근무하며 배우고 익힌 내용과 강단에서 후배들을 만나서 강의해 왔던 경험을 살려 실제적으로 고객을 접하며 느껴 왔던 내용들을 다루었으며, 많은 학계 및 업계의 선배들과 동료들의 조언을 바탕으로 본서를 준비하였다. 관광학을 공부하는 학생들과 식음료 관련학을 강의하시는 각 학교의 교수님들, 그리고 현장에서 근무하시는 우리 식음료산업의 역군들에게 미력하나마 도움이 되었으면 하는 바람으로 본서를 만들었다.

2013년 7월
김진수 씀

차례

Contents

PART 1 호텔 식음료 서비스의 기본

PART 2 호텔 식음료실무의 이해

PART 1
호텔 식음료 서비스의 기본

Chapter 1

식음료 서비스의 이해

1.1 식음료 서비스의 표준화와 절차

1. 식음료 서비스 표준의 개념

다양한 개성을 가진 고객을 상대로 하는 식음료산업에 있어서 어떠한 틀이나 기준을 두어 그대로 시행한다고 하는 자체가 모순일지 모른다. 항상 사람을 상대로 하는 서비스전문가로서의 생각으로 어떠한 틀에 맞춰 일률적으로 하는 기계적인 서비스를 벗어나 고객 개개인의 기호・습관・취미 등을 잘 파악하여 융통성 있는 서비스를 하려고 노력해 왔다.

외국의 식생활문화를 어찌 한국사람인 우리가 그들보다 더 잘 알 수 있겠는가? 단지 고객들이 호텔을 방문하여 식사하고 사업하는 데 있어서 불편하지 않도록 편안하게 분위기를 이끌면서 봉사하면 된다는 생각이다. 실제로 많은 외국고객들은 우리의 딱딱한 표정과 형식에 얽매인 서비스절차 등은 좋아 하지 않으며, 오히려 고객과 직원이라는 벽을 허물고 다가서는 Friendly Service를 더욱더 선호하고 있음을 알 수 있다. 물론 그렇다고 해서 무례하다거나 격식을 무시하라는 이야기는 절대 아니다. 정중함과 적절한 형식, 친절함과 미소, 일정수준의 외국어능력만 있다면 그들은 좀더 편안한 분위기에서 즐기기를 원하고 있다는 사실을 우리는 간과해서는 안된다. 혹시 지금 이 순간에도 현장에서는 과거에 배운대로 후배직원들에게 형식에만 치우친 딱딱하고 무미건조한 서비스를 강요하고 있는 지배인은 없는지 알 수 없는 일이다.

그러나 아무리 편안하게 하기 위한 동기에서라도 절대로 무례해서는 안될 것이며, 그들의 문화를 이해하고 호텔 식음료 서비스의 기본원칙인 신속・정확・청결한 서비스의 제공을 위해서는 최소한의 기준은 정하여 실행함이 최선이라는 생각에 서비스절차에 있어서의 한 모델을 제시함으로써 실제 서비스에 참고하고, 각종 Plan을 수행하는 매니저들이 참고하시기를 바라며 이 장을 쓴다.

사실 눈에 보이지 않는 서비스업이라 하여 각종 표준화작업이 어렵고, 서비스절차에 있어서의 표준화 자격획득이 어려웠던 것도 사실이다. 그러나 최근에 C호텔에서 그 작업을 인정받은 사실이 있고, P호텔도 이미 그런 작업을 끝낸 것으로 알고 있다.

모든 호텔과 모든 식당에서는 사실 서비스 매뉴얼이라 하여 그들의 컨셉트와 상황에 맞게 서비스를 제공하는 절차와 표준화를 제시하고 있다. '우리만의 상황에 맞는 우리만의 독특한 서비스'가 최고의 상품이며 경쟁력이므로 모든 식음료부서의 직원들은 이를 반드시 숙지하여 실제 서비스에 응용함으로써 조직의 목표는 물론, 개인의 목표에도 도달하고 발전할 수 있도록 노력하여야겠다.

2. 식음료산업의 분류

참고로 한국표준산업분류와 식품위생법상의 식품접객업 분류를 통해 식음료산업을 살펴 보면 〈표 1-1〉과 〈표 1-2〉와 같다.

〈표 1-1〉 한국표준산업분류표

소분류	세분류	세세분류	항목명	구분수	비고
63	음식 및 숙박업				
631			음식점업		
	6311	63111 63112 63113 63114 63119	식당업 한식업 중국음식점 일본음식점 서양음식점		
	6312	 63121 63122 63124 63129	달리 분류되지 않은 식당업 주점업 일반유흥주점 무도유흥주점 외국인전용주점		
	6313	 63131 63132 63139	달리 분류되지 않은 주점업 다과점업 다방업 달리 분류되지 않은 다과점업		

자료: 경제기획원, 1984.

〈표 1-2〉 식품위생법상의 식품접객업 분류

식품접객업	분류내용
가. 휴게음식점업	음식류를 조리・판매하는 영업으로서 음주행위가 허용되지 않는 영업(주로 다류를 조리・판매하는 다방, 빵, 떡・과자・아이스크림류를 제조・판매하는 과자점형태의 영업을 포함한다.)
나. 일반음식점업	음식류를 조리・판매하는 영업으로서 식사와 함께 부수적으로 음주행위가 허용되는 영업
다. 단란주점업	주로 주류를 조리・판매하는 영업으로서 손님이 직접 노래를 부르는 행위가 허용되는 영업
라. 유흥주점업	주로 주류를 조리・판매하는 영업으로서 유흥종사자를 두거나 유흥시설을 설치할 수 있고 손님이 직접 노래를 부르거나 춤을 추는 행위가 허용되는 영업

자료: 식품위생법 시행령, 1994.

3. 레스토랑 서비스 절차

앞에서도 언급했듯이 서비스 자체를 규격화하여 표준화한다는 것이 쉬운 일은 아니지만, 고객이 예약에서부터 식사를 끝마치고 떠날 때까지의 흐름을 바탕으로 각 상황의 절차에 대한 모델을 제시해 보면 다음과 같다.

1) Reservation

① 전화는 3~4번 울리기 전에 받으며 항상 메모지를 준비한다.

② 전화예약접수는 영업시간과 상관 없이 고객의 일상에 맞춰 아침 9시부터 저녁 10시까지로 한다.

③ Reservation Book을 항시 비치하여 빠짐 없이 접수하여야 하며, 접수 후에는 반드시 복창하여 확인한다.

④ 특별한 요구사항이나 중요한 사항은 누구나 알 수 있듯이 비고란에 정확히 기입한다.

⑤ 예약을 받는 동안에도 직원은 항상 Up-selling을 염두에 두어야 한다.

〈표 1-3〉 Reservation Book의 형식

(년 월 일 요일)

성명	회사 및 직책	연락처	Table No	예약일	예약자	예약접수자	비고

2) Guest Arrival

① 영업시간에는 Manager, Supervisor 또는 Greetress가 항시 입구에 Stand-by하여야 한다.
② 고객도착후 30초 이내에 영접하거나 인식하여야 하며, Greetress가 자리에 없을 때에는 다른 직원이 대행한다.
③ 신속하고 친절하며 상냥하게 안내하여야 하며, 특히 고객의 자존심을 고취시킨다.
④ 예약 여부 및 금연석 선호 여부를 확인한다.
⑤ 고객을 잘 정돈된 테이블로 안내하고, 착석을 도와 드린다.
⑥ 안내자는 서비스담당자를 소개하고 "즐거운 식사시간이 되십시오"라고 말한 다음 원위치 한다.
⑦ 서비스담당자는 1분 이내에 테이블로 가서 정중히 인사한 후, 메뉴를 드린다.

3) Beverage Service

① 음료와 Aperitif는 주문후 3분 이내에 신속하게 제공한다.
② 아침식사 때는 착석후 30초 이내에 Coffee 또는 Tea를 제공한다.
③ Refill Coffee는 2분 이내에 보충해 드린다.
④ White나 Rose Wine의 경우 Napkin, Wine Bucket과 Stand를 함께 서브한다.
⑤ 고객이 주문한 와인이 맞는지 Presentation을 한다. 맞다면 Host에게 Tasting하도록 한 후 서비스순서대로 따른다.

4) Order Taking

① 고객착석후 5분 이내에 주문을 받는다.
② 모든 주문은 반복하여 고객에게 신뢰감을 주고, 후에 착오가 없도록 한다.
③ 주문시는 항상 메모지나 Captains Order Pad를 사용하여 고객에게 다른 고객의 음식이 서브되는 것을 방지한다.

〈표 1-4〉 식음료주문표(captains order pad의 예)

NO. 123456

waiter No	table No	cover	check No	date

5) Food Service

① Bread와 Butter는 모든 고객에게 자동으로 제공한다.

② 주문받은 후 첫번째 코스는 10분 이내에, Main Course를 주문했을 경우에의 첫번째 코스는 15분 이내에 서비스되어야 한다.

③ 첫번째 주문음식을 치우고 두번째가 나가기까지 5분이 초과해서는 안된다.

④ 물잔이나 커피컵은 빈 채로 2분 이상 두어서는 안된다.

⑤ 서빙하지 않을 때는 고객이 잘 볼 수 있는 곳에서 대기한다.

⑥ 매니저는 Host(주빈)와 정중한 인사를 나눈다.

⑦ 재떨이는 꽁초가 보일 때마다 교환한다.

⑧ Bread, BB Plate, Butter는 Main Course가 끝날 때 치운다.

⑨ 담당직원은 Dessert, Coffee, Dessert Drink를 서둘지 말고 제공한다. 이는 고객으로 하여금 빨리 좌석을 비워 달라는 의도로 보일 수 있기 때문에 이를 방지하기 위함이다.

6) 서비스 마무리 및 계산서 처리

① Bill(비용청구서)의 청구내용이 정확한지 품목별로 점검한다.

② Bill은 깨끗한 folder에 펜과 함께 제공한다.

③ 지불관계는 3분 이내에 처리하여야 하며, 잔돈은 정확하고 신속하게 고객에게 제시한다.

④ 담당직원은 고객이 식사를 마친 후 만족스러웠는지를 확인하고, 감사의 인사를 드린다. 특히 이 고객의 만족(satisfaction) 여부는 서비스 도중에도 코스가 바뀔 때마다 실행함으로써 고객의 만족상태를 확인하고, 고객에게 신뢰감을 주는 것이므로 반드시 실행하여야 한다.

7) Farewell Service

① 담당직원은 입구까지 고객을 안내해 드린 후 감사의 인사를 다시 한번 드리고 제자리로 돌아간다.

② 매니저와 Receptionist는 고객의 만족 여부를 반드시 확인한 후 정중히 감사의 인사를 드린다.

③ Receptionist는 고객이 맡긴 물건이나 옷은 없는지 확인하여 미리미리 챙겨 놓아야 한다.

④ 매니저와 Receptionist는 입구 밖까지 안내하여 한번 더 감사의 인사를 드린 후 가까운 시일 내에 재방문하여 주실 것을 요청하고, 작별의 인사를 한다.

8) 기타 준비 및 시설점검

① 깨끗하고 명확한 Signage를 유지한다.

② 입구에는 깨끗한 메뉴를 Stand에 보기 좋게 펼쳐 놓아 오가는 고객이 편리하게 볼 수 있도록 한다.

③ 영업장의 온도는 겨울에는 20±1°C, 여름에는 23±1°C를 유지한다.

④ 영업시간 중에는 BGM(Back Ground Music)을 항상 유지한다.

⑤ 주방으로부터의 소음・냄새에 각별히 주의하여 차단하도록 한다.

⑥ 카펫은 깨끗하게 잘 정비되어 있어야 하며, 그 밖의 바닥은 광택을 유지하도록 항시 정비 및 보수를 게을리하지 말아야 한다.

⑦ Furnitures・Sofa・Table・Chair 등은 깨끗하며, 흔들리지 않는지, 테이블 밑이나 의자 등에 껌은 붙어 있지 않은지 확인한다.

⑧ 모든 린넨류는 색의 조화에 유념하고, 변색된 것, 구멍이 난 것, 헤진 것, 더러운 것, 구겨진 것 등은 없는지 확인하고, 있다면 즉시 교체한다.

⑨ 유리는 깨끗한지 확인하고, 더러우면 즉시 청소요청을 한다.

⑩ 조명기구가 제 기능을 하고 있는지, 비상구는 잘 표시되어 있는지 등을 항시 확인하여 깨끗이 유지하도록 한다.

⑪ 각종 Plants 및 Flowers들은 싱싱하며 깨끗한지 확인하여야 한다.

⑫ Plastic 장식품은 원칙적으로 사용금지토록 한다.

⑬ Side-stand는 청결하게 잘 정리・정돈되어 있어야 한다.

⑭ Baby Chair(high chair)가 준비되고, 장애자가 출입하는 데 지장이 없도록 세심한 주의를 기울여야 한다.

⑮ 영업시간 중에는 비상응급요원이 대기하고 있어야 한다.

⑯ 화장실은 식당에서 2분 이내의 거리에 위치해야 한다.

⑰ 모든 식당은 Cloak Room이 설치되어 있어야 한다.

⑱ 식당입구에 국내・국외의 대표적 일간지를 비치해야 한다.

그 외에 바(bar)에 관련된 사항과 메뉴의 표준화 예시는 해당장에서 다루었음을 알려드리는 바이다.

1.2 식음료 서비스종사원의 기본요건

1. 서비스종사원의 기본정신

인적 자원에 대한 의존도가 높은 식음료 서비스에 있어서 그 기업의 성패는 서비스를 담당하는 각각의 구성원의 역량에 달려 있다. 항상 웃고 항상 예의바르며 즐겁게 일하는 직원만이 치열한 경쟁에서 살아남을 것임은 모두가 인지하고 있는 사실이다.

회사의 필요와 나의 필요가 맞아떨어져 직원은 입사했고, 회사는 채용했다. 그러므로 개인과 회사는 하나의 목표를 향해 나아가야 하는 동반자의 관계에 있는 것이다. 그러나 그런 관계를 제대로 이해하고, 또 이해시키려고 하는 호텔이 과연 얼마나 될까?

몇 해 전까지만 해도 평생직장을 부르짖으며 직원들에게 자부심과 긍지를 가지고 평생을 가야 할 호텔을 위해 최선을 다해 달라고 용기를 주던 초일류 호텔들도 IMF사태가 터지기 1년 전부터 경기의 침체가 계속되자 구조조정의 계획을 착실히 수행하여 바야흐로 IMF에 직면하자마자 기다렸다는 듯이 그동안 몸바쳐 일해 오던 직원들의 임금을 몇 년씩 동결 내지는 삭감하고, 명예퇴직이라는 허울좋은 인사정책과 그동안 몇 십년씩 일해 오던 것과는 전혀 다른 부서로의 전보발령, 기존직원의 공백을 Casual Worker 내지는 Temporary 사원으로 교체하고 3년이 지나도록 발령을 내주지 않는 등의 편법경영 또는 비정규직 사원이라는 명분으로 정규직으로의 전환을 미루고 있는 실정이다.

이러한 경영환경 속에서 과연 직원들이 회사를 믿고 의지하며 자신의 역량을 최대한 발휘하려 할까? 그렇다고 경영자들만 탓할 수도 없는 일이다. 이렇게 어려울 때일수록 자신의 역량을 총집결하여 기대 이상의 결과를 도출해냄으로써 경영자에게 신뢰감을 주려는 노력이 가일층되어야 한다.

이제는 시키는 일만 잘하고 착하게 일만 열심히 한다고 해서 자신의 미래가 보장되지는 않는다. 참신한 아이디어를 통한 생산력의 제고, 질적인 서비스의 창출로 인한 경쟁시장 내에서의 확실한 Positioning, 항상 앞서가는 사고와 적극적인 행동으로 어려운 시대를 극복해야만 한다. 난세에 영웅은 태어난다고 했지 않은가? 어려운 때일수록 조직의 힘을 결집하고, 하나된 모습으로 적극적으로 대처한다면 호텔 식음료산업의 미래는 나쁘지만은 않을 것이다.

갑자기 SAS(스칸디나비아 항공)의 얀 칼슨 사장이 생각나는 것은 왜일까? 흔히 호텔의 식음료부문 종사원들이 갖추어야 할 요건이라면, 다음과 같은 사항을 들곤 한다.

1) 청결성(Cleanliness)

항상 깨끗하고 위생관념이 철저하고, 건강하며 명랑해야 한다. 단정하고 깨끗한 복장과 용모, 공중위생과 개인위생에 신경을 쓰면서 영업장의 환경에도 유념해야 한다. 대중매체를 통해 전달되는 위생의 문제, 여름철이면 나타나는 식중독 신드롬, 기준치 이상의 대장균 함유, 유효기간이 이미 경과된 식재료의 사용 등 우리를 슬프게 하는 많은 것들을 접할 수 있다.

최고의 시설로 최고의 직원들이 근무하고, 엄청난 음식값을 지불해야 하는 호텔 식음료부서라면 무언가 달라도 달라야 한다. 임직원 모두는 매출증대도 좋고 업계 1위도 좋지만, 가장 중요한 것은 앞으로도 계속해서 우리 호텔 및 우리 식당을 찾을 고객의 건강을 우선 생각하는 풍토가 아쉽다 하겠다.

2) 봉사정신(Service)

항상 고객을 생각하는 고객지향(customer focus) 정신이야말로 언제 어디서나 가깝게 고객 속으로 달려 가려는 서비스업계의 영원한 숙제이다. 최고경영자에서부터 고객을 접하는 최일선의 직원에게 이르기까지 모두 다 주인정신을 가지고 최선을 다하는 모습을 보여 주는 전사적인 서비스 마케팅을 행해야 한다.

경영자층은 지시만 하고 질책만 할 것이 아니라 진실로 최일선의 직원들이 그들의 능력을 마음껏 펼칠 수 있도록 환경을 조성해 주어야 하고, 최일선의 직원들은 나의 손 및 나의 머리에서 최고의 서비스가 창출되고, 고객이 감동하며, 나아가 회사의 성장과 함께 내가 성장・발전한다는 평범한 진리를 생각하며 매사에 최선을 다할 수 있도록 평소에 만반의 준비를 갖추고 있어야 하겠다.

3) 경제성(Economy)

흔히들 20%의 매출증대보다 10%의 경비를 절감하는 것이 보다 바람직한 경영이라고 한다. 호텔의 식음료부문은 직접재료비와 인건비의 부담이 가장 큰 부분을 점하고 있는데, 이들은 그야말로 뜨거운 감자로서 풀기 어려운 숙제이다. 직접재료비를 줄이자니 질적으로 영향을 받아 고객이 감소할 것이고, 무작정 인건비를 줄이자니 서비스의 악화로 이 역시 고객의 급격한 감소로 이어질 것이다.

그렇다면 해답은 어디에서 찾을까? 현장에서 근무하는 최일선의 직원들이 해 주어야 한다. 메모지 한 장, Cocktail Napkin 한 장이라도 아끼고, 당근 하나, 오이 하나라도 헛되이 버리지 않는 철저한 절약정신만이 해결책이 될 것이다.

그런 한편 접객인원을 줄이고 정식직원을 계약직이나 임시직으로 대체하는 것을 한탄만 할 것이 아니라 철저한 교육과 자기개발을 통해 일당백의 근무능력을 배양함으로써 기대에 부응해야만 한다. 과거에 해 오던 대로의 안일한 근무자세는 곧바로 퇴출을 불러 온다는 위기의식을 가지고 철저하게 대처해야겠다.

4) 효율성(Efficiency)

같은 경력의 직원이라 해도 같은 근무시간대에 근무를 하면서 느끼는 피로도는 각자가 다를 것이다. 숙달된 직원과 그렇지 못한 직원간의 업무성과와 느끼는 피로도는 또 어떨까?

어느 Service Station은 아무리 고객이 많아도 물흐르듯이 매끄럽게 서비스가 이루어지는가 하면, 어느 Service Station은 우왕좌왕 정신이 없다. 왜 그럴까?

위에 열거한 사례는 모두 업무의 효율성에 관한 내용들이다. 같은 조건에서 같이 일을 하더라도 개인의 성과에는 차이가 나기 마련이다. 그 차이를 최소화하고 개개인의 능력의 차이를 줄이며 모든 직원들이 일정 수준에 도달하게 하기 위하여 많은 교육을 실시한다. 그런데도 불구하고 개인 간의 차이는 항상 존재한다.

필자는 항상 강조하는 것이 있다. 자신의 머리를 사용할 줄 모르는 사람은 남보다 더 피곤하고 능률도 오르지 않는 법이다. 이리저리 바쁘게는 뛰고 있는데 능률이 안 오르는 직원이 있다면 이 어찌 답답한 노릇이 아니겠는가?

그래서 각각의 영업장에서는 Service Manual이 있고, Product Knowledge Training(상품교육)이 있으며, Craft Training(기능교육)이 있는 것이다. 그러나 많은 수의 직원들은 이것들을 대개는 무시하고 있다. 필자는 회사에서 받게 되는 각종 교육 프로그램을 통해 많은 것을 배웠다. 전문가란 그렇게 어렵고 힘든 것만은 아니다.

자신이 가고 있는 분야에 최대한의 관심을 가지고 바라보면서 그때그때 필요한 기능과 지식을 습득해 나간다면 머지않은 시간 내에 모두가 전문가가 될 수 있다고 늘 믿어왔다. 수업시간에 접하게 되는 모든 학문은 새로운 것이며, 당장 현장에서 근무하게 되면 적용시키고 응용해야만 하는 지식들이다. 미리미리 준비하는 자는 그만큼 앞서 간다는 진리를 명심하고, 졸고 있는 학생이 있다면 정신 차리기 바란다.

"호텔 식음료부문의 직원들은 항상 빈 Tray를 들고 다니지 않는다."

바로 여기에 해답이 있는 것이다.

〈그림 1-1〉 Internal Customer 간의 Relationship의 중요성

5) 신뢰성과 정직성(Trust & Honesty)

1990년대 들어서면서 부터 Internal Marketing이라는 말을 자주 사용해왔다. Internal Customer란 말도 많이 듣는다. 직원 상호간의 믿음을 바탕으로 서로 의지하고 도와주며 조직의 목표달성을 위해 총 매진하자는 것이다.

한 직원이 아파서 결근을 한다면 그 사람이 해야 할 분량의 업무는 다른 직원들이 분담해서 해결해야 한다. 정상적인 Man Power라도 버거운 작금의 근무환경에서 나 하나쯤이야 하는 근무태도는 크나 큰 죄악을 짓고 있다고 생각하자. 내가 귀찮아서 치우지 않은 고객의 빈 커피 잔은 나의 동료 중에서 누군가 꼭 치워야 한다는 생각을 해 보자.

서로 돕고 의지하는 풍토에서 즐거운 직장분위기가 만들어지고, 나아가 신명나는 직장이 될 것이다. 그런 분위기라면 직원들의 얼굴에는 항상 미소가 떠나지 않을 것이며, 근무 자체가 즐거우니 고객에게 훌륭한 서비스를 제공하게 되고, 고객은 증가하며, 영업장은 좋은 성과를 올릴 것이고, 나아가 회사의 성장과 발전이 이루어지며, 결국에는 나에게 그 이익이 온다.

2. 서비스종사원의 기본자세

그 식당의 이미지는 고객을 직접 서비스하는 직원의 용모와 태도에 의해 고객의 마음에 깊게 각인된다. 깨끗하고 단정한 용모와 예의바른 서비스, 상황상황을 슬기롭게 대처할 줄 아는 노련함, 고객의 마음을 편하게 하는 기술 등은 하루아침에 마음먹는다고 갖출 수 있는 성질의 것이 아니다. 적어도 학교생활 때부터 전문가가 되기 위한 투철한 정신력과 목표의식을 가지고 차근차근히 준비하고 자기의 몸에 맞도록 숙달시킴으로써 거의 반사적으로 모든 행동이 자연스럽게 나올 수 있도록 해야 한다.

호텔의 식음료시설을 찾는 고객들에게 만족도를 조사한 자료들을 보면, 고객들이 가장 신경을 쓰는 것은 역시 직원들의 친절을 비롯한 서비스의 질적인 수준에 있음을 쉽게 알 수 있다.

1) 직원의 용모와 복장

(1) 용모의 중요성

자신이 신입사원이 되어 회사에 첫 출근을 했다고 가정하자. 아무도 나를 모르고 있는 상황에서 '나'라는 존재가치를 인정받고 나에게 타인의 관심을 집중시킬 수 있는 가장 쉬운 방법이 무엇일까? 바로 단정하고 깨끗한 용모이다. 훌륭한 용모란 잘 생긴 것이 아니고 항상 자기만의 개성을 가지는 깨끗한 인상이다. '첫인상'은 아무리 강조해도 지나침이 없는 인생성공의 지름길이다.

저자가 현직에 있을 때 직원들에게 항상 했던 말 중의 하나는 용모에 관한 것이었다. "적어도 용모에서 지적받는 직원은 근무할 자격이 없다."

① 용모는 단지 외상적인 느낌만을 전하는 것이 아니라, 개인의 내면적 성향 및 소양의 표현이다.

② 첫 인상을 좌우하는 중요한 요소이다.

③ 직원 개개인의 일에 대한 성의와 의욕을 나타낸다.

④ 고객에 대한 최소한의 기본 예의이다.

(2) 남성 직원의 용모기준

가) 두발 및 얼굴

① 두발은 귀가 보이고, 셔츠의 깃을 덮지 않도록 짧고 깨끗하게 손질한다.

② 머리기름이나 무스를 사용하여 머리가 흘러내리지 않도록 하고, 윤기있는 머릿결을 유지한다.

③ 지나치게 유행을 따르는 머리형은 삼간다.

④ 매일 머리를 감아 청결을 유지하고, 항상 단정히 빗는다.

⑤ 수염은 매일 깨끗하게 면도해야 하며, 코털이 보이지 않도록 각별히 유념하여 지저분한 인상을 주지 않는다.

⑥ 염색은 원칙적으로 금지하나, 새치가 많다든가 하는 부득이한 경우에는 머리카락 고유의 색으로 염색한다.

⑦ 퍼머 머리도 원칙적으로는 금지하나, 너무 뻗치는 머리를 가진 직원은 웨이브가 없는 형태의 퍼머를 하여 단정한 모습을 유지한다.

나) 복 장

① 양복은 정장이나 콤비차림으로 하되, 지나치게 유행을 의식하거나 특이하게 디자인된 옷은 피한다.

② 양복 주머니가 불룩 튀어 나오거나 늘어나지 않도록 유지한다.

③ 바지는 항상 줄이 서 있어야 하므로 앉을 때도 조심하도록 한다.

④ 바지의 길이는 선 상태에서 구두굽에 살짝 닿을 정도가 적당하다.

⑤ 와이셔츠의 소매와 깃은 항상 깨끗이 한다.

⑥ 와이셔츠 소매를 걷어 붙이지 않는다.

⑦ 넥타이의 매듭은 똑바른지 항상 유의하고, 길이는 넥타이의 끝이 벨트의 버클 아래 5cm 정도 내려 오도록 한다. Bow-tie의 경우에도 비뚤어지지 않도록 하고, 특히 셔츠의 첫번째 단추가 풀려 있지 않도록 한다.

⑧ 멜빵을 했을 때는 벨트는 하지 않는다.

⑨ 색상있는 내의는 삼간다.

⑩ Badge나 Service Pin 등은 양복 상의의 왼쪽 깃에 부착한다.

⑪ 양말은 흰색 면양말을 착용하지 않으며, 양복바지의 색과 유사한 색계열로 착용한다. 일반적으로 검정색 하의에 검정색 구두를 착용하므로 검정색 양말이 무난하다.

⑫ 캐주얼화는 피하도록 한다.

⑬ 뒷굽이 닳은 구두는 수선하여 착용하고, 매일 깨끗이 닦아서 윤이 나도록 한다.

⑭ 어떠한 경우에도 슬리퍼는 착용치 않는다.

다) 손

① 손은 항상 청결하게 한다.

② 손톱은 항상 청결하고 짧게 유지한다.

③ 손에는 어떠한 로션도 바르지 않는다. 음식 서비스시 음식 고유의 향에 방해를 준다.

라) 액세서리

① 시계와 반지 한 개 정도(결혼예물)는 용인되나, 너무 화려하지 않은 것으로 한다.

② 스킨이나 크림 로션은 너무 향이 진하지 않은 것으로 하여 상쾌한 느낌을 유지하되, 손에는 주의한다.

③ 안경은 예전에는 인상에 지장을 준다 하여 기피하였으나 최근에는 어느 정도 용인되고 있다. 지나치게 색깔이 들어 있거나 너무 유행을 따르는 디자인은 피하도록 한다.

(3) 여성 직원의 용모기준

가) 화 장

직장여성의 화장은 자연스러운 화장이 기본이다. 자연스런 화장이란 너무 화려하지 않고 자신의 얼굴이 밝고 건강하게 보이는 화장이라고 할 수 있다. 여성이기 때문에 유행하고 있는 독특한 화장을 하고 싶을 때도 있겠지만, 그러한 화장은 유니폼에 어울리지도 않으며, 상대에게도 편안한 느낌을 주지 못한다. 또한 화장을 전혀 하지 않은 얼굴로 근무에 임하는 일이 없도록 한다.

(가) 피부화장

① 아이섀도는 엷고 자연스럽게 한다.

② 아이라인은 넓지 않게 자연스럽게 그린다.

③ 마스카라는 검정색에 한한다.

④ 붙이는 속눈썹은 금한다.

(나) 눈 썹

① 눈썹은 본래의 눈썹 라인을 따라 자연스럽게 그린다.

② 수정을 하고자 할 때도 눈썹을 치켜 올려 그리거나, 눈썹을 뽑고 아주 가늘게 그리는 것 등은 자연스럽지 못해 거부감을 주게 되므로 주의한다.

③ 밝은 갈색을 그려 본래의 눈썹과 분리되어 보이거나, 짙은 검정색으로 두꺼운 눈썹 라인을 그려 부자연스럽지 않게 한다.

(다) 입술 화장

① 생기있는 표정을 위해 핑크·오렌지계열의 색상으로 자연스런 입술화장을 한다. 짙은 갈색·자주색 등 어두운 색상 및 흐린 색상이나 펄이 많이 든 립스틱 색상은 피한다.

② 립스틱이 이에 묻지 않도록 한다.

③ 립스틱이 번들거리지 않도록 립스틱을 바른 후 화장지 또는 분첩으로 살짝 눌러준다.

④ 입술선을 따라 자연스럽게 그리되, 입술선을 수정하고자 할 때에는 원래 입술선보다 1mm 안이나 바깥으로 라인을 그려 준다.

(라) 볼 화장

① 얼굴의 윤곽을 교정하고 건강해 보이기 위해 볼연지를 사용한다. 그러나 너무 짙은 볼연지는 유니폼에 어울리지 않으므로 자연스럽게 발라 준다.

② 얼굴이 너무 크거나 각이져서 얼굴의 윤곽을 교정하고 싶을 때 자연스럽게 화장을 한다.

③ 볼에 색감을 주어 부드럽고 건강한 표정을 연출하되, 잘못하면 진하거나 부자연스

러워 보이므로 주의한다.

④ 색상은 립스틱 색깔과 어울리도록 같은 계열의 색상을 선택한다.

(마) Finishing 화장

① 향수는 자신의 분위기에 맞추어 사용한다.

② 적당한 양의 사용으로 타인에게 거부감을 주지 않는 정도로 사용한다.

나) 두 발

① 머리는 항상 깨끗하고 단정하게 유지한다.

② 뒷머리의 길이는 가능한 유니폼 깃에 닿지 않는 길이로 유지・손질한다.

③ 앞머리는 눈을 가리지 않도록 한다.

④ 동작시 자주 머리가 흘러내리지 않도록 고정한다.

⑤ 머리모양을 단정히 하기 위해 Gel이나 Spray를 적당량 사용한다.

⑥ Gel이나 Spray의 과용으로 번쩍이거나 뭉치는 머리는 자연스럽지 못하고 짙은 냄새로 상대방에게 거부감을 줄 수 있으니 항상 주의한다.

⑦ 핀・헤어밴드・머리그물망・리본 등을 사용하여 머리모양을 단정히 한다.

⑧ 크고 화려하거나 검정색 이외의 핀은 피하는 것이 좋다.

다) 근무시 어울리지 않는 머리모양

① 전혀 손질이 안된 퍼머 머리

② 너무 첨단유행을 따르는 머리

③ 지나치게 염색한 머리

2) 업무에 임하는 마음가짐

사람이 자신의 직업에 대해 천직의식과 소명의식을 가지는 것은 매우 중요하다. 그리고 이러한 의식으로 일하지 않는 사람은 자기분야에서 성공하기 어렵다. 사회적으로 성공했다고 평가받는 사람들은 모두 자신이 하고 있는 일을 '마땅히 해야 할 본분'이라고 생각하는 사람들이다. 이러한 사람들은 일이 즐겁고, 그 일에 대한 크나 큰 자부심과 긍지를 가지고 살고 있다고 대답한다.

(1) 성공하는 서비스직원의 마음가짐과 태도

① 항상 감사하는 마음, 봉사하는 마음, 솔직한 마음, 겸허한 마음을 가진다.

② 고객의 욕구를 정확히 파악하고 충족시켜 주려는 태도를 지닌다.

③ 고객에게 진정으로 만족을 주고 감동시키려는 마음을 갖는다.

④ 고객의 입장에서 이해하고 도와 드리려는 마음을 갖는다.
⑤ 지속적으로 고객에게 유익한 정보를 제공하고 친해지려고 노력하는 태도를 지닌다.
⑥ 고객을 존중하고 자존심을 손상시키지 않으려는 태도를 갖는다.
⑦ 주문과 서비스는 신속하고 정확하게 한다.
⑧ 풍부한 상품지식을 갖고 기술적으로 서비스한다.
⑨ 철저한 위생관념하에 상호 협력하는 자세를 지닌다.
⑩ 원가의식을 가지고 효율적으로 업무에 임한다.

(2) 성공하는 서비스직원이 지녀야 할 덕목

① 얼굴은 화색이 넘쳐야 한다.
② 눈은 정기가 빛나야 한다.
③ 음성은 맑아야 한다.
④ 몸가짐은 단정해야 한다.
⑤ 복장은 정결해야 한다.
⑥ 행동은 여유가 있어야 한다.
⑦ 생활은 윤기가 있어야 한다.
⑧ 마음은 너그러워야 한다.
⑨ 말은 조용조용해야 한다.
⑩ 걸음걸이는 사뿐사뿐해야 한다.

(3) 성공하는 서비스직원의 바른 자세

① 매사에 책임과 의무를 다하는 사람이 된다.
② 주어진 역할에 최선을 다하는 사람이 된다.
③ 일을 사랑하고, 하나를 배우면 열을 행하는 사람이 된다.
④ 자만하지 않고 노력하는 사람이 된다.
⑤ 잘 보이려 하기보다는 꾸밈없는 사람이 된다.
⑥ 자신의 과오를 인정하고 고치려 노력하는 사람이 된다.
⑦ 남을 탓하기보다는 자신의 불찰을 반성하는 사람이 된다.
⑧ 창조를 위하여 묵묵히 노력하는 사람이 된다.
⑨ 문제를 회피하기보다는 적극적으로 해결하고자 하는 사람이 된다.
⑩ 현재에 안주하기보다는 보다 나은 내일을 위해서 계획하고 준비하는 사람이 된다.

(4) 성공을 위한 자기 이미지 창조

① 첫인상을 소중히 하여 강한 인상을 심는다.
② 용모와 복장을 언제나 완벽히 한다.
③ 언제나 밝은 표정으로 얼굴 전체의 미소를 잃지 않는다.
④ 눈으로 말하고, 가슴으로 경청한다.
⑤ 귀로써 일하고, 손으로 웃는다.
⑥ 인간미 · 도덕성 · 예절을 갖춘다.
⑦ 눈높이를 같이 하고, 민첩하게 행동한다.
⑧ 오는 사람 반갑게, 가는 사람 인상깊게 대한다.
⑨ 관심과 칭찬을 습관화한다.
⑩ 매순간 최우수주연상을 받을 수 있는 이미지를 창조한다.
⑪ 항상 동료보다 한 발짝 더 뛴다는 생각으로 일한다.
⑫ 고객은 나의 성공을 보장하고 뒷받침해 주는 사람이라 믿는다.
⑬ 나의 성공이 우선이 아니라, 회사와 조직의 발전이 곧 나의 발전의 근본임을 명심한다.
⑭ 남들이 갖지 않은 나만의 그 무엇인가를 확보한다.
⑮ Budget에 대한 철저한 연구와 매출에 대한 철저한 분석을 통하여 항상 발전하는 조직으로 만들어 간다.

1.3 테이블 세팅

테이블 세팅(table setting)이란 식사의 제공에 필요한 일체의 준비로서 Table, Chair, Chinaware, Silverware, Glassware, Caster Set, Tablecloth, Napkin 등의 준비를 총칭한다.

1. 테이블 준비

테이블은 고객이 식사를 하는 데 있어서 가장 중요한 시설이다. 고객은 준비된 테이블과 의자에 앉게 되며, 일행들의 시선을 모아 주는 기준이 된다. 그러므로 항상 튼튼히 고정되어야 하며, 의자 또한 흔들린다거나 삐걱거리지 않도록 철저히 점검해야 한다.

1) 테이블의 종류와 규격

테이블과 의자 1 Set가 차지하는 면적을 약 2.3×2.3m, 의자의 높이는 약 42cm, 의자의 넓이도 약 50cm 정도를 기준으로 하여 다소의 융통성있는 선택과 배치를 하면 될 것이다.

〈표 1-5〉 테이블의 종류 및 규격

테이블종류	좌석수별	규격			주요배치장소
		가로	세로	높이	
Square	2인용	90	90	72	중앙, 구석
	4인용	90	90	72	중앙, 구석
Rectangular	4인용	150	90	72	창가쪽, 벽쪽
	6인용	150	90	72	창가쪽, 벽쪽, 중앙
Rcund	2인용	지름 90		72	중앙
	4인용	지금 90		72	중앙

2) 테이블 배치요령

① 고객의 활동에 불편이 없도록 한다.

② 정해진 규격이 일정하여 호환성이 있어야 하며, 통일감을 주어야 한다.

③ 견고하고 흔들림이 없어야 한다.

④ 위치를 너무 자주 변동하지 않도록 한다.

⑤ 서비스를 하는 데 불편이 없을 정도의 충분한 공간을 유지한다.

⑥ 고객의 수에 알맞은 테이블을 배치한다.

⑦ 고객들간에 어느 정도의 보안이 유지될 수 있도록 배치한다.

3) Under Cloth

① Silence Cloth 혹은 Table Pad라고도 부른다.

② 식탁 위에서의 모든 소음을 줄여 준다.

③ 촉감을 좋게 해 준다.

④ Tablecloth의 수명을 연장시켜 준다.

⑤ Tablecloth가 움직이지 않도록 고정시켜 준다.

⑥ Under cloth가 밖에서 보아 절대로 보여서는 안된다.

4) Tablecloth

Tablecloth는 약 1,000년전 프랑스와 영국에서 사용하기 시작했다고 전해지며, 19세기에 들어서 직물업이 발달함에 따라 냅킨과 함께 일반화되었다 한다.

① 백색의 린넨을 사용하는 것이 원칙이다.

② 사용한 것은 표백세탁한 다음 다림질하여 사용한다.

③ 테이블에 늘어진 길이는 약 30cm 정도로 사방이 같아야 한다. 이 때 늘어진 Cloth는 의자와 직각이 되고, Cloth의 끝은 의자의 끝부분에 딱 맞아 떨어지게 한다.

④ 테이블 위에 펼 때는 접었던 선이 식탁의 가로 · 세로와 평행이 되도록 하여야 한다.

⑤ Tablecloth는 양질의 것을 잘 선택하여 고객의 옷에 흰천의 보푸라기가 묻지 않도록 하여야 한다.

⑥ Cloth를 펴는 방법

ⓐ 앞으로 펴는 방법(혼자 할 때의 보편적인 방법)

ⓑ 앞에서부터 펴나가는 방법

ⓒ 펴서 씌우는 방법

⑦ 펄럭거려서 먼지가 생기게 한다든지, 점잖지 못한 행동을 보이지 않도록 유념한다.

⑧ 얼룩이나 구멍 등 흠이 있는 것은 절대로 사용하지 않도록 한다.

⑨ 모임의 성격에 따라 Top Cloth를 사용하는 경우도 있으므로 신중히 고려하여 선택하도록 한다.

5) 냅 킨

냅킨(napkin)의 역사는 로마시대에 식후에 하인이 Mappa라고 하는 Towel과 물그릇을 들고 돌면서 손을 씻게 했던데서 유래했다고 한다(김충호 교수, 1994: 172).

① 냅킨은 식탁꾸미기의 마지막 장식품이다.

② 모양의 다양성과 정돈된 상태는 수준높은 분위기의 변화와 좋은 첫 인상을 주게 된다.

③ 빠르고 쉽게, 아담하고 단정하게 접는다.

④ 규격은 50×50cm, 60×60cm, 67.5×67.5cm 등의 종류가 있다.

⑤ 청결한 느낌을 주는 백색을 원칙으로 하나, Tablecloth와 잘 어울리는 색깔을 선택하여 사용한다.

⑥ 재질은 부드러운 린넨을 사용한다.

⑦ 접는 방법은 다음다음 항에서 별도로 다루기로 한다.

6) Center Pieces

① 테이블의 중앙을 장식하기 위한 제반 물건을 말한다.

② Flower Base, Ash Tray, Caster Set, Candle Stand, Fruit Plate, Cookies, Bread Basket 등이 일반적으로 장식된다.

③ 꽃은 주위의 색과 잘 조화되어야 한다. 그런가 하면 향기가 너무 짙은 꽃은 피하도록 한다.

④ 장식의 높이는 앉아서 상대방의 얼굴을 볼 수 있을 정도의 높이

⑤ 모든 꽃은 Florist에 의해 제작되고 장식된다.

⑥ Caster Set는 고객의 손이 잘 닿을 수 있는 곳에 위치해야 한다.

⑦ 모든 Center Pieces는 식사에 지장을 주어서는 절대로 안된다.

2. 테이블 세팅의 실제

테이블을 꾸미는 데 있어서는 우선 고객의 이용목적에 따라 식사와 부수되는 행사에 불편함이 없도록 호텔식당에서 보유하고 있는 물적 자원을 상품화로 유도해 나가야 한다.

테이블 세팅은 식사의 종류에 따라 다양하게 이루어지는데, 크게 다음과 같이 나눈다.

① Basic Setting

② Special Setting

③ Table d'Hote Setting

④ Breakfast Setting

⑤ A La Carte Setting

1) 글라스의 세팅

① 글라스의 세팅은 Water Goblet을 중심으로 한다.

② Water Goblet은 Meat Knife의 약 1.5~2cm 정도 위에 세팅한다.

③ Water Goblet을 중심으로 마름모꼴이나 사선형으로 White Wine, Red Wine, Champagne Glass가 차례로 놓여진다.

④ 세팅을 할 때는 위치를 정확히 해야 한다.

⑤ 한 사람의 고객 앞에 한꺼번에 4개가 넘는 글라스는 세팅하지 않는다.

⑥ 글라스의 입이 닿는 부분을 절대로 잡는 일이 없도록 한다.

2) 테이블 세팅의 일반적인 요령

테이블 세팅은 〈표 1-6〉과 같다.

〈표 1-6〉 테이블 세팅의 일반적인 요령

기물	위치	이유 및 내용
Show Plate (service plate)	• 각 Cover의 중앙에 놓음. • 테이블 끝에서 1cm 정도 위로 놓음.	• 균형있는 외관을 위해서 • 고객이 착석할 때 옷깃이 닿지 않도록
a. Meat Knife b. Meat Fork c. 추가적인 기물	• 칼날이 안쪽으로 향하게 하여 Show Plate 오른쪽에 높음. • Show Plate의 왼쪽에 보기좋게 붙여 놓음. • Meat Knife와 Fork로부터 식사 코스의 역순으로 놓아 나감. • 손잡이의 끝부분은 식탁끝(rims)으로부터 1.5~2cm 가량 위로 올려서 세팅함.	• 고객이 오른손으로 사용할 수 있도록 • 음식을 자르거나 먹기 편하게 • 양식의 순서를 맞추고, 세팅을 쉽게 하기 위함. • 사용하기 편하고 고객들이 손이나 옷으로 치지 못하도록
a. Bread Plate b. Butter Knife	• 포크의 왼쪽에 약간 올려서 • Bread Plate 위 1/4 지점 오른쪽에 포크의 방향과 동일하게	• 왼손으로 빵을 먹기 편하게 함. • 왼손에 빵을 쥐고, 오른손으로 버터를 바르도록
a. Dessert Spoon b. Dessert Fork	• 모두 Show Plate의 상단에 위치 DeSsert Spoon의 손잡이는 오른쪽으로 향함. • Dessert Fork의 손잡이는 왼쪽으로 향함. • 스푼은 포크의 위쪽에	• 모두 손잡이를 용이하게 잡을 수 있도록 하기 위해서 • 왼편보다는 오른편이 먼저라는 통념에 따라
Napkin	• Show Plate 위에 펼쳐 놓음.	• 냅킨의 형태와 메뉴에 따라 변할 수 있음.
Water Goblet	• Meat Knife의 칼날 끝부분의 위 1.5~2cm 정도에 놓음.	• 음료를 마실 때 오른손을 사용함. • 글라스 세팅의 기준을 잡기 위함.
Ash Tray	• 작은 Square나 Round Table일 경우 중앙부에 놓음. • 성냥은 텐트형이든 또는 박스형이든 로고를 고객이 볼 수 있도록 세워 놓음.	• 사방에서 접근하기 쉽도록 하기 위함. • 장식용의 성격을 띤 선물임.
Salt & Pepper Shaker	• 재떨이의 2cm 뒤쪽에 둘을 함께 놓음. • '왼쪽에 소금, 오른쪽에 후추'식으로 나름대로 정해 둠.	• 사방에서 쓸 수 있도록 하고, 모양이 단정하도록 보임.
a. 꽃병(lunch) b. 촛대(dinner)	• 모두 테이블 중앙에	• 장식을 위해
a. Tent Menu b. 예약 Tag	• 테이블 중앙부에 가지런히 놓음.	• 쉽게 읽고 볼 수 있도록

3) 그 밖의 기물 세팅

① Soup Spoon은 순서에 맞추어 나이프와 나란히 놓는다.

② 디저트를 제공할 때에는 테이블 위의 Water Goblet과 Wine Glass를 제외한 모든 기물을 치운 후 Dust Brush로 깨끗하게 쓸어낸다. 그런 다음 디저트용 기물을 세팅한다.

③ 커피나 티(tea)는 미리 세팅하지 않는다.

④ VIP Service일 경우의 커피와 티(tea)는 Double Underline을 하여 품위있게 서비스한다.

⑤ Coffee Spoon은 고객이 쉽게 볼 수 있도록 컵의 앞쪽에 컵의 손잡이와 수평이 되도록 놓는다.

4) 테이블 세팅시의 유의점

레스토랑의 서비스는 각각 특징이 있고, 그 특징을 잘 살리면서 고객을 성의있게 모시기 위해서는 기본여건이 제대로 구비되어야 하며, 레스토랑의 장식·분위기·서비스 상황이 중요하지만 우선 고려되어야 할 사항이 테이블 세팅 문제이다.

테이블 세팅은 때와 장소, 그리고 요리에 따라서 다소 변형이 있을 수 있으나 몇 가지의 기본에 맞추면서 사용하기 편하게 기물을 준비해 놓을수록 서비스는 더욱더 효율적인 것이 될 수 있는 것이다.

〈그림 1-2〉 테이블 세팅의 예

Set menu cover, with dessert gear

A la carte cover / basic cover

Set menu cover, with small spoon

Set menu cover, with no dessert gear

① 테이블은 흔들리지 않고, Table Cloth는 깨끗한가?

② 소금 · 후추통은 깨끗하고, 내용물이 습기로 뭉쳐 있지는 않은가?

③ Sugar용기의 설탕은 굳어 있거나 오물이 들어 간 설탕은 없는지를 확인한다.

④ 꽃병은 깨끗하고 윤이 나며, 꽃은 시들지 않았는가?

⑤ 재떨이는 깨끗하고, 흠이 없으며, 성냥은 준비되어 있는가?

⑥ Silverware류는 Dish Washer에서 한번 세척한 후 잘 닦아냈는가?

⑦ 기물의 배치 · 방향 · 순서를 염두에 두어 가장 합리적이고 정성이 담긴 분위기 조성에 노력을 아끼지 말아야 한다.

⑧ Silverware, Chinaware류는 Finger Mark가 생기기 쉬우므로 각별히 유의한다.

⑨ Candle Stand는 빛이 나야 하며, 녹이 슬거나 촛농이 묻어 있어서는 안된다.

⑩ 아무리 깨끗한 기물을 준비했다 해도 그것을 취급하는 직원의 손이 비위생적이라면 크나 큰 죄를 짓고 있다는 투철한 사명감을 가지고 업무에 임해야 한다.

3. Napkin Folding

일반적으로 연회장이 아닌 레스토랑의 경우는 일정한 종류의 냅킨모양을 자주 바꾸어 사용하지는 않는다. 많은 종류 중에서 그 레스토랑의 컨셉트에 가장 잘 맞는 것을 결정하여 사용하고 있기 때문에 자주 바꾼다는 것이 쉬운 일만은 아니다. 그러나 수많은 성격의 파티(party)가 치러지는 연회장의 경우라면 상황은 틀려진다. 그 파티의 성격에 따라서 냅킨을 Folding함으로써 그 파티를 더욱더 빛나게 할 수 있다. 예를 들어 생일파티 · 약혼식 · 결혼식 · 회갑연 등, 그 행사에 따라 많은 종류의 방법을 이용할 수가 있는 것이다.

그러나 항상 기억해야 할 사항이 있다.

냅킨의 기능이다. 냅킨은 왜 사용하는가?

앞에서도 말했듯이 음식이 떨어져 옷을 버리는 것을 방지하고, 또 입과 손을 닦기도 하는 기능을 하는 것이므로 절대로 깨끗해야 한다는 전제를 절대로 잊어서는 안되는 것이다. 그러므로 예쁘고 화려하게 모양을 내는 것도 좋지만, 간단하면서도 깨끗하게 만드는 것도 훌륭한 방법이다.

① 훌륭한 정찬 분위기에 어울리는 화려한 모양, ② 단정하고 점잖은 모양, ③ 손이 많이 가지 않는 단순한 모양으로 구분하고 있으니, 다음에 제시하는 예를 보면서 독자 스스로 판단하기 바란다. 또한 이 냅킨 접기는 처음 따라할 때는 잘 되지만, 몇 시간만

지나도 곧 잊어버리므로 평소에 많은 시간을 할애하여 숙달되게 할 수 있도록 노력하여야겠다.

〈그림 1-3〉 대표적인 Napkin Folding의 예

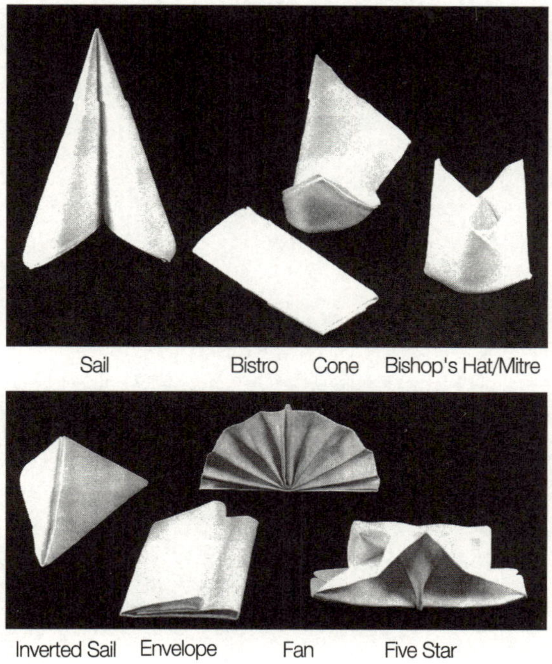

Chapter 2 식음료 서비스종사원의 실제 업무

2.1 레스토랑에서의 서비스과정

1. 고객영접 서비스

1) 영접

고객의 영접은 호텔의 첫인상을 결정짓는 주요한 요인이 되므로 정성을 다해 맞이하고 고객을 오래 기다리게 해서는 안된다.

(1) 고객맞이

① 밝은 미소로 고객을 맞이한다.
"어서 오십시오, 저희 식당을 찾아 주셔서 감사합니다"
(단골고객에게는 친근감 있게)
"아주 오랜만에 들리셨습니다. 그동안 안녕하셨습니까?"

(2) 테이블 확인

① 인원 및 예약 여부를 확인한다.
"예약은 하셨습니까? 예약은 몇 분을 하셨습니까?"

② 흡연 및 비흡연 여부 및 그에 따른 테이블을 확인한다.

③ 예약하고 오지 않은 고객의 경우, 비어 있는 테이블을 확인하고 테이블이 없을 때에는 고객에게 ○○분 정도 기다릴 수 있는지를 물어 본다.
"잠시만 기다려 주십시오. 제가 자리를 마련해 드리겠습니다."
(고객이 오랫동안 기다린 경우)
"고객님, 오래 기다리셨습니다. 이제 자리가 마련되었으니 준비하여 주시겠습니까?"

(3) 안 내

① 고객의 2~3보 앞에서 안내한다.
"고객님 제가 모시겠습니다. 이쪽으로 오시지요."

② 고객이 잘 따라 왔는지 확인한다.

③ 테이블 앞까지 정중하게 안내한다.

(4) 고객 입장확인

① 안내한 테이블이 고객의 맘에 드는지 여쭤 보고, 그렇지 못할 경우 고객의 의견을 존중하여 다른 자리를 안내한다.
"자리가 마음에 드시는지요? 불편하지 않으십니까."
"불편한 사항이 있으시면 종사원을 불러 주시기 바라며 좋은 시간 되시기 바랍니다."

2) 착석 및 보관

고객이 좌석에 앉기 편하도록 의자를 뒤로 빼서 고객을 착석시키고 고객의 소지품을 안전하게 보관하여 고객에게 식사시간동안 편안함을 제공한다.

(1) 고객상황 판단

① 어린이 고객이 있을 경우 유아용 의자(baby chair)로 교체한다.
"고객님, 유아용 의자를 갖다 드릴까요?"
"잠시만 기다려 주시겠습니까?

② 호스트(host)와 게스트(guest)를 구분한다.

(2) 착석 보조

① 의자의 등받이부분을 잡고 뒤로 뺀다.

② 고객이 앉는 동시에 두 손과 한쪽 무릎을 이용하여 살며시 밀어 준다.

(3) 보 관

① 고객의 소지품 및 옷 등을 받아 걸어 둔다.

② 핸드백이나 기타 물건의 보관을 원할 경우 보관처리하도록 한다.
"고객님, 프론트에 보관하실 물건이 있으십니까?"
(있는 경우)
"감사합니다"
"저희가 고객님께서 식사를 마치실 때까지 잘 보관해 드리겠습니다."

(없는 경우)

"감사합니다. 좋은 시간되시기 바랍니다"

(4) 마무리

① 고객이 편안한지 확인하도록 한다.

"불편한 사항이 있으시면 종사원을 불러 주시기 바랍니다."

"좋은 시간 되시기 바랍니다."

※ 고객을 안내할 때 유의사항

화려한 옷차림의 고객이 오셨을 때는 가능하면 누구나가 잘 볼 수 있는 가운데 좌석을 권유토록 하며, 노인인 경우에는 입구에서 가장 가까운 테이블로 안내하고, 젊은 남녀는 조용한 한쪽으로 모시며, 가족인 경우는 아이들로 하여금 다른 고객에게 피해가 가지 않도록 한적한 곳을 권유해서 착석시키는 것이 좋다.

3) 환 송

환송은 고객에 대한 마무리 서비스로서 고객으로부터 음식 및 서비스에 대한 평가를 확인하고, 또한 불편사항이 있을 경우 이에 대한 정중한 사과를 함으로써 고객의 불만을 해소하고 만족감을 줌으로써 재고객 창출에 힘을 쏟는다.

(1) 반응 점검

① 주문한 음식 및 서비스를 확인하고 고객의견서(guest comment)를 받는다.

"고객님, 음식은 어떠하셨습니까?"

(고객의견서를 보이며)

"고객님, 저희 업장의 서비스 개선을 위해 고객의견서를 작성해 주시겠습니까?"

"감사합니다."

(2) 입석 보조

① 등 뒤에서 일어나기 편안하도록 의자를 빼 준다.

② 코트 및 겉옷 등을 입기 편하도록 도와 준다.

(3) 물건 점검 및 만족도 확인

① 고객이 맡긴 물건이 있다면 챙겨 드린다.

② 테이블 및 주위를 확인한다.

③ 고객의 만족도를 확인한다.

(4) 배 웅

① 출구 또는 엘리베이터까지 상황판단하여 안내한다.

② 안내하면서 가벼운 대화와 재방문을 의뢰하는 대화를 한다.
"대단히 감사드립니다. 다시 찾아 주시면 보다 성의껏 모시겠습니다."
"안녕히 가십시오."

> 홀에 있는 경우에는 아무리 한가해도 종사원들끼리의 잡담은 절대 금물이다. 종사원의 눈은 항상 고객을 응시하고 있어야 한다.

2. 주문 서비스

1) 적극적 권유 및 추천 요령

주문받기를 단순히 고객의 요청에 대한 수동적인 태도로 생각해서는 안된다. 업장에서는 가능한 한 이윤 높은 음식의 주문을 유도하는 판매기법이 필요하다. 그러나 강요하는 느낌을 주면 안되고 경제사정·체면·기분 등 고객의 입장을 고려한 권유판매(suggestive selling)가 되어야 한다.

(1) 메뉴 전달

① 메뉴판은 식당의 얼굴이므로 항시 깨끗하게 취급해야 하며, 고객에게 전달하기 전에 메뉴 속의 이상 유·무를 확인한다.

② 적절한 시기에 고객에게 접근하여 메뉴를 전달한다.
"고객님, 메뉴판 여기 있습니다."

(2) 메뉴설명 및 고객성향 파악

① 메뉴 구성항목을 설명해 주고 생각할 시간을 준다.

② 추천하기 전에 가능한 고객의 유형을 파악하여 고객으로 하여금 구매의욕을 최대한 유발시킬 수 있도록 한다.

(3) 권유 및 추천

① 추천상품은 주로 그 날의 특선요리, 특별행사 메뉴 등을 권유한다.

② 고객에게 고가품을 강매하는 인상을 주어서는 안되므로 고객의 입장과 식당의 매상을 유념하여 합리적인 주문이 이루어지도록 한다.

(4) 주문받기

① 고객이 최종 결정한 음식의 주문을 받는다.

"고객님, 메뉴는 결정하셨습니까?"

"고객님께서 주문하신 음식은 약 ○○분 정도 기다리셔야 합니다. 괜찮으시겠습니까?"

"감사합니다."

> 음식의 조리상태나 요리법이 고객의 입맛에 맞지 않아 불만이 발생할 경우, 재조리를 해드리거나 매니저와 상의 후 다른 식사로 대처하는 것이 바람직하며, 주방의 실수일 경우에는 환불이나 가격할인 등의 방법을 고려해야 한다.

2) 주문순서

식당에서의 주문이란 고객의 기호와 취향에 맞게 판매가능한 식음료를 제공하는 것이며, 올바른 방법 및 순서로 고객의 주문을 받아 편안한 식사시간이 될 수 있도록 하여야 한다.

(1) 준 비

① 주문서와 필기도구를 가지고 고객의 좌측에서 얼굴을 주시하며 공손히 주문받을 준비를 한다.

(2) 식사전 주문

① 식전음료, 전채요리(appetizer), 수프(soup) 및 생선요리 등 고객이 원하는 메뉴에 따라 알맞게 주문을 받는다.

- 식사전 음료주문시

"식사전 음료는 무엇으로 하시겠습니까?"

"○○로 하시겠습니까?" "대단히 감사합니다. 잠시만 기다려 주십시오."

"곧 올리겠습니다."

- 요리주문시

"식사주문은 결정하셨습니까?"

(대답후)

"대단히 감사합니다. 잠기만 기다려 주십시오."

(3) 메인요리 주문

① 메인 디쉬(main dish) 및 샐러드(salad) 등을 고객이 원하는 메뉴에 맞게 주문을 받는다.
"스테이크는 어느 정도로 굽는 게 좋겠습니까?"
(대답후)
"스테이크의 요리시간은 약 ○○분 정도 걸리겠습니다,"
"감사합니다."
"샐러드는 어떤 것으로 하시겠습니까?"

② 고객의 특별한 요청이 있을 시에는 주방과 신속히 연락하여 가능 여부를 확인한 후 주문을 결정한다.

③ 시간이 오래 걸리는 요리는 주문받을 때 반드시 소요시간을 말한다.
"○○의 요리시간은 약 ○○분 정도 걸리겠습니다. 괜찮으시겠습니까?,"
"감사합니다."

(4) 식사후 주문

① 요리주문이 끝나면 다시 한번 고객이 요구한 음식을 말하면서 확인작업을 가진다.

② 후식 및 식후음료의 주문을 받는다.

3) 주문확인

주문확인은 사전에 문제요인을 예방하고 고객으로부터 주문내용의 확실한 언약을 받기 위한 중요한 절차이다.

(1) 주 문

① 고객의 주문사항을 정확하게 기입하며, 당 호텔에서 사용하는 단어를 기재한다.

② 주문받는 순서는 시계방향으로, 고객(guest)인 여자, 남자, 호스티스(hostess), 호스트(host) 순으로 받는다.

(2) 주문확인

① 고객에게 주문받는 내용이 정확한지 반드시 복창하여 확인한다.

(3) 주문내역 전달

① 주방에 주문내역을 전달한다.

② 음식을 제공하는 데 있어 착오가 없도록 고객별 주문내역을 숙지하도록 한다.

(4) 음식 제공 및 확인

① 고객이 주문한 음식이 정확한지 다시 한번 확인한다.

② 주문내역에 따라 추가적인 기물 세팅 및 소스를 준비한다.

③ 음식을 제공하고 주문한 음식이 다 제공되었는지 확인한다.

"오랫동안 기다리셨습니다."

"고객님께서 주문하신 ○○입니다. 천천히 맛있게 드십시오."

※ 고객을 안내할 때 유의사항

- 종사원은 영업 전에 주방과 긴밀한 연락으로 판매품목 중의 품절상품 및 그 날의 특별요리를 숙지하여 주문시에 착오가 없도록 한다.
- 메뉴는 식당의 얼굴이므로 항시 소중하고 깨끗하게 취급해야 하며, 고객에게 드리기 전에 메뉴 속의 이상 유무를 확인한 후 드린다.
- 메뉴설명시 고객이 이해하기 힘든 전문용어를 사용해서는 안된다.
- 메뉴설명시에 절대 손가락으로 가리켜선 안되며, 손을 펴서 손바닥이 위로 오도록 하여 메뉴품명을 가리킨다.

3. 레스토랑 서비스방법의 분류

1) 룸 서비스

룸 서비스는 호텔에 투숙하는 고객의 전객실을 대상으로 식음료를 판매하는 것으로, 고객이 객실에서 전화를 이용하여 주문하게 된다. 주문후 주문된 식음료를 정성껏 준비하여 객실로 정확하게 운반토록 한다.

(1) 주 문

① 주문접수자는 룸 서비스에 필요한 모든 메뉴를 숙지하고 있어야 한다.

② 주문접수자(order taker)가 고객이 필요한 식음료를 주문받고 반드시 주문한 사항을 재확인한다.

(2) 이 동

① 주문서에 따라서 식음료를 고객의 객실로 이동한다.

② 이동시 식음료의 맛이 변질되는 것을 막기 위해 신속한 이동과 음식 커버를 사용한다.

(3) 주문확인

① 객실에 도착하여 고객에게 주문한 식음료가 맞는지 확인한 후 제공한다.

"오랫동안 기다려 주셔서 감사합니다."
"고객님께서 주문하신 요리가 ○○ 맞습니까?"
(확인후)
"예, 맞습니다."

② 고객이 주문한 식음료에 부수적인 필요사항이 있는지 확인하고 신속히 대처한다.
"고객님, 더 필요한 사항이 있으십니까?"
(확인후)
"예, 신속히 조치해 드리겠습니다. 잠시 기다려 주시겠습니까?"
"감사합니다."

(4) 퇴 실

① 퇴실시에는 고객에게 정중하게 인사하고 퇴실한다.
"룸 서비스를 이용해 주셔서 대단히 감사합니다."

② 고객의 특별한 요청사항에 대비하여 룸 서비스 담당자의 연락처를 알려 주고 퇴실한다.

2) 조식 서비스

아침식사는 하루 일과 중 가장 먼저 시작하는 것으로 호텔 이미지 창출에 매우 중요하다. 아침에는 비교적 시간적 여유가 없기 때문에 신속한 서비스가 중요하다.

(1) 고객 파악

① 인원수 및 고객의 요구사항을 파악한다.
"안녕하십니까?"
"몇 분 자리를 마련해 드리면 되겠습니까?"

② 테이블을 확인한 후 안내한다.
"고객님 제가 모시겠습니다."
"이쪽 테이블이 좋겠습니다. 이쪽으로 오시겠습니까?"
"창가 테이블은 어떻습니까?" 또는 "창가 테이블은 만석입니다. 조용한 곳으로 모시겠습니다. 이쪽으로 오시겠습니까?"
"자리가 마음에 드십니까? 불편하지 않으십니까?"

(2) 음료 제공

① 식사주문 전에 메뉴를 보는 동안 음료(커피·주스 등)를 마실 수 있게 제공한다.

"음료는 무엇으로 하시겠습니까?"

"저희 호텔에는 커피, 오렌지주스, ○○○ 등이 있습니다."

② 식사 중에도 고객이 원한다면 2~3차례 더 제공하도록 한다.

"음료가 더 필요하십니까?"

(3) 주 문

① 컨티넨탈식 또는 아메리칸식 등 제공가능한 식사 혹은 고객이 원하는 음식의 주문을 받는다.

"저희 식당에는 아침식사 메뉴로 컨티넨탈식과 아메리칸식, 뷔페식이 있습니다."

"고객님, 어떤 것으로 하시겠습니까?"

(4) 조식 제공

① 음식이 나오면 고객에게 확인한 후 제공한다.

② 그릇을 들 때는 입을 대지 않는 한쪽 가장자리를 잡는다.

3) 한식 서비스

한국요리는 많은 종류가 있지만 크게 궁중요리와 각 지방의 향토요리로 나눌 수 있으며 주식, 부식이 뚜렷이 구분되어진다.

(1) 영 접

① 고객이 레스토랑에 도착하면 인사를 공손하게 하고, 친숙한 미소로 예약사항을 확인한 후 테이블까지 영접한다.

"안녕하십니까? 어서 오십시오."

"예약은 하셨습니까?"

"제가 모시겠습니다. 이쪽으로 오시겠습니까?"

② 고객이 편하게 앉을 수 있도록 자연스럽게 뒤에서 의자를 빼 준다.

(2) 주 문

① 메뉴를 제공한 후 주빈으로부터 시계방향으로 주문을 받는다.

"음식은 어떤 것으로 하시겠습니까?"

"오늘의 특별 메뉴로는 ○○○이 있습니다."

② 시간이 오래 걸리는 음식은 고객님에게 미리 양해를 구한다.

"고객님께서 주문하신 음식은 약 ○○분 정도 기다리셔야 합니다. 괜찮으시겠습니까?"

"감사합니다."

(3) 주문확인 및 제공

① 음식이 나오면 고객에게 확인한 후 제공한다.

② 모든 음식은 오른쪽에서 제공하며, 신선로는 왼쪽에서 제공한다.

③ 그릇을 들 때는 입을 대지 않는 한쪽 가장자리를 잡는다.

(4) 서비스 종료 및 계산

① 고객이 식사를 잘 했는지 여쭤 보고 불편사항의 여부를 확인한다.

"고객님, 식사는 맛있게 하셨습니까?"

"다른 불편한 점은 없으셨습니까?"

② 식사가 끝나면 고객의 계산을 돕는다.

③ 다음에 재방문을 유도한다.

"대단히 감사드립니다. 다시 찾아 주시면 보다 성의껏 모시겠습니다."

"안녕히 가십시오."

4) 양식 서비스

양식 서비스는 일반적인 식당에서 이루어지는 서비스의 한 형태로서 식탁에 미리 세팅을 해 놓은 후 주방에서 주문된 음식을 접시에 담아 고객 각자에게 음식을 제공하는 방식으로 가장 널리 이용되는 서양음식 서비스의 종류이다.

(1) 테이블 세팅 및 영접

① 양식당을 오픈하기 전에 테이블에는 접시와 물컵, 포크, 나이프 등 제공할 모든 준비를 갖춰 놓아야 한다.

② 고객을 밝은 미소로 영접하며, 지정된 좌석으로 안내하고 착석을 돕는다.

(2) 메뉴 전달 및 주문

① 고객에게 메뉴를 전달하면서 간단히 메뉴와 스페셜 요리에 관해 설명하고, 기타 고객의 질문에 상냥하게 대답한다.

② 고객이 주문을 할 경우, 정확하게 주문을 기입하고 재확인한다.

(3) 식음료 서비스

① 주문된 식음료를 주방에 정확히 전달하고, 음식이 완성되면 음식 코스에 맞춰 고객에게 제공한다.

② 식음료 서비스 중간중간에 고객의 상태를 살피고, 고객의 요구가 있을 때에는 신속하고 친절하게 처리한다.

(4) 서비스 종료 및 계산

① 고객의 메인요리 식사가 끝나면, 고객의 의견을 수렴하여 테이블을 치우고, 디저트를 제공한다.

② 식탁보가 지저분할 경우는 식탁보와 같은 색의 깨끗한 서비스 냅킨을 깔아 준다.

③ 고객에게 계산을 받기 전에 계산서의 기재사항을 확인한 후 계산토록 하고 계산서를 캐셔에게 인계한다.

5) 음료 서비스

음료는 원가에 비해 판매가 높으므로 이익이 많이 나는 품목이다. 고객의 상황에 따라 알맞은 것으로 추천 및 서비스한다.

(1) 파 악

① 인원수를 체크한다.

② 호스트(host)와 게스트(guest)를 구분한다.

(2) 추 천

① 고객 구성원(남 · 여 구별, 어른 · 어린이 고객, 연인관계 등)을 구별하여 알맞은 음료를 추천한다.

(3) 주 문

① 음료가 나오기 전에 마실 식전주, 식사와 함께 마실 음료, 식후주 및 디저트 음료의 주문을 받도록 한다.

② 고객의 컵에 음료가 1/4쯤 남았을 때 혹은 맥주 등의 병 서비스(bottle service)시 빈 병이 테이블에 올려 있을 때 재주문을 권유한다.

(4) 계산서 작성

① 날짜, 테이블번호 및 주문음료를 기록한다.

② 고객의 특기사항 또한 기록해 놓는다.

※ 식음료제공시 유의사항

- 남자보다 여자에게 먼저 제공하며, 또한 연장자에게 먼저 제공한다.
- 주최자는 마지막에 제공한다(주빈 → 여자에서 남자 → host 순).
- 기물을 다룰 때는 절대 소음이 나지 않도록 취급해야 한다.
- 뜨거운 음료(요리)는 뜨겁게, 차가운 음료(요리)는 차게 제공한다.

4. 기물관리 서비스

1) 집기류 취급방법

식음료업장에서 사용되는 집기의 종류는 메뉴 및 서비스 방법에 따라 다르다. 식음료의 집기는 식사를 하거나 마시는 데 직접적으로 필요한 기물류이며, 은기물류(silverware), 글라스류(glassware), 도자기류(chinaware) 등이 있다.

(1) 관 리

① 은기물류는 항상 반짝반짝 빛이 나도록 하며, 주별로 체크하여 코팅 및 약물처리하여 상태를 유지시킨다.

② 글라스류는 투명하기 때문에 손자국이 나지 않도록 주의하고, 보관시 진동이 작은 곳에 보관한다. 이가 빠지거나 금이 간 것은 사용을 금하도록 한다.

③ 도자기류는 깨지기 쉬운 기물이므로 소중히 다루고, 소음이 많이 나므로 주의를 한다. 뜨겁게 나갈 것과 차갑게 담길 것을 구분하여 정리·정돈하고, 금이 가거나 깨진 것의 사용을 금한다.

(2) 운 반

① 은기물류는 운반시 다른 물건에 의해 흠집이 가지 않도록 하고, 손잡이를 잡거나 트레이(tray) 등을 사용하여 안전하게 운반한다.

② 글라스류는 운반시 트레이를 이용하며 손가락으로 글라스 안을 잡고 운반하는 행위를 금하도록 한다.

③ 도자기류의 경우 큰 기물은 손으로 직접 운반하며, 작은 기물은 트레이를 이용한다.

(3) 서비스

① 은기물류는 서비스하기 전에 청결 유·무를 체크하고, 반드시 손잡이를 잡으며, 위험한 물건일 경우 고객에게 주의를 당부한다.

② 글라스류는 스템(Stem)이 있는 것을 먼저 세팅(setting)한 후 음료를 서비스하고, 스템이 없는 경우 반드시 쟁반을 이용한다.

③ 도자기류는 큰 접시이거나 뜨거운 것인 경우 암 타월(arm towel)을 사용하도록 하며, 숟가락이 테두리 안쪽에 닿지 않도록 주의한다.

(4) 세 척

① 은기물류는 뜨거운 물에 깨끗이 닦은 후에 반드시 마른 타월로 닦아 건조하게 보관한다.

② 글라스류의 경우 그릇세척제를 사용하여 세척한 후 양손에 타월로 글라스를 감싸 쥐고 깨끗이 닦는다.

③ 도자기류는 같은 종류끼리 모아서 세척한다.

2) 비품류 취급방법

식음료업장에서 사용하는 비품의 종류는 메뉴 및 서비스방법에 따라 각기 다르다. 비품은 서비스를 보조하는 데 필요한 기물로서, 서비스 스테이션(service station)과 카트(cart) 등이 있다. 종사원들은 비품취급요령을 정확히 숙지하여 능률적인 업무수행과 일관성있는 서비스자세를 갖추도록 해야 한다.

(1) 조 작

① 트레이(tray)를 들 때에는 중심부분에 왼손 팔목부분의 손바닥 부위와 각 손가락은 넓게 벌리고 손끝을 약간 세워 트레이의 전후·좌우가 흔들리지 않도록 조정하여 든다.

② 카트류 조작시에는 절대로 끌고 다녀서는 안되고, 두 손으로 안전하게 밀고 다녀야 한다.

(2) 운 반

① 운반할 때에는 트레이에 냅킨을 깔아 그 위에 놓인 물건이 미끄러지지 않도록 한다.

② 트레이에 담아 운반할 때에는 반드시 주변을 경계하며 이동시키고, 또한 부딪치는 일이 발생하지 않도록 항상 조심한다.

③ 카트의 난폭한 운전은 절대 금하며, 운반시 벽 또는 테이블 등에 부딪히지 않도록 주의하고, 체중을 실어 운전하는 일이 없도록 한다.

(3) 처 리

① 트레이로 운반한 물건을 내려 놓을 때에는 중심 외부의 것부터 먼저 내려 놓는다.

② 사용된 기물을 담을 때에는 깨끗한 기물을 취급할 때와 같이 청결히 다루어야 하며, 소음이 나지 않도록 조용히 담는다.

(4) 보 관

① 사용한 트레이는 깨끗이 씻어 종류 및 크기별로 제자리에 보관한다.

② 카트류의 사용 후에는 반드시 정해진 장소에 보관한다.

3) 린넨류 취급방법

린넨은 항상 청결한 상태로 보관되어야 하므로 취급에 주의를 요한다. 또한 업장의 수요에 맞도록 재고관리를 해야 한다. 린넨의 종류에는 테이블 클로스(table cloth), 언더 클로스(under cloth), 탑 클로스(top cloth), 미팅 클로스(meeting cloth), 워쉬 클로스(wash cloth) 등이 있다.

(1) 린넨 세탁접수

① 각 업장별로 사용된 린넨을 전표에 기재한 후 세탁을 의뢰한다.

② 세탁접수시 품목별・사이즈별・색상별로 구분하여 의뢰한다.

(2) 세 탁

① 업장에서 사용하는 린넨은 천의 종류가 다르므로 세제선택에 주의하여야 한다.

(3) 분 류

① 세탁완료된 린넨을 품목별・사이즈별・업장별・색상별로 구분하여 적재한다.

② 적재시 마모 및 손실된 린넨을 분류하고, 음식물에 의한 오염이 심한 린넨도 분류하여 재세탁 여부와 사용 여부를 판단한다.

(4) 보 관

① 마감집계에 따라 회전수량을 파악・관리하며, 익일 불출예상수량을 파악하고 적절히 저장하여 지원업무에 이상이 없도록 한다.

② 구겨지거나 먼지가 묻지 않도록 청결유지에 주의하여 보관해야 한다.

> 특정업장에 고객의 방문이 갑자기 많은 경우 인근업장의 매니저나 F & B 사무실에 즉시 Helper를 요청하여 고객의 불만과 서빙시간을 줄이도록 최선을 다해 대응해야 한다.

5. 돌발상황 대처 서비스

1) 예약접수시 오류가 발생했을 경우

고객이 식음료업장에 도착하여 예약확인을 한 순간 예약장부에 고객의 이름이 빠져 있을 경우, 고객에게 정중히 사과를 하고 사용가능한 좌석과 테이블이 있을 경우에는 신속하게 테이블로 안내한다. 하지만 즉시 사용할 테이블과 좌석이 없을 경우에는 대기 장소로 친절히 고객을 모시고 음료를 서비스한다. 그러나 이러한 서비스에 고객이 만족하지 않고 불평을 제기할 경우 즉시 부서장에게 알려 대처하도록 한다.

2) 식음료에서 머리카락 · 벌레 등의 이물질이 나왔을 경우

고객이 주문한 식음료에서 머리카락·벌레 등의 이물질이 발견되었을 경우, 고객이 식사 초반부이면 즉시 정중하게 사과를 하고 양해를 구하며 다른 음식으로 교체를 해준다. 하지만 고객의 식사가 거의 끝날 무렵에 이러한 문제가 접수될 경우에는 부서장에게 즉시 통보하고 부서장과 주방장이 동행하여 고객에게 사과하며 보상한다.

3) 식사 후 고객의 건강상태에 대한 불평이 발생할 경우

고객이 식사후(귀가하여) 배탈 혹은 유사한 증상이 발생하여 불평(complaint)을 제기하였을 경우, 먼저 고객에게 정중히 사과하고, 고객에게 진단서를 요청하여 불평이 합당하다고 판단될 경우에는 치료비 전액 및 무료식음권·무료숙박권 등 부서장 재량에 따라 보상을 하도록 한다.

4) 서비스 도중 음료를 엎질렀을 경우

서비스담당자는 즉시 “대단히 죄송합니다”라고 사과를 드린 후 옆테이블(side table)에 놓인 냅킨(napkin)으로 테이블을 닦고 나오며, 당사자는 잠시 한적한 곳(back side)으로 가서 마음을 진정시키도록 한다. 대신 주위에 있는 동료들이 뒷마무리를 담당한다.

부서장은 고객에게 정중하게 사과드리고, 젖은 양복은 린넨(linen) 또는 하우스키핑(housekeeping)에 협조하여 드라이클리닝(dry-cleaning)해 드리며, 고객이 최상의 서비스를 제공받고 있다는 느낌이 들 수 있도록 신경써 드린다. 부서장은 마지막으로 사과의 편지를 보내 최선의 노력을 하고 있음을 느끼게 끔 처리해 드린다(주소가 있는 경우).

5) 식음료주문시 오류가 발생한 경우

고객의 주문내역을 확인했음에도 불구하고 주방과의 접수오류로 잘못된 음식 혹은 음료가 제공될 경우, 고객에게 정중히 사과를 드린 후 신속히 음식을 준비한다. 기다리는 동안 칵테일(cocktail)이나 애피타이저(appetizer) 등을 제공하거나 식사를 마친 후 후식을 제공하는 방안도 고려할 수 있다.

6) 고객이 메뉴에 없는 음식을 원하는 경우

서비스담당자는 고객이 주문한 음식이 메뉴에 없을 경우 고객에게 "잠시만 기다려 주십시오. 제가 주방에 가서 준비가 가능한지 확인하겠습니다"라고 고객에게 양해를 구하고, 주방에 신속하게 물어 고객에게 가능 여부를 전한다. 또한 부서장에게 즉시 보고한다.

만일 주방에서 고객이 주문한 요리가 제공되지 못할 경우, 부서장은 "지금 고객님께서 주문하신 메뉴는 최상품의 식자재가 품절되어 제공해 드리지 못해 진심으로 사과드립니다. 불편하시겠지만 다른 메뉴로 정성을 다해 모시겠습니다"라고 사과의 말씀을 드린다.

만일 가능하다면 "메뉴에는 없지만 고객님께서 좋아 하시는 것을 주방에 특별히 부탁하여 제가 정성껏 준비해 올리겠습니다"라고 말씀드린다.

7) 계산할 때 테이블이 바뀐 경우

실수에 대해 부서장이 정중하게 사과드린 후 즉시 계산서 정정을 통하여 고객의 불편을 덜어드린다. 철저한 교육을 통하여 재차 실수가 일어나지 않도록 조치를 취한다.

8) 계산을 잘못하였을 경우

고객에게 실수한 것에 대하여 정중하게 사과드린 후 계산서 내용을 수정하고 부서장에게 보고한다. 발생한 문제는 사후 서비스(after service)를 통해 고객의 마음을 풀어 줄 수 있도록 조치한다(차액발생시 반드시 찾아 뵙고 직접 전해 드린다).

주문받은 종사원과 캐셔(cashier) 및 계산서를 가져다 주는 사람 등 모두가 확인할 수 있도록 교육하여 재차 같은 실수가 일어나지 않도록 조치한다.

9) 정전되었을 경우

우왕좌왕 하지 말고 차분하게 행동하여 고객이 불안한 마음을 갖지 않도록 주의하며, 고객에게 "죄송합니다"라고 사과드린다. 정전이유를 전기실에 알아 보고 고객에게 정전이유와 몇 분간 정전될 것이라고 신속하게 알린 후 각 코너담당자는 고객을 안심시킨다.

10) 영업시간이 끝난 후 고객이 음식을 달라고 큰 소리칠 경우(특히 외국인 등)

폐장시간(close time)시 업장을 방문해 음식을 달라고 하는 고객이 있으면 기분나쁘지 않게 상황을 설명하며(지금 요리사가 쉬는 시간이라서 자리에 없습니다 등), "몇 시에 다시 영업을 시작하니 조금 기다려 주십시오"라고 말씀드린다.

6. 레스토랑 서비스 체크리스트

항목내용			상	중	하	비고
고객 영접	영접	• 밝은 미소로 고객을 맞이하는가.				
		• 고객의 인원 및 예약 여부에 따라 테이블 배정을 제대로 하는가.				
		• 고객을 테이블까지 정중하게 안내하는가.				
		• 안내한 테이블이 고객의 마음에 드는지 확인하는가.				
	착석 및 보관	• 호스트 및 게스트 구분 등 고객상황 판단을 제대로 하는가.				
		• 고객이 자리에 앉을 때 편안하도록 보조하는가.				
		• 고객의 소지품을 정확하고 안전하게 보관하는가.				
		• 고객이 편안한지 확인하는가.				
	환송	• 식사 및 서비스에 대한 고객의 반응을 점검하는가.				
		• 고객이 일어날 때 편하도록 보조하는가.				
		• 고객의 물건을 점검하고 고객의 만족도를 확인하는가.				
		• 고객을 정중한 태도로 배웅하며 재방문을 유도하는가.				
주문	적극적 권유 및 추천요령	• 적절한 시기에 고객에게 접근하여 메뉴를 전달하는가.				
		• 고객성향을 파악하여 메뉴 구성항목을 설명하는가.				
		• 고객의 입장을 고려하여 합리적인 주문을 유도하는가.				
		• 고객이 최종 결정한 주문을 제대로 받는가.				
	주문 순서	• 고객의 좌측에서 얼굴을 주시하며 공손하게 주문받는가.				
		• 식사전 음료주문을 알맞게 처리하는가.				
		• 고객이 원하는 메인요리 주문사항과 소요시간을 언급하는가.				
		• 고객 요구음식을 재확인하며 후식주문을 받는가.				
	주문 확인	• 고객주문사항의 정확한 기입 및 주문순서를 지키는가.				
		• 고객에게 주문내역을 확인받는가.				
		• 주방에 주문내역을 정확히 전달하는가.				
		• 주문음식의 확인 및 제시간 내에 제공하는가.				

서비스 방법	룸 서비스	• 고객의 주문을 정확히 숙지하는가.				
		• 신속히 주문을 처리하는가.				
		• 주문음식을 확인하고 추가사항에 신속히 대처하는가.				
		• 룸 서비스 담당자는 정중한 태도를 유지하며 서비스하는가.				
	조식 서비스	• 인원수 및 고객의 요구사항을 파악하는가.				
		• 식사주문전 메뉴를 보는 동안 음료를 제공하는가.				
		• 고객이 원하는 음식주문을 받는가.				
		• 아침식사 종류에 맞게 식사를 제공하는가.				
	한식 서비스	• 고객에게 친절하고 공손한 자세로 영접을 하는가.				
		• 주문은 순서대로 받고 준비시간에 대해 양해를 구하는가.				
		• 서버가 주문된 음식을 정확하고 신속히 제공하는가.				
		• 고객의 불평사항을 체크하고 계산을 돕는가.				
	양식 서비스	• 정확한 테이블 세팅과 친절하게 영접하는가.				
		• 메뉴를 설명하고 정확하게 주문을 받는가.				
		• 주문한 식음료를 제대로 제공하는가.				
		• 식사후 테이블을 깨끗이 정리하고 계산서를 확인하는가.				
	음료 서비스	• 인원수를 체크하고 호스트와 게스트를 구분하는가.				
		• 고객구성원을 구별하여 알맞은 음료를 추천하는가.				
		• 음료의 주문을 제대로 받으며 재주문을 권유하는가.				
		• 계산서를 제대로 작성하고 고객의 특기사항을 기록하는가.				
		• 기물류의 특성에 따라 제대로 관리하는가.				
집기 및 비품 취급	집기류 및 취급법	• 기물의 운반시 안전하게 이동시키는가.				
		• 고객 서비스시 올바르게 기물을 사용하는가.				
		• 서비스후 기물을 종류별로 깨끗이 세척하는가.				
		• 트레이(tray) 및 카트(cart)류를 올바르게 조작하는가.				
	비품류 및 취급법	• 운반시 안전하게 이동하는가.				
		• 비품사용시 깨끗이 사용하는가.				
		• 사용후 깨끗이 씻어 정해진 장소에 정리·정돈하는가.				
	린넨류 및 취급법	• 전표에 기재후 린넨의 세탁을 의뢰하는가.				
		• 접수받은 린넨을 제대로 세탁 또는 세탁소에 의뢰하는가.				
		• 세탁완료된 린넨을 품목별로 구별하여 적재하는가.				
		• 세탁된 린넨을 청결유지에 주의하여 보관하는가.				

Chapter 3

호텔 식음료경영의 이론적 배경

3.1 호텔 식음료경영의 일반적 이해

1. 호텔 식음료경영의 특징

세계무역의 급증 등으로 인한 소득의 증가, 이에 따른 여가시간의 확대, 인간생활의 근본적인 향상을 추구하는 세계인의 이동 등으로 말미암아 작금의 세계는 그야말로 총 없는 전쟁, 굴뚝 없는 산업의 전쟁 속에 빠져들고 있다.

이데올로기의 양극화가 무너지고 경제논리와 자국의 이해관계에 따라 결정되는 정책들, 그 틈바구니 속에서 좁은 영토와 많은 인구, 빈약한 자원이라는 불리한 조건 속에서도 우리 민족은 수많은 역경과 좌절을 딛고 일어나 세계 10대 무역강국으로 성장했다.

일찍이 많은 나라가 관광에 눈을 돌리고 투자할 때 우리는 유일하게 발전하지 못하고 있는 정치와 부처이기주의의 그늘 아래서 기본적인 인프라 구축은 말할 것도 없거니와 훌륭한 자연, 관광자원마저도 콘크리트로 덮어 버리는 한심한 정책을 되풀이해 온 것도 사실이다.

필자가 관광을 접해 왔던 지난 30년 동안 줄기차게 느껴 왔고 공감했던 사항은 관광은 종합학문이라고 말할 수 있다. 관광은 이렇듯 한 분야의 발전만으로는 성장・발전할 수 없는 사회 전반에 걸친 조화로운 발전 속에서 성장하는 산업이다. 문화관광에 대한 관심이 높아지면서, 그동안 늦은 감이 없지 않으나 근래의 상황을 살펴 볼 때 정책결정자의 의지를 조금 느낄 수 있음에 그나마 참으로 다행스럽다는 생각을 갖게 됨이 하나의 커다란 위안일 것이다.

호텔식음료산업의 특징은 다음과 같은 사항들로 요약해 볼 수 있다.

1) 생산관리측면에서의 특징

(1) 생산과 판매가 동일한 장소에서 거의 동일하게 이루어진다.

고객의 직접방문과 Order에 의해 생산되고, 이에 서비스가 부가되어야 비로소 상품으로서의 가치를 지니게 된다.

(2) 주문생산을 원칙으로 한다.

Table Service Style을 택하고 있는 식당에서는 고객의 직접주문에 의해서만 생산이 이루어진다.

(3) 수요예측이 곤란하다.

고객의 수요예측은 어느 정도는 영업분석과 경험에 의해 가능하다고는 하나 근본적으로는 상당히 어렵고 해결하기 어려운 문제이다. 그러므로 식당의 매니저는 항상 고객의 동향을 파악하고 고객의 욕구와 사회 전반에 걸친 변화에 능동적으로 대처할 수 있는 능력을 배양하는 데 평소 노력을 아끼지 말아야 한다.

(4) 상품원가에 대한 이익의 폭이 크다.

상품원가에 대한 이익의 폭이 객실의 그것에 비해 작으나, 타산업에 비해서는 높은 편이다. 그러나 최근 직접재료비의 상승과 인건비를 비롯한 제반 경비, 높은 품질을 유지하기 위한 조건 등으로 이익의 폭을 높이기가 쉽지만은 않다. 그러므로 모든 직원은 항상 원가개념을 가지고 영업장의 이익을 창출하는 데 일조하여야 한다.

2) 판매관리측면에서의 특징

(1) 장소적인 제약을 받는다.

호텔 내의 일정한 장소에 위치하는 관계로 소비자 행동양식의 영향을 받는다. 꼭대기층에 위치할 것인가, 지하에 위치할 것인가에 따라 고객의 접근성이 영향을 받으며 고객관리에도 영향을 준다.

(2) 시간적인 제약을 받는다.

제한된 시간에 효과적으로 고객에게 최상의 서비스를 제공함으로써 최대의 이익과 성과를 창출해야만 한다.

(3) 상품의 보관이 어렵다.

음식은 단시간 내에 판매되어야 하며, 서비스는 그 순간이 지나쳐 버리면 되돌릴 수 없는 것이므로 가능한한 정확한 수요예측을 하여야 한다.

(4) 인적 서비스에의 의존도가 상당히 높다.

핵심 서비스인 식사의 제공도 중요하지만, 식당에서는 부가 서비스를 더욱 높은 가치로 생각한다. 최일선의 서비스종사원은 항상 고객에게 최선을 다한다는 Moments of Truth의 정신으로 무장하여 '3A'(any time, any where, any one)를 실천하여야 한다.

한편으로 최고경영자와 매니저는 Internal Customer들에 대한 사기를 앙양함과 동시에, 직원들의 서비스 마인드를 항상 주시하여 한 치의 오차도 없는 대고객 서비스에 만전을 기해야 한다.

(5) 메뉴에 의한 판매

시장가격의 변동과 고객의 경향에 따라 메뉴의 내용과 가격을 수시로 수정할 수 있고, 고객의 입장에서 구매결정을 쉽게 하는 기능과 역할을 한다.

(6) 식당의 구조와 시설 및 분위기 등의 영향이 크다.

제반 시설의 고급화와 청결화 및 개성화 경향이 뚜렷하다. 특히 중식당・한식당 등은 전통의 분위기를 고집하던 경향에서 벗어나 점차 밝고 국제적인 분위기로 변화하고 있다.

(7) 현금판매를 원칙으로 한다.

식당 내에서의 지불은 현금 내지는 Credit Card로만 이루어지고 있으므로 기업의 입장에서는 운영자금을 원활히 할 수 있다.

2. 호텔 식음료경영의 경향

지금까지 호텔의 식음료경영은 점차 프랜차이즈화해가는 타 외식산업과는 달리 그 호텔의 성격과 마케팅에 의해 독자적인 개성을 지닌 경영을 지속하고 있다. 물론 호텔 밖으로의 외식사업에도 진출하고는 있지만, 호텔 내 식당의 분점으로서의 개념을 가지고 운영되고 있을 정도이다.

1) 신속한 서비스의 제공

TIPS(To Insure Prompt Service)의 개념에서 볼 수 있듯이 신속한 서비스는 식음료경영에 있어서 첫째로 해결해야 할 과제이다. 패스트푸드점과 같이 빠른 서비스를 요구하지는 않지만 식당의 종류와 음식에 따라 개개의 제품별 제공시간을 정해 놓고 정해진 시간에 정해진 상품이 정확히 제공되도록 최대로 노력한다.

2) Quality Service의 제공

그 식당의 컨셉트에 맞는 최고의 음식과 함께 최대한 화려하고도 우아한 양질의 서비스를 제공한다.

3) 다양한 종류의 상품 제공

국적별로 다양한 음식을 제공함은 물론, Healthy Foods, Children's Foods 등 최대한 다양한 상품을 제공함으로써 고객의 Needs에 최대한 부응하고 있다.

4) Friendly Service의 제공

틀에 꽉 짜여진 딱딱한 서비스에서 벗어나 점차 Smile을 생활화한 친근한 고객접근으로 고객과의 거리를 좁혀가고 있다.

5) 적극적인 마케팅전략

지금까지의 안일한 경영에서 벗어나 적극적인 차별화전략 및 판매촉진전략으로 무한경쟁시대에 대처하고 있다.

6) 국제회의를 비롯한 대규모 연회행사의 유치

국제화시대를 맞아 호텔의 식음료경영은 종래의 식당에서의 이익창출은 물론, 대규모 국제회의를 비롯한 연회행사를 유치하여 부가가치를 높이려하고 있다.

7) 표준화 및 규격화를 정형화하려 한다.

종래의 경험과 숙련에 의한 경영에서 벗어나 표준화전략을 구사함으로써 일관된 상품의 질을 유지하고자 노력한다(표준조리법, standard service 등).

3. 호텔 식음료산업의 전망

객실 위주의 경영을 추구하려는 미국과 국제회의를 비롯한 대규모 행사유치를 위주로 하려는 일본 두 나라를 단순 비교한다는 것은 무리가 있지만, 내수시장이 확고하게 다져진 두 나라의 호텔 객실 및 식음료경영은 나름대로 마케팅전략을 구사하기가 쉽다. 그러나 우리나라의 경우 외국관광객을 의존하는 객실경영, 내수시장에 의존하는 식음료경영이라는 양극화현상 속에서 우리의 전략은 어떠해야 할까? 우리 모두가 풀어야 할 과제이다.

세계 10대 무역강국으로의 진입, WTO · OECD 가입 등으로 끝없는 성장가도를 달릴 것만 같던 우리의 경제가 IMF라는 복병을 만나 한 때 주춤하거나 후퇴하였으나, 사회 전반에 걸친 기반시설의 확충, 세계화의 정착, 국민의식의 성장, 새로운 경제 질서 구축 등의 요소들로 인한 국민소득의 증가, 실질 노동시간의 감소로 인한 잉여시간의 증가 등 생활의 질적 향상은 국민들로 하여금 건강한 정신과 신체를 유지하려는 욕망을 더욱 강하게 만들고 있다.

개인생활의 안정은 곧이어 사회에서의 개인의 역할에 대한 욕망을 불러일으키고, 이러한 욕망을 성취하기 위한 모임의 장소를 찾게 될 것이며, 또한 내일의 노동을 위한 휴식의 공간을 찾게 된다.

점차 발전하는 사회 속에서 그 구성원들의 욕구를 파악하여 이에 능동적으로 대처하는 것이 기업의 최대과제라고 할 때, 그 모든 것을 수용할 수 있는 기반시설을 확충하게 될 것이고, 이에 수반하여 호텔을 비롯한 식음료시설은 지속적으로 확충될 것이다.

참고로 〈표 3-1〉은 조선일보에 실린 기사의 인용인데, 세계 주요연구기관들이 전망한 2005년의 성장산업들이 있다. 2013년 현재의 시각으로 보아도 그들의 전망이 틀리지 않았다는 것을 알 수 있다.

〈표 3-1〉 세계 주요연구기관이 선정한 2005년 성장산업

미쓰비시 연구소	노무라 연구소	스탠퍼드 연구소
• 정보기기산업 • 정보 서비스산업 • 통신 네트워크산업 • 재활용산업 • 공간개발산업 • 의료 · 레저 · 문화 • 비즈니스서비스산업	• 주택관련산업 • 정보 · 통신산업 • 에너지 관련산업 • 환경관련산업 • 의료-복지 관련산업 • 신유통 · 물류 관련산업 • 생활문화 · 레저 관련산업 • 도시환경정비 관련산업 • 국제화대응 관련산업 • 인재유동화 · 육성 관련산업 • 비즈니스 지원산업	• 정보기술 및 서비스 • 컴퓨터장비 및 소프트웨어 • 컴퓨터 소프트웨어 • 통신 서비스 · 장비 • 교육 서비스 및 교육자재 • 오락 · 미디어 • 여행 및 관광 • 의약품 및 의학장비 • 환경 서비스와 설비 • 건강관리 • 화학 • 생명공학 • 전자 • 첨단소재

3.2 호텔 식음료경영의 당면과제

1. 시설기능상의 문제점

일반적으로 대형 호텔들의 식음료영업장의 설계는 외국의 설계업체에게 의뢰하는 경향이 있다. 어찌 보면 그동안 체계화된 국내 식당설계의 수요가 없었던 관계로 경험있는 설계업체가 없었기 때문일 수도 있고, 한편으로는 체인화된 호텔의 경영상의 문제에서 기인하는지도 모른다.

어찌됐든 호텔 전체의 분위기와 식당의 분위기가 잘 조화되고 특색 있으며 기능적인 면에서 뛰어난 시설을 갖추기란 쉬운 일은 아닐 것이다.

경희대학교의 정청송 교수는 그의 저서 『호텔식당시설관리론』에서 식당시설설계의 일반적인 순서를 다음과 같이 서술하였다.

① 요구에 대한 분석과 요구되는 시설의 종류와 규모를 결정
② 서비스, 운영, 기준, 계획, 위원회의 활동과 관련된 목표와 정책 선정
③ 필요한 자금과 이용가능한 돈, 그리고 자금배당에 대한 고찰
④ 장소선정, 필요한 공간결정, 공간의 배치
⑤ 설비에 대한 필요 · 선택 · 비용의 결정
⑥ 연구에 기초를 둔 가설계를 Team Discussion을 위해 제시
⑦ 소유주의 승인을 얻기 위한 최종설계 준비
⑧ 입찰에서의 사용을 위해 명세서가 첨부된 설비목록 준비
⑨ 계약체결
⑩ 건설과 설비에 대한 사후검토
⑪ 건물과 설비에 대한 조사와 승인

그 외에 시설의 형태가 결정되고 나면 비교할 만한 형태의 식당기업에 대해 철저히 연구하여야 한다. 쉽게 관찰되는 성공과 실패에 영향을 주는 모든 면을 기록해 두어야 한다. 중요한 포인트를 잊지 않고, 그것들의 관련성과 중요성에 대한 혼동을 피하기 위해 자료를 체계화해서 활용한다. 작업의 요구가 결정되면 다양한 설비의 배열이 작업흐름의 견지에서 연구되어야 한다.

아무리 훌륭한 설계회사에 의뢰하여 잘 설계된 시설이라 할지라도 실제로 그 시설을 이용하고, 그 시설에서 근무하는 실무자의 조언을 무시한 나머지 가장 중요한 기능성을

상실한 식당들이 많이 있었다는 점이다. 앞으로 식당을 설계하고 시공하고자 하는 관계자들은 필히 전문조리장과 매니저와 상의하여 완공 후에 고치고 수리하는 시행착오를 범하지 않기를 간절히 바라는 바이다.

2. 효율적인 조직관리의 문제점

일반적으로 호텔 식음료부문의 조직은 거의 호텔마다 비슷하지만, 독립경영호텔과 체인경영호텔과는 약간의 차이가 있다.

체인호텔의 경우 General Manager와 Resident Manager, F & B Manager, 그리고 Executive Chef의 경우는 여하한 일이 있어도 외국인에 의해 경영되어지고 있다. 앞선 선진경영을 전수한다고 하는 전제로 체인본사의 파견형태로 이루어지는 이들의 경우 풍부한 경험과 연륜으로 실제적으로 경영상으로나 기술전수측면에서 도움이 되는 경우도 있으나, 한편으로는 외국의 관련학과를 졸업하고 어린 나이에 높은 직책으로 발령받아 현지에 잘 적응하지 못하여 기술이나 경영기법을 전수하기는 커녕 오히려 많은 것을 우리나라에서 배워 가는 경향도 있는 것이 사실이다. 물론 임용과정에서 국내 경영자의 견제도 받지만 이는 강력한 제재수단이 되지 못하고 있다. 긴 세월동안 한 분야에서 종사함으로써 그 분야의 많은 경험과 풍부한 지식을 가지고 있음에도 불구하고 내국인이라는 사실 때문에 이사직 이상의 자리에 도달할 수 없다는 현실은 꿈과 희망을 가지고 호텔 식음료부문에서 묵묵히 일하고 있는 수많은 역군들에게 어두운 짐으로 작용하고 있는 것도 사실이다.

한편으로는 내국의 종사자들도 꾸준히 공부하고 자기개발을 함으로써 언제든지 경영자가 되어 능력을 발휘할 수 있도록 만반의 준비를 갖추어야 하겠다. 세월이 말해 주고 나이만 먹으면 진급이 되던 시대는 지났다. 기업의 구조조정기를 거쳐 앞으로는 개인의 능력과 성과에 따라 철저히 보상받고 책임지는 제도가 뿌리를 내릴 것이므로 한 시도 자기발전을 위한 노력을 게을리 할 수 없다는 사실을 인식해야 하겠다. 또한 기업은 그 동안 신축호텔이 없었던 관계로 누적되어 온 직원들의 인사정체문제를 해결하기 위한 대안을 마련하여 기업의 인건비 부담을 줄이고 개인에게 동기를 부여할 수 있도록 해야 하겠다.

3. 서비스의 질적 향상 문제점

작금의 호텔 식음료 서비스를 보면 호텔등급간 · 지역간의 격차가 엄청나다. 대형 호텔들의 치열한 경쟁 속에서는 질적인 서비스수준이 유지되고 나날이 발전하고 있지만, 그렇지 않은 호텔들도 상당한 수에 달한다고 할 수 있다. 고객을 대상으로 한 설문조사 자료를 보면 항상 서비스의 질적 수준이 대상 호텔식당 선택의 중요한 요인으로 작용하고 있음을 알 수 있으며, 이러한 사실은 모든 직원과 모든 경영자가 알고 있다고 본다. 잘 알고 있으면서도 쉽게 이룰 수 없는 서비스왕국의 건설, 과연 무엇이 문제일까?

외부에서 호텔종사자들을 바라보던 시각이 좋지 않았던 과거에는 근무환경도 좋지 않았었다. 그러나 현재의 호텔 식음료종사원은 불과 10여년 전에 비해 엄청난 환경의 변화 속에서 나름대로 주 5일제근무와 자기계발 지원 등 쾌적하게 근무에 임하고 있는 것도 사실이다.

기업의 입장에서는 적은 인원으로 최대의 성과와 질적으로 높은 수준의 서비스를 유지하려 할 것이고, 그만큼 과중한 업무를 책임져야 하는 일선의 직원들은 쌓이는 육체적 피로와 스트레스 속에서 헤어나지 못하게 될 것이다. 서로서로 조금씩 양보하고 이해하는 기업의 풍토 속에서만이 경쟁사회에서 살아남을 수 있다는 사실을 충분히 인식하여야겠다. 현대사회는 제조업이든 또는 서비스업 이든간에 서비스에 살고 서비스에 죽는다는 말 그대로 생존의 개념으로 받아들여지고 있으며, 일상생활에서도 가장 많이 접하는 단어일 것이다.

"죽느냐 사느냐 하는 절박한 상황하에서의 서비스관리"

호텔마다 최상의 질적 서비스를 위해 기업의 생사를 걸고 노력하는 이유를 직원들은 충분히 이해하고 실행하여야 할 것이며, 회사는 이를 실행할 수 있는 근무환경을 만들도록 최대한의 노력을 경주해야 하겠다.

4. 운영형태의 문제점

기업의 성장과 존속을 위해 각 기업마다 특색있는 운영 시스템을 갖추고 있다. 아무리 훌륭한 자질의 직원들을 확보했다 할지라도 운영 시스템 자체가 잘못되어 있다면 개개인의 역량을 충분히 활용할 수 없을 뿐만 아니라 기업 자체의 존속이 어려울 것이다.

과연 회사의 조직과 운영이 규모에 맞게 적정규모로 이루어져 있으며, 또 원활히 이루어지고 있는지 항상 체크하고 수정·보완하여야 한다.

체인호텔의 경우처럼 소유와 경영을 철저히 분리하여 아무리 Owner라 할지라도 전문경영인의 경영 자체는 간섭하지 않는 풍토가 하루 빨리 정착되어야 하겠다.

5. 경영 마인드의 문제점

일반적으로 회사의 경영이란 상명하달의 원칙이 통용되고 있으며, 권한을 주기보다는 책임을 우선 원하는 속성을 가진 조직이다.

구성원의 희생을 강요하고 있으면서도 정작 최고경영자들이 안이한 생활 속에서 안주하고 있다면 그 조직은 강력한 리더십을 상실하게 될 것이고, 회사의 장래는 명약관화한 결과를 가져 올 것이다.

흔히 우리 서비스업에 종사하는 사람들은 스칸디나비아 항공(SAS)의 성공사례를 가장 훌륭한 교재로 삼고 있으며 공부하고 있다. 과연 최고경영자들은 그 회사의 성공전략이 무엇인가를 정확히 알고 있을까? 얀 칼슨이라는 젊은 사장의 경영전략을 이해하고 있으면서 부하직원들에게 그 교육을 받도록 강요하고 있는 것일까?

사장과 총지배인은 호텔종사자가 아닌 특별한 직책의 소유자라고 생각하고 있지는 않은지 되새겨 보아야 하지 않을까?

Owner와 전문경영자 사이의 불신 속에서는 어떠한 성과도 기대할 수 없다고 배워 왔는데, 필자가 보아 온 현실은 너무나도 먼 나라의 동화 같게만 느껴졌으니 이 어찌 일천한 경험을 가진 필자만의 우매함이라 할 수 있을까?

총지배인으로 임명해 놓고는 일일이 간섭하고, 금전적인 문제는 가족중심체제로 하며, 가시적인 경영성과가 보이지 않는다고 임용한지 6개월도 안되어 교체하는 조급한 풍토 속에서 그 어느 전문경영인이 자기의 능력을 충분히 발휘할 수 있을까?

이제는 우리나라의 본격적인 호텔산업도 1세기가 거의 되어가고 있다. 나이의 성숙함에 맞는 성숙한 경영체제를 기존의 경영자들이 보여 주고 리드해 줄 때 그 뒤를 좇는 후배들의 존경과 사랑을 받지 않을까?

3.3 식당의 유래와 정의

1. 식당의 유래

초기의 사람들은 생존을 위하여 유목생활로부터 일정지역에 거주하면서 음식을 만들었지만, 시간이 흐르면서 음식상품을 가지고 경제활동을 하게 된 후 분업이 추진되고 도시의 형태로 발전해 갔다.

이들의 도시에서는 일정한 대가를 받고 조리된 식품, 즉 요리를 판매하는 업종이 생겨났는데, 고대 그리스에서 발생한 타베루너(tebenta)라는 음식시설은 그 전형적인 예라고 할 수 있을 것이다. 이와 같이 음식점에서 제공한 서비스는 단지 재료를 조리해서 제공하는 것뿐만 아니라 요리와 술을 즐기고 분위기를 즐기는 등 현대적 의미의 호텔식당의 기능과 별로 다를 바가 없었다.

매슬로우(A.H. Maslow)의 욕구단계설이나 런드버그(D.E. Lundberg)의 인간욕구구조에 따르면 인간은 첫째로 의·식·주의 문제를 생존의 개념에서 해결해야만 한다. 그렇듯 인류의 역사와 먹고 마시는 역사는 항상 같이 존재해 왔고, 앞으로도 그러할 것은 당연한 일일 것이다.

그러나 단순히 생존을 위해 먹고 마시는 차원을 넘어 음식을 매개로 한 상업행위의 역사는 그리 오래되지 않았다.

식당의 역사는 고대 BC 512년경 이집트에서 시작되었다 하나 Cereal·들새고기·양파 등의 극히 단조로운 음식만이 제공되었으며, 소년들은 부모를 동반해야 했고, 소녀들은 출입이 허용되지 않는 등의 제한이 있었다.

로마시대에는 Kala Kala라는 큰 대중목욕탕의 주위에 식당이 있었다고 한다. 그리고 같은 시대에 여행자를 위한 수도원·사원 등에서도 식사와 숙소를 제공하였다고 한다.

영국에서는 12세기경 선술집(public house) 같은 곳이 있었으며, 1650년에 영국 최초의 커피하우스가 옥스퍼드에 개업되는 등 고정가격으로 점심과 저녁을 제공받을 수 있는 간이식당이 도처에 생기게 되었다.

1873년 화이틀리의 점포가 고객의 편의를 위해서 식당문을 열었는데, 이것이 널리 보급되어 식당의 발전계기가 되었다.

프랑스에서는 1765년에 보우랑거(Mon. Boulanger)라는 사람이 'Restaurant'이란 수프(soup)를 판매하였는데, 그것이 대단히 유명하여 현대의 레스토랑이라는 용어가 생기게 되었다는 설도 있다.

일찍이 세계 문명발상지 중의 하나인 중국은 벌써 6세기경에 『식경』(食經)이라는 전문서적을 발간하여 식당의 발전에 효시를 주었고, 청조시대에는 '회관'(會館)이란 식당이 생겨 '장원'(壯元)과 '진사'(進士)라는 간판을 내걸고 영업을 하였으며, 이에 앞서 당·송시대인 7세기에 이어 13세기에 걸쳐 중국의 요리가 발전하여 오늘에 이르고 있다.

중국의 요리가 이탈리아로 전파되고, 이탈리아요리가 프랑스로 전파되어 현재에 이르고 있다 하니, 그 유명한 프랑스요리도 알고 보면 동양의 영향을 받았음이 흥미로운 일이 아닐 수 없다.

그러면 우리 나라의 경우는 어떠할까?

『삼국사기』를 보면 490년에 신라의 서울 경주에 처음으로 시장이 개설되었고, 509년에는 동시(東市), 695년에는 서시(西市)·남시(南市) 등의 상설시장이 개설되었다. 전성기의 경주는 15만 이상의 민가가 있었고, 가야금 소리와 노래소리가 끊이지 않는 도시였으며, 위·당의 상인들뿐만이 아니라 서역상인(西域商人)들까지 들끓었다고 하니 당연히 숙식을 위한 장소가 있었음을 짐작케 한다.

고려시대 983년 개성에는 성례(成禮), 약빈(藥賓), 연령(延齡), 희빈(喜賓) 등의 이름을 가진 식당을 개설하게 했다는 기록이 『고려사』에서 표현되고 있다.

1103년에는 지방의 각 고을에도 술과 음식을 팔고 숙박도 겸하게 하는 상설식당을 개설케 하였으니 이것이 훗날의 물상객주·보행객주 등의 시초가 된 것이며, 이 밖에도 전주에서 생겨난 주막집·목로집이니 하는 것은 오늘날의 식당에 숙박을 겸하는 형태가 될 것이다.

조선시대의 국립대학교라고 할 수 있는 성균관 안에는 공자를 모신 사당(文廟)과 유생들이 강의를 듣던 명륜당이 있었고, 명륜당 앞 좌우에 동제(東齊)와 서제(西齊)가 있었다. 이 두 개의 제(齊)는 모두 28개의 방이 있어 200명 가까운 선비가 거처했고, 동제(東齊)의 동쪽에는 선비들이 식사를 하는 식당이 있었다. 식당이란 말은 이렇게 하루 세끼 200명 가까운 양반·선비들이 식사하는 곳이었으니 실상 식당이란 말의 유래는 오래된 용어로서 매우 권위가 있는 표현이라고 할 수 있다.

2. 식당의 정의

앵커(Michael Anker)라는 학자는 그의 저서 『Basic Restaurant Theory and Practice』에서 17세기에 영국에서는 Taverns과 Ale-houses라는 것이 생겨났으며, 그 곳에서는 빵과 치즈 및 고기류를 고객에게 제공했다고 했다.

또한 18세기 초에는 Ordinary라는 것이 출현하였는데, 이 곳은 매일 빵과 고기 그리고 에일이라는 맥주를 먹을 수 있는 장소였으며, 대중적이고 값도 싼 곳이었다고 쓰고 있다.

레스토랑이라는 단어가 백과사전에 등장하기 시작한 것은 1975년 프랑스에서부터였다고 한다.

프랑스의 백과사전 『Larouse Duxxe Siecle』에 의하면 "de restaurer"란 말로 시작되었다.

프랑스 대백과사전에서는 Restaurant을 "Etablishement public ou l'onpeut marger; Restaurant a prix fixe; Restaurant a la carte"라고 설명하고 있다. 즉 사람들에게 식사를 제공하는 공

중의 시설, 정가판매점, 일품요리점으로서 음식물과 휴식장소를 제공하고 원기를 회복시키는 장소라는 의미를 갖고 있다. 또한 미국의 『Webster』사전에서도 "An establishment where refreshments or meals may be procured by the public; a public eating house"라 하여 "대중에게 공개하여 식음료를 제공하는 시설물, 즉 대중들이 식사하는 집"으로 설명하고 있다.

위의 사항들을 기초로 한 '현대호텔식당'의 정의는 "영리를 목적으로 하는 호텔의 한 부대시설로서 일정한 장소에 일정한 시설을 갖추어 놓고 음식물에 서비스를 부가하여 지불능력이 있는 고객에게 제공하고 그 대가를 받는 공공의 시설"이다.

3. 현대 호텔식당의 개념

생존을 위한 수단으로써의 식사제공을 위한 고대의 식당, 작위를 받은 귀족의 저택에서 몇몇 지인(知人)들을 초청한다든지 또는 제한된 신분의 고객만을 대상으로 했던 중세(中世)의 식당, 그 후 세계 열강 들의 영토확장 경쟁을 거쳐 선진문물의 발전과 타국으로의 전파는 세계인의 생활에 많은 변화를 가져다 주었다. 산업의 급속한 발전과 전파, 교통의 발전은 인류의 생활에 커다란 변화를 가져 왔으며, 특히 20세기 들어서의 두 차례에 걸친 세계대전은 전세계의 정치 · 경제 · 사회 · 문화 등 전 분야에 걸쳐 엄청난 발전을 가져다 주는 계기가 되었다.

교통과 산업의 발달, 그리고 여가시간의 증가는 가계의 가처분이익을 높여 주었고, 새로운 경험을 찾는 고객들의 의식변화는 우리 나라에도 예외는 아니다. 이제 호텔은 부유층이나 어떤 특정계층의 전유물이 아닌 그야말로 대중적이고 불특정 다수를 위한 공공의 장소가 되었다. 여러 가지 통계를 보더라도 호텔의 식음료시설을 이용하는 패턴이 다양화되고 고급화되는 것을 쉽게 알 수 있다.

객실부문에 비해 상대적으로 호텔산업에 있어서의 공헌이익은 열세이지만 금전을 떠난 고용기회의 확대, 국민생활의 질적 향상, 비즈니스를 위한 훌륭한 시설과 서비스제공 등 여러 가지 측면을 감안한다면 호텔 식음료산업의 중요성은 아무리 강조해도 지나침이 없을 것이다. 아울러 21세기에 특히 각광받게 될 국제화산업의 성공 또한 호텔 식음료산업의 저변을 기초로 가능하다는 생각에 이를 연구하는 학자들이나 경영자 및 대고객 서비스의 접점에서 종사하는 모든 분들의 책임의 막중함도 느껴 본다.

우리 국민과 수많은 외국인관광객은 이제 모든 일상생활에 있어 호텔의 식당시설을 자주 이용하게 되어 있다. 단순히 먹고 마시는 장소로서의 의미를 훌쩍 뛰어 넘어 누구에게나 자아발견의 장이 되고 성공으로 가는 꼭 필요한 장소가 되기를 바란다면 필자의 욕심이 너무 과한 것일까?

4. 식음료 서비스산업의 성장 · 발전

산업혁명의 성공은 우리 외식산업의 역사에 한 획을 긋는 중요한 계기가 된다. 인구의 도시로의 이동, 식사의 직장 내 해결, 수입의 증가로 점심을 비롯한 식사를 식당에서 해결하려는 경향 등의 외식풍조가 생겨나기 시작했다.

제1차 세계대전을 거쳐 두 차례의 세계대전은 식당의 수요를 폭발적으로 증가시키는 계기가 되어 오늘날의 초석이 되었다.

누가 뭐라 해도 식음료 서비스산업의 발전과 주도적인 역할에 있어서 미국이라는 나라를 빼고는 이야기할 수 없을 것 같다.

Dine-out, Food Service Industry 등으로 불리우는 외식산업의 출발은 1827년 창업된 델모니코(Delmonico's)사부터라고 할 수 있다. 메뉴를 품목별로 수록한 표를 만들었고, 각종 피로연이나 파티 등을 유치하는 경영방식으로 운영하여 오늘날 레스토랑의 선구자가 되었다.

1910년대의 식당 체인을 선도한 후렛하베이사, 1920년대 기존 레스토랑과는 다른 형태의 운영방식을 도입한 J.R. 톰슨사가 등장하여 Full Service 방식에서 Self- service 방식을 시작하였고, 인건비의 절감과 가격의 저렴화를 위해 Central Kitchen 방식을 도입하였다.

1920년대쯤의 미국인들은 생활의 안정에 따른 생활양식의 변화로 생존을 위한 식사에서 생활을 위한 식사로 변하였는데, Howard Johnson사가 고객의 정신적 만족을 충족시킬 수 있는 방향으로의 전환을 모색한 대표적 기업이다.

1955년 McDonald's사와 레이 클락(Ray Kroc)사의 출현은 미국 외식산업의 일대 전환기를 촉발시켰고, KFC가 이에 합류하여 비약적인 발전을 주도한다. 특히 McDonald's는 식음료산업에 과학적 관리기법의 시도, Quick Service와 Franchise 기법을 도입하여 Fast Food Service업뿐만 아니라 전미국 외식 서비스산업의 비약적 발전에 기여했다.

1970년대는 치열한 경쟁시대로 막강한 자금력이 움직이는 기업간 M & A의 혼란기였고, 생존을 위한 마케팅의 시대라 표현할 수 있으며, 최대의 호황기였다.

1980년대 이후는 입지의 포화상태와 시장성장률의 둔화 등으로 치열한 시장쟁탈전이 벌어지고 있으며, 외식산업의 공업화와 자본집약화 및 신기술정보 시스템으로 세계시장으로의 활발한 진출을 도모하며 발전을 거듭하고 있다.

다른 어느 나라 국민들보다도 여행을 좋아 하는 미국민들의 습성과 지불능력만 있으면 누구나 이용이 가능하고, 저렴한 가격정책으로 인하여 미국의 호텔산업 또한 엄청난 발전을 하여 왔으며, 이에 부수되어 호텔 내의 식음료산업도 아울러 발전하였음이 사실이다.

1794년 뉴욕의 the City Hotel을 효시로 보스톤・볼티모어・필라델피아 등지에서도 이와 유사한 호텔들이 건립되었다. 특히 볼티모어 시티호텔의Exchange Coffee House와 피라델피아의 the Mansion House는 그 당시의 유행인 집회장소로 유명하였다.

1829년에 세워진 Tremont House는 호텔경영에 혁신을 가져다 주었는데, 특히 처음으로 프랑스요리가 소개되었고, 종사원은 고객에게 정중히 접대하고 존경하는 태도를 보일 것을 훈련받았다.

1908년에는 버팔로에 the Statler Hotel이 세워져 Commercial Hotel의 시초가 되었고, 1927년 시카고에 Stevens Hotel(후에 Conrad Hilton Hotel로 명칭이 바뀜)이 3,000개의 초대형 호텔로 세워져 그 위용을 자랑했다.

그 후 현대에 이르기까지 호텔들의 대형화와 체인화가 지속되어 전세계 호텔산업의 주도적인 역할을 수행하고 있으니, 그에 수반된 호텔 식음료산업의 영향 또한 미루어 짐작할 수 있으리라 본다.

우리 나라의 호텔 식음료산업은 어떠한가?

1900년 5월 인천역의 본역사가 건립되고, 1900년에 프랑스 사람인 손탁(Sontag)이 정동에 최초로 호텔을 건립하여 8년간 운영을 하였는데, 서양가구・장식품・악기・의류・서양요리 등을 최초로 도입하였다 한다. 특히 커피를 최초로 제공하였다는 점도 주목할 만한 사항인 것 같다.

1910년 부산역 본역사, 1911년 신의주 본역사 등으로 이어 오던 호텔은 드디어 1914년 3월에 북구의 근대식과 한국식을 겸한 4층짜리 65개의 객실을 갖춘 조선호텔이 건립되어 근대 한국 최고의 호텔로 군림해 오다가, 1967년 한국관광공사에 의해 현재의 조선호텔로 다시 태어나게 된다.

1939년 반도호텔, 1957년 온양호텔, 그리고 그 시대를 전후하여 동래호텔・불국사관광호텔・설악산관광호텔 등이 건립되어 우리 나라의 호텔산업을 주도한다.

본격적인 우리 나라 현대호텔의 모습을 갖추게 되는 것은 1960년대에 이르러 관광사업진흥법이 공포・발효되면서부터 시작되었고, Metro Hotel과 Savoy Hotel 및 Astoria Hotel 등이 각각 영업을 시작하면서부터이며, Hotel Ambassador가 뒤를 이어 오픈하였다.

1963년 254개의 객실과 오락시설을 갖춘 리조트호텔로서 Walker Hill이 출범함으로써 바야흐로 현대식 대형 관광호텔의 시작을 예고한다.

1966년에 세종호텔, 1967년에 조선호텔과 코리아나호텔이 개관하여 1970년대를 호텔 건립의 성장기로 만들었고, 1976년 이후에는 Seoul Plaza Hotel과 Hyatt · Lotte · Shilla 등의 매머드급 특급호텔들이 건립되어 바야흐로 한국관광호텔의 중흥기를 맞으며 많은 레스토랑을 호텔 내에 운영함으로써 한국의 식음료산업을 선도하게 된다.

그 당시만 해도 프랑스요리는 Hyatt, 중국식당은 Plaza, 한식당은 세종호텔 등 각각의 호텔마다 특색있는 유명한 전문식당들이 자리매김하게 되었다.

1980년대에는 '86아시안게임과 '88올림픽을 유치하여 관광호텔의 부족한 객실을 보충하기 위한 Hotel Intercontinental Seoul, Ramada Renaissance Hotel(현재의 서울 르네상스 호텔), Hotel Lotte 잠실 등이 연달아 개관함으로써 본격적인 경쟁과 더불어 객실을 비롯한 식음료 판매촉진을 위한 마케팅의 시대를 맞게 되었다.

그러나 그 후 정책결정자의 관광정책의 부재로 인해 관광산업 자체가 사치향락산업으로 분류되는 등의 진통을 겪어 오다가, 결국에는 IMF라는 민족 최대의 위기를 맞아 그야말로 관광산업은 초토화되다시피 하였고, 특히 관광호텔들의 영업악화는 중소호텔들의 폐업 · 양도양수 · 명의이전 등의 사태에 직면하였다. 사태가 이러하니 새로운 관광호텔의 신축을 바라던 자체가 지나친 욕심이 되고 말았다.

이제는 외국인 방문객이 1,100만 명을 넘어서는 창조관광의 시대를 맞아 한국의 관광호텔과 호텔의 식음료산업은 새로운 전열을 가다듬어 가일층 노력을 경주하여야 한다.

PART 2

호텔 식음료실무의 이해

Chapter 4

식당의 종류와 분류

4.1 식당의 종류

1. 식당명칭에 따른 분류

1) Restaurant

일반적인 식당의 의미이다. 식탁과 의자가 마련되어 있고 고객의 주문에 따라 서비스 직원에 의해 음식이 제공되는 테이블 서비스의 특성을 가진 최상급의 시설을 갖춘 식당이다.

2) Dining Room

식당이용시간이 대체로 제한되어 있는데, 아침을 제외한 점심과 저녁식사를 정해진 시간에 제공하는 식당으로 주로 일품요리(a la carte)나 정식요리(Table d'Hote)를 판매한다.

Cafeteria

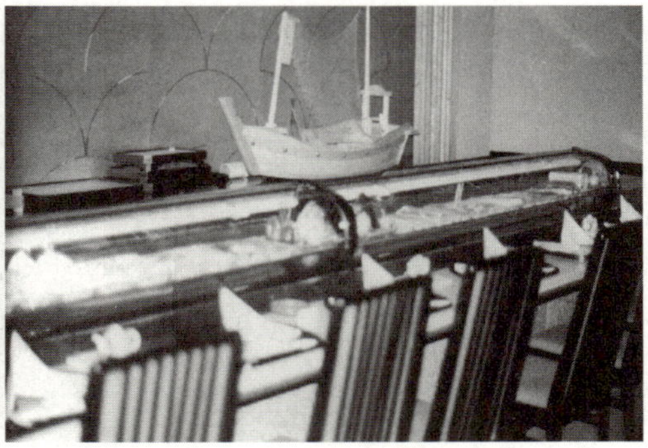

Sushi Counter

3) Grill

A La Carte(일품요리)나 Daily Special Menu(그날의 특별요리)를 제공하는 식당으로 수익을 증진시키고 고객의 편의를 위해 아침·점심·저녁식사가 제공된다.

4) Cafeteria

음식물이 진열되어 있는 Counter Table에서 직접 요금을 지불하고 고객이 먹고 싶은 것을 스스로 가져다 먹는 Self-service 형식의 간이식당을 말한다.

5) Lunch Counter

음식의 조리과정을 직접 볼 수 있도록 Counter Table을 마련하여 놓고 고객이 이 곳에 앉아 음식을 직접 주문하여 제공받는 식당을 말한다. 일식당 내의 Sushi Counter를 생각하면 이해가 빠를 것이다.

6) Refreshment Stand

시간이 바쁜 고객들이 간단히 이용할 수 있도록 간편한 간이음식을 만들어 진열장(Show Case)에 미리 진열해 놓고 고객이 요구하는 것을 판매하는 식당이다. 도시락전문점을 말할 수 있다.

7) Coffee Shop

고객의 왕래가 많은 곳에서 많은 종류의 메뉴를 준비하여 판매하고 있으며, 커피 및 음료수도 판매하는 식당이다. 특히 우리 나라에서의 인식이 잘못되어 아직도 Coffee Shop 하면 다방을 생각하는 사람이 많은데, 엄연히 호텔 식음료업장 중에서도 매출도 많고 고객수도 가장 많은 중요한 식당이라는 사실을 명심해야 한다.

해마다 매월 혹은 계절별로 Promotion을 실시하여 각국의 다양한 음식을 접할 수 있도록 하고 있으며, 건강식을 비롯한 어린이를 위한 음식과 Diet Foods 등도 판매한다.

8) Drive In

교통이 편리한 도로변에서 자동차로 이동하는 여행객을 상대로 음식물을 판매하는 식당이며, 미국의 Howards Johnson사가 유명하다. 넓은 주차장을 갖춘 고속도로 휴게실을 말할 수 있다.

9) Dining Car

철도를 이용하는 사람들을 대상으로 해서 식당차를 여객차와 연결하여 그 곳에서 음식을 판매하는 식당을 말하며, 우리 나라의 무궁화호 이상의 열차에서 경험할 수 있다.

10) Snack Bar

서서 음식을 먹는 간이식당으로 간편하고 가벼운 식사가 판매된다.

11) Industrial Restaurant

회사나 공장 같은 곳의 구내식당으로 비영리목적의 급식식당을 말한다.
흔히 학교·병원·군대의 구내식당이 포함된다.

12) Department Store Restaurant

백화점을 이용하는 고객들이 쇼핑 도중 식사를 할 수 있는 식당을 말한다. 이 곳에서는 대개 Self-service 형식을 취하며, 신속한 요리가 제공된다. 최근에는 고객의 요구가 다양해지면서 저가에서 고가의 메뉴로 변화해 가고 있다.

13) Buffet Restaurant

음식물이 진열된 호텔이나 일반 뷔페식당에서 1인당 균일한 요금을 지불하고 마음껏 식사할 수 있는 형태의 Self-service 식당이다.

14) Delicatessen

간단한 Sandwich나 Salad·Bread 등을 준비하여 판매하는 곳을 말한다. 최근에는 각종 케이크류와 햄(ham), 소세지(sausage), 초콜릿(chocolates) 등도 판매하여 이익의 증진에 노력하고 있다.

Delicatessen

2. 서비스형식에 따른 분류

1) Counter Service Restaurant

주방을 개방하여 고객이 조리과정을 직접 보게 함과 아울러, 그 앞의 카운터를 테이블로 하여 음식을 제공하는 형식의 식당을 말한다. 이러한 식당은 직원의 서비스가 그다지 많이 필요하지 않고, 고객이 보는 앞에서 요리를 만들어 제공하므로 서브(serve)가 빠르고 위생적이다.

2) Table Service Restaurant

우리가 일반적으로 알고 있는 식당을 뜻하는 것으로, 일정한 장소에 식탁과 의자를 설비하여 놓고 고객의 주문에 의해 서비스를 제공하는 식당이다. 호텔 내의 거의 모든 식당은 이러한 형식을 취하고 있다.

3) Vending Machine Service

인건비의 상승으로 인하여 선진국에서 인기있는 자동판매기로 Snacks, Can, Milk, Ice-cream, Pastries 등을 판매한다. 우리 나라에도 많은 종류의 자동판매기가 있으나 식당으로 분류하기에는 무리가 따르는 일종의 판매산업이다.

4) Self-service Restaurant

고객자신이 기호에 맞는 음식물을 직접 운반하여 식사하는 형식의 식당으로 다음과 같은 특징을 가지고 있다.

Self-service

① 신속한 식사를 할 수 있다.
② 직원에 대한 인건비의 부담이 줄어든다.
③ 식사요금이 대체로 저렴하다.
④ 기호에 맞는 음식을 자유로이 선택할 수 있다.
⑤ 팁(tip)을 지불할 필요가 없다.
⑥ 고객의 불평이 적다.
⑦ 회전이 빨라 박리다매를 할 수 있다.

5) Feeding

비영리적이며 Self-service형식의 식당으로 회사의 급식, 학교 기숙사와 병원 및 군대의 급식 등을 들 수 있다. 이는 반드시 비영리적이고, 일정한 장소에서 많은 인원을 수용하여 식사를 제공할 수 있으며, 반드시 정해진 메뉴만을 선택해야 하기 때문에 자신의 기호에 맞는 식사를 할 수 없다는 단점이 있다.

6) Auto Restaurant

버스형 자동차나 트래일러(trailer)에 간단한 음식물을 싣고 다니면서 판매하는 이동식

식당으로 공원 같이 사람이 많이 왕래하는 곳에서 이루어지는 형태의 식당이다.

3. 주판매품목에 따른 분류

세계의 어느 나라 어느 지방이든 각자의 특색있는 식생활문화를 이어 오고 있다. 그러나 상품화하고 널리 보급시킬 수 있느냐에 따라 세계적인 음식이 되느냐 아니냐가 결정된다. 최근들어 세계화에 힘입어 수많은 종류의 외국식당들이 운영되고 있으나 일일이 소개하지는 못하고 그 중 대표적으로 호텔에서 주로 판매하는 식당들만 소개하기로 한다.

일반적으로 무슨무슨 식당 하는 것이 이에 해당되는 것으로 이러한 분류에 의한 종류가 대중적으로도 잘 알려져 있다.

1) Western Style Restaurant

(1) Italian Restaurant

이탈리아요리는 기원 14세기 초에 탐험가 마르코 폴로가 중국 원나라에 가서 배워 온 면류가 고유한 Spaghetti와 Macaroni로 정착하여 이탈리아요리의 원조가 된 것이다. 이탈리아에서는 이 면류요리를 총칭하여 파스타(pasta)라 하여 수프(soup)를 대신하여 메인 코스(main course)요리 전에 먹는 것이다.

이탈리아요리의 코스를 보면 다음과 같은 순서로 되어 있다.

① 아뻬리티보(aperitivo): 식사 전에 마시는 술
② 안띠파스토(antipasto): Appetizer에 해당
③ 육류요리
④ 인살라타(insalata): Salad에 해당
⑤ 과일
⑥ 커피 및 음료

최근에는 거의 모든 호텔에서 이탈리아식당을 운영하고 있으며, 외식산업분야에서도 이탈리아식당이 큰 붐을 이루고 있는 실정이다.

지중해 연안의 풍부한 해산물과 올리브유를 많이 사용하는 음식으로 마늘을 좋아 하는 우리 나라 사람들의 식성에도 잘 어울리는 음식이다.

많은 종류의 스파게티 · 라자냐 · 라비오리 · 피자 등이 유명하다.

(2) Spanish Restaurant

스페인요리의 특색은 Olive Oil과 Wine을 재료로 많이 쓴다. 이 나라는 생선요리가 특히 유명하다. 새우, 가재(cigala), 새끼돼지요리 등을 들 수 있고, 일반적으로 또르티야(tortililla), 쎄고비아나(segoviana), 안다루시옹(andalusion), 가스빠초(gaspacho), 꼬시도 마드릴레노(cocido madrileno)요리 등이 널리 애용되고 있다.

(3) French Restaurant

요리하면 제일 먼저 꼽을 정도로 유명한 오늘날의 프랑스요리이다. 이탈리아에서 유래되어 16세기 앙리 4세 때부터 그 역사가 시작되어 현재 가장 화려하고도 품위있는 요리와 서비스형식을 취하는 최고급식당이다. 요리에 쓰이는 각종 소스(sauce)만 해도 500여가지가 넘는 요리로서 체계적이고도 유서깊은 요리전문학교, 서비스를 비롯한 경영관련학교 등이 발전함과 동시에 식당관련산업이 발달되어 있어 요리의 천국으로 불리운다. 와인(wine)과 더불어 Deluxe Restaurant시장을 석권하고 있다.

Lobster, Chateaubriand, Oyster, 각종 Hors d'Oeuvre 등이 있다.

(4) American Restaurant

미국인들은 대개 재료를 빵과 곡물, 고기와 계란, 낙농식품, 과일 및 야채 등으로 이용하는데, 국민성과 맞물려 그다지 격식을 따지지 않고, 간소한 메뉴와 경제적인 재료 및 영양본위의 실질적인 식사를 제공한다.

Steak, Hot Dog, Hamburger 등이 널리 애용된다.

2) Korean Style Restaurant(한국식 식당)

어느 나라를 막론하고 그 나라의 기후·지방색·풍토 등에 따라 여러 가지 요리 및 조리법이 개발되어 있다. 한국음식도 예외는 아니어서 각 지방마다 특색있는 요리가 발전하여 왔다.

특히 향토성이 짙은 음식은 외국인에게 자극이 심하여 널리 세계로 발전하지는 못하였고, 대형 호텔에서도 한국식 식당이 여럿 있었으나 최근에는 특급호텔에서의 한식당은 줄어들고 있는 추세이다. 그러나 88올림픽의 개최와 2002년 월드컵 등의 세계화의 물결 속에서, 한국이라는 나라가 세계 속에 알려지고, 많은 관광객을 위시한 외국인들의 방문으로 이제는 웬만한 한국음식은 외국인들도 잘 알고 있을 정도로 발전하였다.

또한, 한식세계화의 기치를 내걸고 정부의 적극적인 지원 하에 세계 각국에 한식의 이름을 드높인 한식전도사들도 한식을 알리는데 큰 역할을 하였다. 호텔의 한식당에서

한식당 별실(PDR)

는 주로 궁중요리를 바탕으로 한 한정식을 종래의 '상'개념에서 벗어나 코스(course)개념으로 개발하고, 자극적인 향과 맛을 될 수 있는 한 자제함으로써 세계인의 입맛에도 맞도록 개발하여 놓고 있다.

한 외식전문가에 따르면 "국내 외식산업의 패턴은 프랑스식당에서 이탈리아식당으로, 그리고는 한식당이 주류를 이루는 시대로 흘러갈 것이다"라는 말을 들은 적이 있는데, 작금의 시대상황과 현상을 보면 그 예측이 어느 정도 맞아떨어지고 있는 것 같다.

앞으로 한국음식분야에 종사하시는 많은 전문가들이 좀 더 노력하고 개발한다면 세계 어느 나라의 음식문화에도 뒤지지 않는 오묘하고도 훌륭한 특색을 지닌 세계의 요리로 충분히 발전하리라는 확신을 가져야겠다.

3) Chinese Style Restaurant(중국식 식당)

중식당 별실(PDR)

세계문명의 발상지 중의 하나인 중국에서는 벌써 2천년 전에 요리의 전문서적이 출간되었고, 6세기경에는 『식경』(食經)이라는 책이 만들어져 지금까지 전해져 올 정도로 중국의 음식은 그 맛과 전통을 이어 오고 있다. 방대한 넓이의 땅과 넓은 바다는 그들에게 많은 혜택을 주어 왔고, 그들은 "날아다니는 것은 비행기만 빼고, 다리 달린 것은 책상·걸상만 빼고 다 먹을 수 있다"라는 말이 있을 정도로 풍부한 재료, 다양한 조리법, 갖가지 향신료를 이용한 요리를 발전시키고 있다.

세계 어느 나라에 가더라도 볼 수 있고 맛볼 수 있는 중국요리, 특히 남녀노소를 막론하고 우리 나라 국민들의 입맛을 긴 세월동안 한결 같이 사로잡고 있는 중국요리이고 보면, 시설적인 측면과 위생적인 측면만 좀 더 고려하여 호텔수준의 중국식당을 만든다면, 앞으로도 끊임없이 고객의 사랑을 받을 것이다.

4) Japanese Style Restaurant

크게 관동풍의 요리와 관서풍의 요리로 구분되는 일본요리는 계절의 변화가 뚜렷하고, 사면이 바다로 둘러싸인 해양국가의 특수성으로 색깔 좋고 맛 좋으며 향기 좋은 것을 생명으로 조리하는 요리로 유명하다. 흔히들 일본요리는 눈으로 먹는다고 표현하듯, 아기자기하고 손이 많이 가는 음식으로 높은 가격대를 형성하여 일반대중이 접하기에는 정통일본요리는 아직은 무리가 따른다고 할 수 있겠다.

일식당 내 철판구이요리 코너

최근에는 철판구이요리·노바다야끼·우동전문점이라 하여 수많은 일본계 음식점들이 자리잡으며 일반대중의 외식문화로 뿌리를 내리고 있다.

호텔에서의 일식당은 넓은 면적과 깔끔한 인테리어 등 아낌없는 투자를 함으로써 사회적으로 성공하고 인생의 황금기를 맞고 있는 중년층 이상의 고객을 대상으로 성업 중에 있다. 해마다 여름이면 여러 가지 요인으로 심한 Slow Season을 맞이하곤 하는데, 이 문제만 잘 해결할 수 있는 마케팅이 이루어지고 높은 인건비 문제만 해결한다면 호텔 식음료부문의 훌륭한 효자식당이 될 것이다.

4.2 식사의 구성과 시간에 의한 분류

1. 식사의 구성에 의한 분류

1) Table d'Hote Restaurant(정식식당)

일명 Full Course요리를 제공하는 식당으로 정해진 메뉴를 일정한 순서에 의해 제공하는데, 그 구성은 〈표 4-1〉과 같다.

일반적으로는 위와 같은 정식 코스를 다 갖추어 제공하기는 흔하지 않으며, 상황에 따라 한두 가지 음식 코스를 생략하여 메뉴를 구성한다.

〈표 4-1〉 정식 코스요리의 구성

Appetizer	전채요리	Smoked Salmon, Snail
Soup	수프	Cream Soup, Consomme
Fish	생선요리	Halibut, Trout, Salmon
Main Course	육류요리	Beef, Pork, Lamb, Veal
Poultry	가금류	Chicken, Turkey, Duck
Salad	샐러드	Green Salad, Tossed Salad
Dessert	디저트	Ice Cream, Fruis, Cake
Coffee 또는 Tea	커피, 홍차	Irish, Vienna, Lemon Tea, Milk Tea

〈표 4-2〉 미식가협회의 만찬 코스요리의 구성

Cold Appetizer	First White Wine
Soup	
Hot Appetizer	Second White Wine
Sherbet	입 안을 시원하고 개운하게 하여 다음 코스인 Main Course를 새롭게 즐길 수 있도록 배려
Main Course	First Red Wine
Salad	
Dessert	Cheese Course를 추가하기도 한다.
Coffee 또는 Tea etc.	
Cigar Service	Brandy Service

일례로 미식가협회의 만찬을 보면 대개는 〈표 4-2〉와 같이 구성된다.

아래의 미식가협회(美食家協會)와 같은 만찬은 대개 Theme Party형식으로 치루어지고, 코스마다 이벤트(event)를 가미하여 환상적인 분위기를 연출하며, 최고의 Food Decoration으로 장식되어 한편의 종합예술을 접하는 기분이다.

일반적인 Restaurant에서의 Table d'Hote Menu 특징을 살펴보면 다음과 같다.

① 가격이 고정되어 있으며, 대체로 같은 양의 A La Carte Menu보다 가격이 저렴하다.
② 원가가 절약되고, 조리과정이 일정하여 효율적이다.
③ 비교적 서브(serve)나 회계처리가 용이하다.

④ 고객의 입장에서 선택이 용이하고, 전체매출에 대한 기여도가 높다.

⑤ 메뉴구성에 있어서 중복되는 재료, 중복되는 소스(sauce), 중복되는 조리방법 등은 없는지 세심히 고려해야 한다.

2) A La Carte Restaurant(일품요리식당)

품목별로 가격이 정해져 있어 고객의 주문에 의해 개별로 요리를 제공하는 식당을 말한다. 일품요리는 보통 호텔의 전문식당에서 제공되고 있으며, 고객이 자신의 기호에 맞는 음식을 자유로이 선택할 수 있다는 장점이 있는 반면, 가격이 정식에 비해 비싸고 서비스(service)가 다소 복잡하다.

2. 식사의 시간에 따른 분류

1) Breakfast

(1) American Breakfast

Juice, 2 Eggs with Ham, Bacon 또는 Sausage, Toast, Coffee 또는 Tea, Cereal로 구성되는 Breakfast로 가장 널리 보편적으로 하는 식사의 종류이다.

Continental Breakfast의 여러 가지 빵들

(2) Continental Breakfast

Juice, Toast와 Assorted Pastries, Coffee 또는 Tea로 구성되는 메뉴로 Yogurt, Corn Flakes 등을 곁들임으로써 충분한 아침식사가 되도록 한다.

(3) English Breakfast

American Breakfast와 같으나 생선요리나 양고기 및 Porridge 등이 추가되는 격식을 갖춘 Heavy Breakfast이다.

2) Brunch

아침과 점심의 중간쯤에 먹는 식사로 한두 가지의 계란요리와 빵 및 샌드위치 종류를 주로 제공한다.

3) Lunch(eon)

아침과 저녁 사이에 먹는 것을 영국에서 일컫는 말이다. 미국에서는 시간에 관계 없이 먹는 것을 Lunch라 말한다. "Light lunch, heavy dinner"라는 말이 있듯이 가볍게 먹는 것이 보통이다. 요즘은 특별히 Luncheon Special Menu를 많이 개발하여 많은 고객을 유치하고 있다.

4) Afternoon Tea

영국의 전통적인 식사습관으로 유명한 Milk Tea와 Melba Toast를 함께 하여 점심과 저녁식사 사이에 먹는 간식을 말한다. 주로 Coffee Shop과 Lobby Lounge, Cafe 등에서 제공한다.

무료해지고 나른해지며 무엇인가 먹고 싶은 충동을 느낄 때 먹는 것으로 오후의 남은 일과를 효율적으로 일할 수 있게 해 준다는 의미에서 요즘은 어디에서나 볼 수 있는 삶의 한 형태이다.

독일의 Jause(야우제), 미국의 Pancake House 등이 성업 중에 있다.

5) Dinner

동・서양을 막론하고 저녁은 대개 성대하게 차려 먹는다. 물론 다이어트(diet)하는 중이라면 예외이겠지만……. 그러므로 식당경영자는 저녁메뉴의 식사를 좀더 품질 좋고 풍성하게 하여 그 날의 영업을 가늠하는 중요한 시간으로 삼고 있다. 저녁식사는 메뉴를 대체로 정식으로 선택하며, 주류의 판매가 전체이익에 공헌하는 비율이 높으므로 이 부분에도 각별한 신경을 써야 한다.

6) Supper

본래 격식 높은 정식 만찬의 의미로 쓰였으나, 요즘은 그 의미를 달리하여 늦은 시간의 가벼운 식사를 일컫는다.

4.3 식사 서비스형태에 의한 분류

1. Table Service

끝이 없는 인간의 욕망을 충족시키기 위한 노력은 동서고금을 통하여 일관되게 진행되어지고 있으며, 식음료 서비스산업은 이러한 행동의 선구자가 되어 주도하고 있다고 해도 과언이 아닐 것이다.

선술집에서 시작된 레스토랑의 역사는 날로 발전하여 최첨단 서비스를 요구하게 되고, 이에 적극적으로 대처하기 위한 여러 가지 상품과 서비스가 등장했는데, 식당의 서비스형태 역시 이러한 맥락에서 발전하였다 하겠다.

좀 더 안락하고 편안한 분위기에서 세련되고 숙련된 직원의 도움으로 멋있는 식사를 함으로써 욕구를 충족시키고자 하는 고객을 위해 고객 개개인의 Order에 따라 정해진 순서와 절차에 의해 서비스되는 형태로서 식당 서비스의 주류를 이루는 형태를 말한다.

1) French Style Service

조리기구와 준비한 요리재료를 왜곤(wagon)에 싣고 테이블(table)앞에서 직접 요리를 만들어 고객께 제공하는 서비스형태로, 고급의 서비스와 숙련된 서비스를 요하며, Gueridon(wagon) Service라고도 칭한다.

Chef de Rang System으로 Commis de Rang의 도움을 받아 Chef de Rang이 고객 앞에서 직접 요리하여 고객께 제공한다.

Chef de Rang은 책임지고 고객의 서비스를 영접에서부터 계산·환송에 이르기까지를 마무리지어야 한다.

특히 서비스측면에서는 Frambe Service를 하여야 하므로 평소에 피나는 훈련을 통하여, 고객을 Read하여 Lead할 수 있는 능력을 배양하는 데 소홀함이 없어야 하며, 여유있는 서비스로 고객을 최대한 편안하게 해 주어야 한다.

Commis de Rang 또한 평소의 교육훈련을 통해 서비스의 준비에서부터 모든 서비스에 이르기까지 Chef de Rang의 서비스에 한 치의 오차도 없도록 확실하게 보좌하여야 한다.

또한 French Style의 레스토랑에는 Sommelier(chef de vin)라는 Wine Steward가 있어서 고객의 모든 음료 서비스, 특히 Wine Service에 전념함으로써 식당의 품위와 고객의 만족 및 매출증대에 크게 이바지하고 있다. 와인전문가로서의 품위와 전문지식은 물론, 고객과의 의사소통을 원활히 함으로써 식당의 전체 서비스에 지대한 역할을 담당하고 있는 중요한 직책이다.

2) Russian Style Service

19세기 중엽에 유행했던 대단히 고급스럽고 우아한 서비스형태로 French Style Service와 유사한 점이 많다. Platter를 사용하는 관계로 Platter Service라고도 한다.

요리는 주방에서 완벽하게 준비되고, 접객직원 1명에 의해 서비스된다.

우아하고 멋있게 장식된 Platter는 고객 테이블로 옮겨지고, 직원은 Platter를 고객의 왼편에서 Showing을 하고, 고객이 원하는 만큼을 Server(serving용 knife와 fork)로 서비스한다. 이를 현장에서는 주로 Passing Service라고 칭하며, Banquet 행사시 주로 사용하는 서비스형태이다. 그 특징을 살펴 보면 다음과 같다.

① 주문된 요리를 비교적 빠른 시간 내에 제공할 수 있다.
② 접객직원의 우아한 동작과 Server를 다루는 숙련된 기술을 요한다.
③ 한번의 Approach로 많은 인원의 고객을 서비스할 수 있다. 대개 한 테이블에 앉은 고객의 수만큼 한 Platter의 음식이 정해져 서비스된다.
④ 모든 요리가 주방에서 준비되는 관계로 우아하고 아름답게 장식되어진다.

3) American Style Service

French나 Russian Style Service와 같이 화려하지는 않지만, 식당에서 일반적으로 이루어지는 가장 신속하고 능률적인 서비스형식이다. 모든 요리가 주방에서 각각의 접시에 담겨져 제공되므로 일명 Plate Service라 하고, 그 특징을 살펴보면 다음과 같다.

① 서비스시간이 빠르다.
② 비숙련직원도 서비스가 가능하지만, 많은 고객을 원활히 서비스하기 위해서는 역시 숙련된 직원이 필요하다.
③ 가장 간략한 서비스이다.
④ 고객의 회전이 빠른 식당에 적합하다.
⑤ 많은 인원의 고객을 서비스할 수 있으나, 자주 주방을 왕래하는 관계로 어수선한 분위기가 될 수 있다.

4) Family Style Service

서비스형식이 어떠한 전통이 있다고 할 수는 없으나, Russian Style Service를 약간 변형한 듯한 서비스형식으로 Platter나 Bowl에 담긴 음식을 고객에게 Passing Service한 후, 남는 음식을 Platter 채 테이블 위에 올려 놓거나, 아니면 서비스를 하지 않고 테이블에 올려 놓으면 고객 자신이 먹을 양만큼 덜어서 먹는 형식을 말한다.

외국의 가족들이 식탁에 앉아 식사하는 모습을 보면 이러한 모습을 흔히 볼 수 있으며, 특히 중국전통식당에서 음식을 테이블 위의 회전판 위에 올려 놓고 돌려가면서 식사하는 모습을 볼 수 있는데, 이러한 서비스형식이라 이해하면 무리가 없을 것이다.

5) Banquet Style Service

특별한 목적을 가진 행사와 연관되어 치루어지는 연회에 있어서의 서비스 스타일은 딱 꼬집어 '이렇다'라고 말할 수 없다. 그 연회의 성격과 의전에 맞게 치루어져야 하므로 앞에서 서술한 모든 서비스형식을 그때그때 상황에 맞게 선택하여 사용한다.

세미나 중간에 하는 점심식사라면 굳이 중후하고 복잡한 서비스형식을 택하기보다는 서비스가 빠르고 간편한 American Style이나 Buffet Style을 택하는 것이 적합할 것이고, 출판을 기념해 열리는 기념회라면 Cocktail Reception이 어울릴 것이며, 새로운 호텔 개관행사로 열리는 만찬이라면 그 호텔의 이미지에 맞는 Theme Party로 기획되어질 것이다. 이렇듯 Banquet Service는 다양한 형태로 이루어지므로 숙달되고 경험 많은 직원들에 의해 서비스되어져야 한다.

21세기는 다양한 국제회의로 인한 컨벤션산업이 각광을 받게 될 것이라는 사실을 부정하는 사람은 없을 것이다. 컨벤션과 불가분의 관계를 가지고 있는 Banquet산업도 이와 더불어 병행 발전할 수 있도록 이에 종사하는 전문가들은 가일층 노력하여야 할 것이다.

2. Self-service

1) Cafe Style Service

일반공장과 학교 · 병원 · Highway식당 · Drive-in식당 · Terminal식당 등에서 채택하고 있는 스타일로 Light Meals을 스스로 가져다가 먹는 스타일을 말한다. 특징을 살펴보면 다음과 같다.

① 기호에 맞는 음식을 양껏 먹을 수 있다.
② 식사제공시간이 빠르며, 가격이 저렴하다.
③ 일반적으로 선불이며, 팁(tip)이 필요하지 않다.
④ 인건비가 절약된다.
⑤ 회전속도가 빨라 매출이 증진되고, 원가가 절감된다.

2) Buffet Style Service

일반적으로 스칸디나비아에서 유래되었다고 하는 Buffet는 Smorgas-bord 또는 Viking이라 불리우며, 현재에도 상당히 성업 중에 있는 스타일의 영업형태이다.

우아하고 멋있게 장식된 요리진열대에서 고객 스스로 선택하여 일정한 가격만을 지불하고 자유로이 즐길 수 있는 형식으로, 일반적인 Buffet Restaurant형식의 Open Buffet와 Banquet에서 사용하는 Closed Buffet로 나뉜다. 전자는 일정금액을 지불하면 무한정 먹을 수 있도록 음식이 계속 제공되지만, 후자는 정해진 인원이 넉넉히 식사할 수 있도록 계약에 의해 일정한 양의 음식만이 제공되는 형태이다.

요즘은 Buffet Style Service라 해도 질적인 서비스의 향상과 매출증대를 위해 음료・커피 등은 직원의 서비스를 통해 제공되도록 배려하고 있다.

일식부문의 회 코너, 생선초밥 코너, 중식부문의 북경오리 코너, 한식의 갈비 코너 등에는 항상 조리사가 대기하여 바로바로 서비스함으로써 질적으로 높은 음식과 서비스를 제공하기도 한다.

Banquet에서는 Standing Buffet와 Sitting Buffet로 구분하여 제공한다. 흔히들 Buffet Style Restaurant에서는 격식도 없고 식사하는 예절과 절차가 없는 줄로 알고 있는데, 실은 일반 고급 레스토랑과 다름 없는 식사예절과 격식을 갖추어야 함을 알아야겠고, 무분별한 음식욕심으로 자원을 낭비함과 동시에 환경에도 좋지 않은 영향을 끼치는 일이 없도록 각별히 유의하여야겠다.

Chapter 5

음료관리의 이해

5.1 현대의 음료

1. 음료의 개념

마시는 것을 목적으로 하는 모든 액체를 우리는 통상 음료(Beverage)라고 한다. 한국에서는 음료라 하면 주로 비알코올성 음료만을 뜻하고, 알코올성 음료는 술이라고 따로 구분해서 생각하는 것이 보편화되어 있다.

그러나 서양에서 음료의 개념은 우리와 다르다. 물론 음료는 알코올음료와 비알코올성 음료로 구분되지만 마시는 것을 통상 음료라고 하면 어떤 의미에서는 알코올성 음료가 더 큰 비중을 차지한다고 볼 수 있다. 서양에서는 손님이 방문했을 때 그들의 인사로 제일먼저 술한잔 권하며 접대하는 것을 보아도 알 수 있다.

흔히들 호텔의 레스토랑에서 실제로 공헌이익을 따질 때 음식보다 음료가 차지하는 비율을 더 높게 인식하고 있다.

Food는 일정량을 판매하면 더 이상 판매하기가 어려운 반면, Beverage는 경우에 따라서는 무한정 판매할 수 있으며, 상대적으로 Food에 비해 Cost가 낮기 때문에 각 호텔에서는 음료의 매출증대에 최대의 노력을 아끼지 않고 있는 것이다.

인간에게 필요 불가결한 물의 개념을 넘어 현대에는 기호품으로서의 개념이 더욱 높아만 가고 있는 실정에서 기업으로서 경영적인 측면으로 고객에게 접근해 가는 것은 당연한 결과라 보여지며, 그 레스토랑의 성패는 이 음료의 판매 여부에 달려 있다 해도 과언은 아닐 것이다.

2. 음료의 분류

일반적으로 음료를 구분할 때는 〈그림 5-1〉과 같이 알코올성 음료와 비알코올성 음료로 구분한다. 그러나 음료의 분류는 어디까지나 일반적인 것이지 절대적인 것은 아니다. 인간의 가치관이 바뀌고 문화수준이 성장할수록 수요계층을 비롯한 그들의 욕구 또한 다양화되고 있기 때문이다.

일반적으로 알코올성 음료와 비알코올성 음료로 대별되는 음료는 그 상품을 보면 엄청나게 많은 제품들이 쏟아져 나오고 있다. 알코올성 음료는 1% 이상의 알코올성분이 함유되어 있는 음료를 말하는 것으로 우리 나라 주세법으로도 정의하고 있으며 세계 각지의 지형과 기후에 따라 특색있게 발전되어 왔다.

본장에서는 모든 음료를 다 취급하지는 못하고, 세계적으로 유명한 알코올성 음료를 중심으로 설명하고자 한다.

〈그림 5-1〉 음료의 일반적 분류

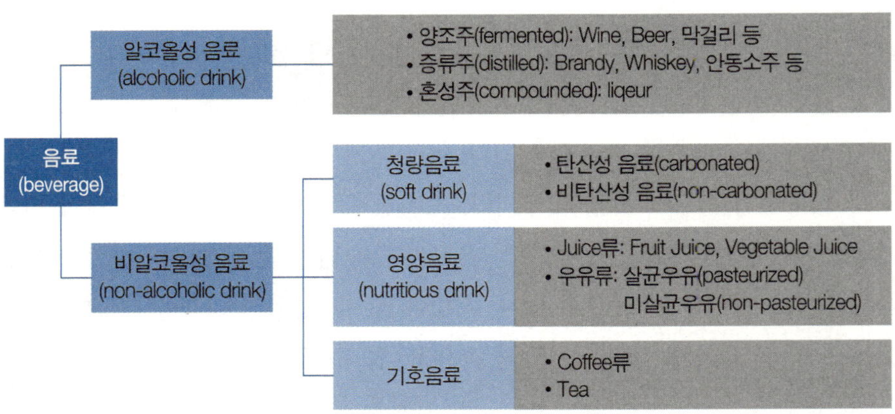

1) Beer와 Ale

현대 맥주의 효시라고 할 수 있는 Ale은 유럽의 바바리안 지역(Bavarian Region)에서 생산되는 맥아(malt grain)를 발효시킨 흐린 갈색의 음료이다. 그러나 현대에 들어서는 맥주를 제조할 때 과학적으로 고도의 기술을 사용하고 있다.

유럽에서 만드는 전통적인 맥주는 Light와 Dark의 두 유형이 있다. Dark 맥주는 헤비바디(heavy bodied)하고 쓴맛이 있으나, Light 맥주는 헤비 바디하지 않고 더 엷은 색을 띤다. 유럽식 전통 Light 맥주는 저칼로리로서 쌀 · Hop · 보리(barley)를 발효시킨 것으로 강하지 않고 매우 부드러운 맛을 가지고 있다.

미국에서 많이 마시는 Light 맥주는 전통적인 미국맥주보다 50% 더 적은 칼로리를 가진 맥주를 말한다(호주의 라이트맥주는 호주 전통맥주보다 50% 더 적은 알코올성분을 함유하고 있다. 보통 호주 전통맥주는 미국 전통맥주의 2배 높은 알코올성분을 함유하고 있다).

병으로 구입하든 또는 캔으로 구입하든 유럽의 맥주는 보통 상온에서 제공되지만, 미국의 맥주를 애용하는 사람들은 근원지에 상관 없이 차갑게 제공되는 것을 좋아 한다.

맥주는 Steel이나 알루미늄으로 만들어진 큰 통(cask)에서 단기간 숙성시킨다. 맥주가 양조될 때 매달려 있는 작은 입자들은 바닥으로 가라 앉는다. 여기서 생맥주(draft beer)라고 불리는 부드러운 맛의 맥주는 통의 윗쪽을 차지하고 있고, 가장 쓴맛의 맥주는 바닥에 위치하게 된다.

대부분의 생맥주는 Bar에서 팔기 위해 Keg(작은 나무통)에 옮겨 담는다. 중간급의 맥주는 일반소매점에서 팔기 위해 캔이나 병에 저장되고, 바닥에 있던 하급의 맥주는 저렴한 상표를 붙여 팔게 된다.

맥주는 병이나 캔에 저장되어 있는 동안에는 품질이 향상되지 않는다. 그러므로 병이나 캔에 저장하여 이송된 후에는 가능한 빨리 소비하는 것이 바람직하다. 맥주는 6개월이 지나면 그 품질이 현저하게 떨어지기 때문에 양조된 후 30~90일 이내에 소비하는 것이 가장 이상적이다.

우리 나라에서는 최근에 맥주회사별로 판매촉진의 일환으로 공장견학 프로그램을 운영하고 있으므로, 음료전문가나 학생들은 시간을 내어 방문하여 맥주에 관한 모든 것을 설명듣고 견학하며 시음을 해 봄으로써 맥주에 관한 궁금증을 해소하는 것도 좋은 방법이 될 것이다.

2) Gin

Gin은 대맥・호밀・옥수수 등 곡류를 원료로 한 무색・투명하며, 칵테일에서 가장 인기있게 사용되는 기본주이다. Gin은 노간주나무 열매(juniper berry)에서 얻어지는 독특한 향을 갖고 있는 맑은 증류주(distilled liquor)이다.

가장 인기있는 진은 색이 없는 London Gin이다. 가장 비싼 제품은 나무통(wooden cask)에서 숙성시켜 약간의 황금빛을 띠고 있다.

Gin은 두 가지로 구분하여 Dry Gin과 Old Tom Gin이 있으며, 폴란드와 영국이 대표적이다. 영국에서 생산되는 것은 옥수수・대맥의 곡류를 원료로 하여 알코올분이 90~95%로서 다시 물로 약 60%까지 내려서 Junioer Berry향을 첨가하여 증류한 다음 알코올분을 40~47%로 맞추어 생산한다. 폴란드 것은 3회 증류하여 알코올분을 50 ~55%의 강한 술로 만든다. Old Tom Gin은 Dry Gin에 당분을 2% 정도로 가미한 Gin이다.

3) Whiskey

Whiskey는 동방의 증류기술이 중세 십자군 전쟁을 통하여 서양에 전달된 후에 생겨난 술이라 한다.

Bar의 Keep Bottle

처음 아일랜드에서 시작된 위스키 제조술은 스코틀랜드에 전파되어 꽃을 피웠다. 1707년 대영제국이 건설된 후 재정을 마련하기 위해 주세를 심하게 부과하자 스코틀랜드의 위스키 제조업자들은 아일랜드의 산간 지방으로 숨어들어 위스키를 밀조하였다. 정부의 통제로 판로가 수월하지 않자 수입포도주를 담던 버려진 오크통에 담아 산 속에 숨겨 두었는데, 후에 밀매하기 위해 열어 보니 원래 무색이었던 것이 밝은 갈색이 되었고, 짙은 향취를 내는 술로 변해 있었다. 그렇게 하여 오늘날 최고의 위스키로 통하는 스카치 위스키의 제조기법이 생기게 된 것이다.

이 스코틀랜드 위스키는 오로지 스코틀랜드에서만 제조되고 있으며, 증류 전에 스코틀랜드 지역에서 캐낸 이탄(peat) 위에서 훈연(smoked)된 보리로 제조한다. 특히 스카치 위스키가 유명한 것은 그 지방의 깨끗한 물, 기온, 습도, 토양의 네 가지 조건이 뛰어난 데서 기인한다고 한다.

Whiskey는 만드는 과정에 따라 Malt 위스키와 Grain 위스키 및 Blended 위스키로 나뉘며, 산지에 따라 Scotch Whiskey, Irish Whiskey, American Whiskey, Canadian Whiskey로 크게 나눌 수 있다.

Malt Whiskey는 싹이 튼 보리(malt)를 원료로 만들며, Grain Whiskey는 보리나 옥수수를 사용하고 연속증류장치를 이용하여 대량으로 만든 위스키이다. 위의 두 가지를 섞어 만든 것이 Blended Whiskey로서 더욱 좋은 맛을 낸다. 따라서 둘을 적절한 비율로 섞는 Blending 기술이야말로 위스키의 생명이라고 할 수 있다.

Bourbon Whiskey는 주로 옥수수를 증류한 것으로 오로지 미국에서만 제조된다. 대부분의 버번 위스키가 켄터키주에서 생산되는데, 버번 위스키로 불리기 위해서는 반드시 51% 이상의 옥수수곡물죽(mash)을 사용하도록 규정되어 있다.

품질이 보증된 버번 위스키(bonded Bourbon)는 최소한 4년은 숙성시킨 것이어야 한다. Blended Bourbon(합성 버번 위스키)은 버번 위스키가 되기 위한 조건을 갖추지 못한 다른 종류의 위스키와 약간의 버번 위스키가 혼합된 것이다.

4) Rum

Rum은 원료로 쓰이는 사탕수수인 Saccharum의 어미인 Rum에서 유래되었다고 한다. 럼은 18세기에 들어 와서 일반대중에게 유행하게 되었으며, 그 생산지는 카리브제도로서 사탕수수로 설탕을 만들 때 그 부산물로 나온 액으로 만들었다 한다. 그런 이유로 서민층의 술로 인식되어 오던 것이 1930년대에 미국에서 칵테일이 개발되면서부터 세계적인 술로 인정을 받게 되었다.

(1) Heavy Rum

풍미가 높고 색이 짙은 럼으로서 자메이카산이 유명하며, 품질도 우수하다. 그 밖에 마티니퀴(Martinique), 데메랄라(Demerara), 뉴잉글랜드(New England), 트리니다드 토바고(Trinidad tobago) 등의 것이 강한 럼에 속한다.

(2) Medium Rum

중간의 서민대중용으로 많은 양이 소비되고 있다. 기아나(Guiana), 마티니퀴(Martinique), 도미니카(Dominica) 등지에서 만들어지는 것이 여기에 속한다.

(3) Light Rum

세계적으로 애용되는 럼이다. 당밀의 향취가 적고 감미롭지 않은 Light Rum은 특히 칵테일에 쓰이는 대부분의 것으로, 쿠바산을 최고로 치고 있다.

5) Vodka

Vodka는 Gin과 같이 무색·투명한 증류주이며, 아주 희미한 감귤류의 향취가 있다. 어떠한 음료에도 잘 어울리므로 칵테일의 Base로 많이 사용된다.

러시아 말인 물(Voda Boa)에서 유래한 것으로, 12세기경부터 러시아에서 마시는 술로 대맥·소맥·옥수수·감자 등을 원료로 한다.

러시아혁명(1917년) 이후 러시아로부터 타국으로 망명한 백러시아인들에 의해 망명지에서 만들기 시작하면서 유명해진 일콜분이 40~50% 정도의 강한 증류주이다. 100여가지가 넘는 종류가 있다고 하나 엄격한 품질관리를 통하여 수출하는 것은 Moscovskaya·Stolichnaya·Stolovaya 등의 세 가지 종류라 한다.

6) Tequila

강렬한 맛과 향기를 풍기는 멕시코의 대표적인 술이다. 용설란의 수액을 약 1~2주간 발효하면 알코올농도 3~5% 정도의 풀퀘(pulque)라는 술이 나오는데, 이를 증류하여 만든 알코올농도 45~50%의 무색・투명한 증류주이다.

멕시코의 국민주로서 하리스코주의 데킬라시에서 주로 생산되므로 그 도시의 주변에서 만들어지는 술을 데킬라라 한다.

멕시코인들은 술을 차게해서 레몬을 뿌려 Straight로 마시고 소금을 조금 찍어 먹는다. 또한 칵테일의 좋은 Base가 된다.

7) Brandy

Brandy는 원래 과일의 발효액을 증류한 알코올이 강한 증류주이다. 포도를 원료로 한 것이 압도적으로 많기 때문에 단순히 브랜디라 함은 포도 브랜디를 일컫는 것이다.

포도로 와인을 만든 것은 기원전부터이나, 이 포도주를 증류하여 만든 것은 13세기에 들어 와서부터라고 전해진다. 1회 증류시에 20~25% 정도의 술을 얻을 수 있고, 2회 증류시에는 50~75%의 강한 브랜디가 되며, 양질의 것은 3회 증류한 것이다.

프랑스 꼬냑지방의 와인을 증류한 '꼬냑'과 아르마냑지방에서 증류한 '아르마냑'이 유명하다. 양질의 브랜디를 생산하는데는 숙성기간이 중요한데, 숙성기간이 길면 길수록 인체에 해를 주는 유독성 물질이 없어질 뿐만 아니라 술의 질도 좋아진다.

Brandy는 저장기간을 상표에 표시하여 그 숙성도를 나타내는데, 그것에 따른 분류는 〈표 5-1〉과 같다.

〈표 5-1〉 Brandy의 저장기간에 따른 등급표시

★	2~5년
★★	5~6년
★★★	7~10년
★★★★★	10년 이상
V.O(very old)	12~15년
V.S.O(very special old)	15~20년
V.S.O.P(very special old pale)	15~30년
X.O.(extra old)	40~45년
Extra Napoleon	70~86년

8) Liqueur

Liqueur는 주정을 방향성의 향료나 그 향료에서 추출한 휘발성 향료를 가미한 것이다.

최초의 Liqueur는 처음 약용으로 제조하기 시작했던 것이며, 주정을 토대로 한 최초의 것은 '아나우데 빌네우브'(1235~1312)와 그의 형제 '레이몬드 루레'(Raymond Lulle, 1235~1315)의 연구에 의해 만들어졌다. 처음에는 Brandy에 설탕을 넣은 것이었으나 차차 Lemon · Orange · Spice 등을 넣어서 향과 색을 내게 되었다.

이탈리아는 옛날부터 Liqueur의 제조가 뛰어났고, 프랑스의 헨리 2세(1515~1559)의 왕비였던 '카트리나 디 메디시'(Catherine de Medicis)가 프랑스 궁정에 처음으로 소개하여 Liqueur의 제조법이 보급되기 시작하였다 한다.

(1) Liqueur의 제조법

가) 증류법(Distillation)

프랑스에서 만드는 방법으로 주정을 향료에 넣어서 증류하는 것이며, 이 때 감미료나 색 · 향을 첨가한다.

나) 침출법(Infusion)

주정에 과일 · 초근목피를 가미해서 그 향에 젖게 하는 방법이나, 주정의 충분한 회수가 이루어지지 않는다는 단점이 있다.

다) 에센스(Essence)

독일에서 가장 보편적으로 사용하는 방법으로, 천연 에센스로 향미를 내는 방법이나 품질은 약간 좋지 못하다.

(2) 대표적인 Liqueur 상품

가) 샬로스(Chartreuse)

녹색과 황색의 두 가지가 있는데, 원래 프랑스의 수도원의 명칭이다. 이 곳에서 성찬과 약용으로 만들어졌던 것이 후에 수도원의 재정을 위하여 일반에게 판매되었다.

수도원 개울가에서 자란 약초를 말려서 주정과 같이 증류한 것이다. 그러나 1902년경에 프랑스정부가 수도원을 외국으로 추방하였으므로 수도원 사람들은 스페인의 '피리네'산의 가까운 곳에 이주하여 만들었으나 약초가 다른 관계로 원래의 제품을 만들지는 못하였다.

한편 프랑스에서 수도원을 추방한 후에 유사한 술을 만들었으나, 그 비법을 알 수 없어 세계적으로 유명한 술을 만들기 위해 다시 수도원과 협정을 맺어 1929년경부터 수도원에서 제조하기 시작했다 한다.

나) 큐라소(Curacao)

큐라소는 백색과 적색의 두 가지가 있고, 백색은 투명의 칵테일, 적색은 적색의 칵테일에 사용된다. 남미의 큐라소섬에서 제조하였기 때문에 이런 이름이 붙여졌으며, 처음에는 큐라소섬의 특산물인 오렌지껍질을 사용했으나, 현재는 스페인의 세비드 오렌지껍질을 사용하고 있다고 한다.

다) 베네딕틴(Benedictine)

1510년경 베네딕틴파 사원의 한 승려에 의해 제조된 것으로 피로회복에 좋은 술이라고 알려져 있다. 황금색의 감미주로 살로스와 비슷하며, Liqueur 중에서 가장 우수한 술로 알려져 있다. 한 때 혁명으로 사원이 약탈되어 술의 제조가 중단되었다가 19세기경에 다시 시작하였다 한다. 술병에 DOM이라고 씌여 있는데, 이는 라틴어로 "전지전능하신 신에게 이 술을 바친다"(Dae Optimo Meximo)라는 뜻이다.

라) 페퍼민트(Peppermint)

이 술은 박하향이 들어 있는 녹색의 리큐어이며, 감미의 진에 페퍼민트의 휘발성 향유를 착색한 것으로 대개 여성들이 즐겨 마시는 술이다.

마) 크림 드 카카오(Cream de Cacao)

코코아에서 나오는 향을 넣어서 만든 초콜릿향이 나는 술로서 가장 많은 소비량을 가지고 있다.

바) 크림 드 민트(Cream de Menthe)

감미한 진에 페퍼민트로 착색한 것이고, 에메랄드 보석과 같은 아름다운 색으로 부인들이 즐겨 마시는 술이며, 백색의 것도 있다.

사) 마라스키노(Maraschino)

야생의 체리로 착향한 무색 · 투명한 상품으로, 식후의 술로서 과일과 조화가 잘 된다 한다.

아) 체리 브랜디(Cherry Brandy)

술통에 체리를 반쯤 넣고 주정을 채워서 약 40일쯤 저장하여 향기를 내는 술이다.

자) 드람부이(Drambuie)

스코틀랜드의 위스키 리큐어로 세계적으로 유명한 술이다. 스카치 위스키에 봉밀과 향기나는 풀 · Spice를 넣어 만든 감미주이다.

차) 슬로진(Sloe Gin)

연붉은 감미주이며, 주정에 Sloe라고 하는 야생의 자두를 침출시켜 만든 것이다. 독특한 향미를 가지고, 만성 소화불량과 장에 좋은 약주로 취급받고 있다.

3. 알코올음료의 주정도 표시

흔히 술의 도수를 이용해 그 강도로 부르고 있다. 이러한 도수는 일정한 물에 알코올 함유농도의 비중을 말하는 것이다. 즉 술 속에 포함되어 있는 에틸알코올의 양에 따라 결정되는 것이다.

현재 대체로 알코올분이라고 하는 것은 온도 15도에 있어서 용량 100 중에 함유하는 에틸알코올의 용량을 말한다. 이것을 용량 및 퍼센트(volume of percent)라고 표시한다. 따라서 주세법에 퍼센트의 숫자에 도를 붙여 술의 알코올분이 40도 혹은 43도의 표현을 쓰며, 이는 알코올분의 용적이 43/100이라는 뜻이다.

이러한 것은 프랑스의 루삭(Gay Lussac)이라는 사람이 고안한 도수측정방법으로 이태리·오스트리아·러시아 등의 국가에서 사용하는 방법이다.

1) 영국의 도수표시

영국식 도수표시(British proof)는 사이크(Syke)가 고안한 알코올비중계에 의한 Syke Proof라 부른다.

영국에서는 51°F에 있어서 같은 용적의 증류수 12/13의 중량을 가진 Spirits를 알코올 포함음료의 표준강도라 부른다. 이러한 강도를 가진 술을 Proof Spirits이라 부르며, 이것을 우리 나라의 도수로 환산하면 57.1도가 되는 것이다.

따라서 Proof Spirits을 100으로 해서 물 0, 순에틸알코올 175로 하여 그 용량을 175등분하고 있으나 실제 표시는 Proof Spirits 100을 0으로 해서 이것을 초과하는 강도의 술을 Over Proof(OP)라 한다. 그러므로 순에틸알코올 175는 OP 75°로 표시하는 것이다. 반면 PS가 약한 술은 Under Proof이며 UP로 표시한다. 물은 UP 100%가 되는 것이다.

$$x(OP) = \frac{57.1 \times (100 + x)}{100}$$

$$x(UP) = \frac{57.1 \times (100 - x)}{100}$$

예를 들어 스카치 위스키 25°이면

$$25°UP = \frac{57.1 \times (100 + 25)}{100} = \frac{57.1 \times 75}{100} = 43$$

그러므로 용량 퍼센트로 43도가 되는 것이다.

이와 같이 영국의 알코올도수 표시방법은 다른 나라에 비해 대단히 복잡하다. 그러므로 최근에는 수출품목상표에 영국식 도수를 표시하지 않고 쉽게 알 수 있는 미국식 Proof를 사용하고 있다.

2) 미국의 도수표시

미국은 술의 강도 표시로 Proof를 사용하고 있다. 온도 60°F(15.6°C)의 물 0에 에틸알코올 200을 Proof로 계산한다. 현재 우리 나라 도수의 배가 미국의 Proof이다. 그러므로 86 Proof의 위스키는 우리 나라 도수로 43도가 되는 것이다.

3) 독일의 도수표시

같은 유럽에서도 독일은 그 측정방법이 약간 다르다. 독일은 중량비율(percent by weight)을 채택하고 있으며, 100g의 액체 중 몇 g의 순에틸알코올이 함유되어 있는가를 표시한다.

술 100g 중 순에틸알코올이 30g 들어 있다면 30%의 술이라고 표시한다.

〈표 5-2〉 알코올분표시의 비교표

용량 퍼센트 Volume %	0	10	20	30	40	50	60	70	80	90	100
중량 퍼센트 Weight %	0	8.2	16.4	24.8	33.5	42.7	52.2	62.8	73.8	85.7	100
American Proof	0	20	40	60	80	100	120	140	160	180	200
British Proof	UP 100	UP 82.5	UP 65.0	UP 47.5	UP 29.9	UP 12.4	OP 5.1	OP 22.6	OP 40.1	OP 58.5	OP 75.0

4. Whiskey의 분류와 종류

본장에서는 우리가 일하면서 또는 학교의 실습실에서 흔히 접하는 음료 상품들에 대해 설명해 보고자 한다.

전체적인 분류라든가 상품의 종류는 많이 알고 있는데 비해, 상품 한개한개에 대한 자세한 지식이 없으므로 인해 고객에게 상세히 설명하지 못하는 경향이 있다. 이제 이러한 경향에서 벗어나 풍부한 상품지식으로 고객에게 접근한다면 매출의 증대는 물론, 혹시 고객과의 대화 중에 화두거리가 없어 고심하는 직원들에게 좋은 대화거리가 될 것이다.

여기서는 주로 Whiskey에 관련된 상품들을 설명하고자 한다.

1) Malt Whiskey

(1) Dalmore: 8 Years, 20 Years

① Mackenzie Brother's Dalmore 회사제품

② 1839년 창립된 증류소에서 만들다가, 1960년에 글라스고의 White & Mackenzie 회사에 흡수되었다.

③ Blending시키지 않은 Highland산의 Single Malt Scotch이며, Peat(이탄)의 향이 강하다.

④ 회사 옆의 Dalmore Morie라는 강의 이름을 따서 이름지었다 한다.

(2) Dewar's Pure Malt: 12 Years

① John Dewar & Son 회사제품

② 1975년에 창립되었으며, White Label 회사의 모체이다.

③ Highland산 Malt Scotch로 맛이 유연하다.

(3) Glendronach: 8 Years, 12 Years

① William Teacher & Sons 회사제품

② Highland산의 Single Malt로서 Teacher's사의 모체이다.

③ 1960년에 이 증류소를 William Teacher's사가 인수

④ 맛과 향이 유연하기로 유명하다.

⑤ Glen은 Valley의 의미, Dronach는 강의 이름

(4) Glenfaclas: 8 Years, 12 Years

① Glenfaclas Distillery 회사제품

② Highland산 Single Malt Whiskey로 Highland산 중에서 가장 남성적인 것으로 Peat의 향이 매우 강하여 풍미가 아주 좋은 제품이다.

③ Glenfaclas는 독일어에서 유래한 것으로 Greenfield(푸른 초원의 계곡)라는 뜻

(5) Glenfiddich: 8 Years, 10 Years, 12 Years, 18 Years

① William Grant & Sons 회사제품

② 1886년 창립된 Grants의 모체이다.

③ Highland산 Single Malt Whiskey

④ 병의 모양이 Triangle 모양으로 Green색이며, Scotland산 중에서 가장 개성이 강하다. 또한 Peat 속에 향기있는 해초를 넣어 같이 스며들게 하여 독특한 향을 지닌

가장 인기있고 판매량이 많은 상품이다.

⑤ Glenfiddich는 '사슴이 있는 계곡'이라는 뜻이다.

(6) Lagavurin: 12 Years

① White Norse Distillery 회사제품

② 아일랜드산 Single Malt Whiskey로 아일랜드산 중 가장 개성이 강하다.

③ '계곡의 풍차'라는 뜻

(7) Strachlonon: 12 Years

① James Buchanan & Co. 회사제품

② Highland산 Malt Whiskey로서 Black & White의 모체이다.

③ Strach는 땅, Lonon은 넓은 계곡으로 '넓은 계곡의 땅'

(8) Linkwood: 12 Years

① John McEwan & Co. 회사제품

② 1821년 창립

③ Highland산 Single Malt Whiskey로 최고의 역사를 자랑하며, 특히 풍미의 Ballance가 좋다.

④ Linkwood는 최초에 이 공장이 있던 자리의 저택이름이다.

⑤ Abbot's Choice의 모체이다.

참고자료

■ **D.C.L.이란?**

- Distiller's Company Limited의 약자
- 1877년에 발족하여 Lowland에 본부를 두고 있다.
- Black & White, White Label, White Horse, Johnnie Walker, Haig의 5대 회사로 조직되어 있으며, Haig사가 그 대표역할을 맡고 있다.

2) Blended Whiskey

(1) Anniversary: 8 Years

① Nordern McCall(영국 · 프랑스 · 네덜란드 3개국 합자회사) 회사제품

② Campell Town에 있는 증류소에서 Glenscotier의 Malt를 사용
③ 맛이 Heavy하며, Peat의 향이 강하다.

(2) Ambassador

① Ambassador Royal: 8~10 Years
② Ambassador Royal: 12 Years
③ Ambassador Royal: 25 Years(맛이 heavy)
④ Ambassador Royal: Royal 12 Years(맛이 light하며, 출고량의 80%를 차지)
⑤ Taylor & Ferguson회사: 이 회사는 Hiram Walker's사의 소유이며, HW사는 Ballentine과 Smuggler도 소유하고 있다.
⑥ 이름을 합하기 전에 Highland 지방의 해마다 열리는 Scotch Festival에 영국주재 각국의 대사들로 하여금 그 맛과 향기를 Testing하게 하고 그들의 투표에 의해 Grand Prix를 차지하여 그 이름을 Ambassador라 명했다 한다.

(3) Ballentine

① Ballentine 12 Years와 17 Years는 Light한 맛
② 30 Years는 Heavy한 맛
③ Stone Jug은 17년산을 이용하여 만들었다.
④ Crystal은 17년산과 30년산을 이용하여 만들었다.
⑤ George Ballentine & Son회사(Hiram Walker's사 소유)
⑥ Ballentine Day에서 이름을 따왔다.

(4) Bell's: Deluxe(12 Years), 20 Years, Crystal

① Author Bell & Sons 회사제품
② Author Bell에 의해 1825년에 창업
③ 창업자는 1807년에 창업된 Suntherman이란 상회의 점원으로 1821년에 입사하여 1865년에 완전히 인수하였다.
④ Dufftown의 Glenlivet malt를 사용하며, 100% Highland Malt를 사용하는 것으로 알려져 있다.
⑤ Rack Label에 특이한 문자가 있는데, 'Afore ye go'란 글귀는 성경에 나오는 라틴어인데, 창업자인 Arthor Bell이 주석에서 항상 건배를 하며 하던 말로서 "여러분! 전진합시다"란 뜻이라 한다.

(5) Black & White: Buchanan's Reserve 12 Years

① Royal House Hold도 있었으나 시판은 거의 안된다.

② Times Buchanan's & Co.

③ 1879년 Scotland의 글라스고시에서 창업

④ 최초의 상품명은 Buchanan's Blend였으나 고객이 기억을 잘 할 수 있도록 하기 위해 Black & White로 이름을 바꾸었으며, 특히 Main Label에 James Buchanan이 평소에 귀여워 하며 기르던 애완용 강아지 2마리를 넣음으로써 더욱 유명해졌다.

(6) Catto's

① Chivas Regal과 비슷한 Catto's 12 Yeras 제품이 있다.

② James Catto & Co.

③ 1861년 James Catto에 의해 스코틀랜드의 '덴 훼리' 지방에서 창업하였다.

④ 그 후에 Rare Blended Scotch인 J & B Scotch를 흡수하였다.

⑤ 그 후에 International Distillery's Vindner's사에 흡수되었다.

(7) Chivas Regal: 12 Years, Royal Salute(21 Years: Stone Jug)

① Chivas Brother's Co.

② 1801년 창업

③ Chivas 가문의 왕자라는 뜻이다.

④ 1843년에 빅토리아(Victoria) 여왕의 어용품으로 사용되었다.

⑤ Royal Salute는 현 영국여왕인 엘리자베스(Elizabeth) 2세를 위하여 만든 것으로 여왕이 즉위할 때 21발의 예포와 함께 사용된 21년간 숙성된 술이다. 이 술은 Stone Jug에 담겨져 있는데, 청색 · 녹색 · 자색의 3색으로 판매되며, 그 맛은 동일하다.

(8) Clan McGregor

① Tomson Lauder Co.

② Clan은 영국 씨족의 이름, McGregor는 가문의 이름이다.

③ 16세기 영국의 유명한 호족의 자손 중에 이단아이며 쾌남아인 Rob Roy란 사람이 있었는데 꽤나 유명했었나 보다.

④ 군대의 Bar에서 애용되며 유명해졌다 한다.

(9) Cutty Sark

① Berry's Best 10 Years

② Cutty 12 Years

③ St. James는 London Street에 있는 한 궁의 이름

④ Berry Bros. & Rudd Co., Ltd.

⑤ 1923년에 늦게 창업되었으나 Light Scotch의 Boom을 이루었으며, J & B가 여성적이라면 이 술은 남성적이라 할 수 있다.

⑥ Cutty Sark이란 뜻은 원래 독일어로 Short Shirt의 의미이나, 17~18세기경 영국에서 인도양을 왕래하던 배의 이름에서 따온 이름이다.

(10) Haig: Haig Pinch 12 Years

① John Haig Co., Ltd.

② John Haig에 의해 17세기에 창업되었으나, 기업으로서의 면모는 1824년에 그 틀이 잡혔으며, 현대 영국의 Scotch업계에서 발언권이 가장 영향력 있는 오래된 회사이다.

③ 영국 주류업체 집단인 DCL의 중추적 존재이다.

④ Pinch(두 손가락으로 집다)의 이름은 병의 모양에서 따온 말이라 한다.

(11) Highland Queen

① Macdonald & Muir Ltd.

② '고원의 여왕'이란 뜻으로, 여기서의 여왕은 16세기 엘리자베스 1세 여왕시절의 Highland Queen인 Mary Stuart라는 여왕을 가리킨다. 이 여왕은 엘리자베스 1세의 암살음모에 가담한 혐의로 체포되어 16년간의 긴 옥중생활 끝에 옥중에서 암살당하였다. 이에 Macdonald라는 사람이 이 여왕의 구명운동과 동시에 남은 유족의 생계를 돕기 위하여 창업했다고 한다.

③ Highland Queen Grand 15 Years는 맛이 Soft하고 방향성이 좋은 술이다.

(12) Harrods: 12 Years, 21 Years

① Harrods Ltd.

② 런던의 호화롭고 크기가 세계적인 유명한 백화점의 이름으로, 이 백화점의 대표적 상징인 Scotch이다. 이러한 Scotch를 Private Scotch라 한다.

③ Highland산 White & Maquey사의 Malt를 사용한다.

④ J & B, Cutty Sark과 같은 Light Scotch이다.

(13) House of Stuart: Royal 8 Years

① House of Stuart Bonding Co., Ltd.

② 잉글랜드왕을 배출한 Stuart라는 가문의 이름이다.

③ 이 회사는 미국계 자본인 Barton사(Kenturky Gentleman 생산)가 1958년에 매입했다.

④ Highland Malt를 사용한다.

(14) J & B: 8 Years, 12 Years, 15 Years

① Justerini & Brooks Ltd.

② 판매시작년도가 1919년으로 창업자는 '쟈코모 쟈스트리니'라는 이탈리아인이다.

③ 쟈코모 쟈스트리니가 이탈리아인의 오페라 여가수인 'Verino'를 흠모하여 공연차 영국에 간 그녀를 따라 영국으로 와서 한 증류회사에 취직 중 'Alfred Brooks'란 사람을 만나 동업으로 창업했다 한다.

(15) Johnnie Walker: Red Label, Black Label, Blue Label, Swing

① John Walker & Sons Ltd.

② 현재 Scotch계열에서 판매고 세계 제1위이며, Whiskey계열에서는 Seagram's사와 1~2위를 경쟁한다.

③ 1856년에 John Walker가 창업

④ 상표는 Alexander Walker란 창업자의 아들이 자기 아버지를 흠모하여 생전의 아버지의 애칭인 'Johnnie'를 사용했으며, Main Label 속의 그림은 상업미술가인 Tom Brown에게 의뢰하여 코믹하게 그려서 삽입하였다.

⑤ J.W. Swing은 병 모양에서 따온 것으로 병을 쥐었다 놓으면 흔들린다 하여 사용된 이름이다.

(16) Long John: 8 Years, 12 Years, 12 Years(Stone Jug)

① Long John Distillery Ltd.

② 1825년 John Macdonald 가문에서 창업

③ Long John이란 창업자를 뜻하는데, 신장이 193cm에 달해 '키다리 John'이란 의미로 붙여진 이름이다.

④ Highland Malt 중에서도 'Ben Nevis' Malt를 주로 사용한다.

⑤ 19세기경 빅토리아 여왕이 하일랜드지방을 여행 중 Ben Nevis를 한 Cask 선물받아 그의 아들 에드워드 7세의 성인식에 사용했다는 일화가 전해지고 있다.

(17) Old Parr

① 모두 Stone Jug을 사용한다. 상품으로는 Old Parr, President, Claymore, Sandy Macdonald 등이 있는데, Claymore만이 standard제품이다.

② Macdonald Greenlees Ltd.

③ Glendullan을 Malt로 사용

④ 'King of Kings'라는 Scotch를 만드는 Monro사는 이 회사의 자회사이다.

⑤ Alexander Macdonald사와 Greenlees Brother사가 19세기에 합병하여 이루어 진 회사이다.

⑥ 'Old Parr'란 152세까지 장수한 영국 슈로프샤 지방의 농부의 이름(원래의 이름은 Thomas Parr)을 따서 지은 것으로서 이 사람은 80세에 초혼하여 자식을 낳고 122세에 재혼을 하였다. 슈로프샤 지방의 영주인 아룬딜이란 사람이 찰스(Charles) 1세에게 천거하여 런던으로 옮겨 살다가 죽어 Westminster사원 한 구석의 시인의 코너에 그 묘가 있다.

⑦ Main Label의 초상화 그림은 영국의 유명한 인상파 화가인 루벤스가 그려 삽입했다 한다.

(18) Queen Anne: Something Special

① Hill Thomson Ltd.

② Malt의 함유량이 많으면서도 냄새는 적고, 그 방향성이 좋다.

③ Highland Malt를 주로 사용하며, 특히 Glengrant와 Glenlivet를 많이 사용한다.

④ 17세기의 영국여왕인 앤(Anne)은 역사적으로 잘 알려진 주당이었기 때문에 그 연유에서 유래했다 한다.

(19) Vat 69(Standard), Antiquary(Premium)

① William Sanderson & Son Ltd.

② 1863년에 창업

③ John Begg회사의 Malt를 사용한다.

④ Vat는 Cask를 의미하는 것으로, 140여개의 숙성된 Cask를 Scotch전문감식인들에게 감식의뢰한 바, 69번째의 숙성된 Cask의 Scotch가 가장 질이 좋다고 하여 그 이름을 지었다.

⑤ Light Scotch는 대부분 착색이 되어 있다.

(20) W5

① Aird Blenders회사

② Highland Malt와 Ireland Malt를 섞어 사용하며, 맛과 향이 특이하다.

③ 특이한 점은 숙성시키는 Cask를 Spain의 Sherry Wine을 숙성시키던 것을 사용하는데 있다.

(21) White Label: Ancestor, Ne Plus Ultra

① John Dewar & Son. Ltd.

② 1846년 창업하여 1920년부터 상품생산을 시작하였다.

③ 맛이 Soft하다.

④ 'Ne Plus Ultra'란 프랑스어로 '이 이상의 술은 없다'라는 뜻이다.

⑤ Smoky향이 Malt Scotch에 가깝다.

(22) White Horse: Lairdo' Logan

① White Horse Distillery Ltd.

② James Logan Macky가 창업

③ Lagavulin Malt를 사용하여 맛이 Heavy하다.

④ 영국의 에딘버러궁이 있는 에딘버러시의 고풍스런 한 여관의 이름을 따서 명명한 것이며, Logan의 깊은 뜻은 '지주'·'부호'라는 뜻이다.

(23) William Lawson: William Lawson 8 Years

① William Lawson Distillery Ltd.

② 이탈리아사람인 로우슨(William Lawson)이 1849년에 창업했다.

③ Cutty, J & B와 같은 Light Scotch이다.

(24) Ye Monks: Deluxe Oval, Deluxe Flagon

① Donald Fisher Ltd.

② 독일인이 에딘버러시에서 1836년에 창업

③ 프랑스인에게 특히 인기가 높다.

④ Ye는 정관사(고어)이고, Monks는 수도사의 뜻

⑤ 영국의 한 수도사가 독일인들에게 증류방법을 알려 주어 독일의 창업자가 그 고마움을 기리기 위해 명명했다.

(25) Abbot's Choice, Abbot's Choice Figuring Chequers, Chequers Fragon

① John McEwan & Co.

② Linkwood Malt 사용

③ Abbot란 '수사'(修士), '수도사'를 의미하며, '수사가 선택한 술'이란 뜻이다.

3) American Whiskey

(1) Ancient Age 6 Years

① Ancient Age Distilling Co.

② 투자액: 100만달러

(2) Bourbon de Luxe

① The Bourbon Deluxe Co.

② 대주류기업인 National Distillery Products Co.의 자회사

(3) Straight Bourbon 5 Years

① Cabin Still Distillery사 제품

② 향이 특히 좋다.

③ Old Fitzgerald의 자매품

(4) Country Fair 4 Years

① W.A. Haller Co.

② 아직까지도 Pot Still로 증류하여 타사로부터 "돈키호테"라고 불리운다.

참고자료

■ **American Whiskey의 종류**

- Rye Whiskey
- Bourbon Whiskey: 전미국제품의 95% 이상이 이 제품이다.
- American Blended Whiskey
- Tennessy whiskey

■ **역사**

- 1770년 시작되었으나 1789년 캔터키주의 Scot지방에서 정식으로 탄생했다.
- 엘리자 크레크라는 목사가 George town에서 처음으로 제조하였다.
- 1920년 1월 1일부터 13년동안 전미국에서 금주령이 발령되어 1933년 12월 31일 해제됨으로써 큰 위기를 맞았다.

■ **Bourbon의 명칭을 사용할 수 있는 3대 조건**

- Corn을 51% 이상 포함시켜야 한다.
- Cask를 사용할 경우 알코올성분을 40~80° 함유하여야 한다.

- 새 Cask를 사용할 경우에는 안벽을 태워서 사용하여야 하며, 알코올성분이 40~62.5°를 함유하여야 한다.
  - * 위의 3가지 조건을 만족시켰을 경우에 Straight Bourbon Whiskey라고 한다.
  - * 1 Cask = 70 btl~80 btl

(5) Early Times

① Early Times Co.

② 링컨 대통령의 취임해인 1860년 탄생

③ Kenturky Bourbon의 순정파로 알려졌으며, 미국내 최고의 인기를 얻어 Crown과 쌍벽을 이룬다.

④ Old Forester와 자매품

(6) Hill & Hill

① Hill & Hill Distillery Co.

② 1878년 창업

③ 두 형제 William Hill과 T.C. Hill의 이름에서 따왔다.

④ 1929년 National Distillery Group에 흡수되었다.

⑤ 미국 남서부 지방에서 인기가 높다.

(7) I.W. Harper: 6 Years, 10 Years, 12 Years

① I.W. Harper Distilling Co.

② 창업자인 아이쟈크 월프와 베르날드 벨하임(후에 베르날드 하퍼로 고침)의 Initial을 따서 상품명으로 했으며, 이들은 모두 독일인이었다.

③ 1822년 창업하였다.

④ 이 상품은 55%의 Corn을 넣어 아주 특이한 존재로 알려졌으며, 맛이 Mild하며 Light하여 젊은이들에게 인기가 있다.

(8) Jim Beam: Beam's Choice(8 Years), Beam's Choice Black Label(10 Years)

① James B. Beam Distilling Co.

② 1795년 James B. Beam이 창업

③ Beam가에 의해 운영되는 American Whiskey 중 최고의 회사이다.

④ 술의 알코올성분이 40.3°로 낮은 것이 단점이나 인기는 여전하다.

⑤ 큰 특징은 Cask에서 출하된 술은 Charcol Filter로 걸러내는데, 이 Charcol Filter 속에 특이한 향을 주입시켜 걸러냄으로써 특이한 향을 갖고 있다.

(9) Marker's Mark

① The Star Hill Distillery Co.

② 1953년 캔터키주 로렛에서 창업

③ 연간 10만 Cask만 생산하여 품질관리에 만전을 기하는 것으로 유명하다.

④ 특이한 맛을 가지고 있는데, 즉 'Bourbon + 알 수 없는 특이한 향'의 맛이 난다.

(10) MM(Mattingly & Moore)

① Frankfort Distilling Co.

② MM의 또 다른 의미는 Mild & Mellow를 갖고 있다.

③ 1876년에 창업

④ Seagram's사의 자회사

(11) Old Fitzgerald's 1849: 8 Years, Old Fitzgerald's Crystal Decanter 6 Years, 8 Years

① Old Fitzgerald Distillery Co.

② Weller 상회가 이 회사의 전신이다.

③ 창업자는 웰러(William L. Weller)이다.

④ 1849년 창업하여 1872년 창설한 '스테젤'사와 1920년에 합병하였다.

⑤ 주재료인 Corn을 58% 함유하고 있으며, 전미국대통령이었던 지미 카터가 좋아 하는 술이라 한다.

(12) Old Forestar

① Brown Forman Distilling Co.

② 1870년 창립

③ 상품마다 그 상품의 고유제조번호가 있으며, 풍미가 좋다.

(13) Old Grand Dad

① The Old Grand Dad Distillery Co.

② 창업자는 Hiden이다.

③ National Distillery Group의 자회사이며, Premium Bourbon이다.

(14) Old Hicory

① Old Hicory Distillery Co.

② Hicory는 강직함을 의미하는 북미산 호두과 나무의 일종이다.

③ 미국 제7대 대통령의 별명이 Hicory로 상당히 과묵하였다 한다.

5.2 바(Bar)의 분류

앞에서 말했듯이 호텔 식음료부문의 경영에 있어서 바(bar)의 존재는 단순한 업장 하나의 존재가치를 넘어 그 호텔의 이미지를 나타낼 수 있는 영업장임과 동시에, 이익의 창출에 있어서 지대한 공헌을 하는 부대업장이다. 특히 외국과 같은 음주문화가 아니고, 우리 나라 특유의 음주문화가 자리잡고 있는 한 바의 운용 여하에 따라 식음료부서의 성패가 달려 있다 해도 과언이 아니다.

그러나 시대의 흐름에 민감하게 반응하는 관계로 Renovation에 특별히 신경을 써야 하는가 하면, 많은 기념일과 Special Day를 놓치지 않고 탄력적으로 대응해야 하는 등의 어려움이 있으므로 바를 운영하는 지배인들은 항상 사회의 변화에 민감해야 하며, 부지런하게 기획하고 실행함으로써 그 활로를 찾아야 하겠다.

1. Main Bar

Main Bar는 말 그대로 그 호텔의 중심적인 바로서 고객의 접근이 용이하면서도 번잡하지 않은 조용한 곳에 위치한다.

약간의 Counter도 준비하고 있지만, 주로 안락하고 차분한 분위기의 소파를 마련하여 Table Service를 하고 있다. 이는 개인적으로 바를 찾는 외국인과는 달리 우리 나라 고객을 상대로 하는 영업형태로 주로 4~5명의 고객을 한 테이블에 앉게 하여 음료를 판매함으로써 수익성에 초점을 맞추는 것이다.

이 곳에 근무하는 직원은 그야말로 Skillful한 직원으로서 어떠한 고객도 원활하게 서비스할 줄 아는 능력을 갖추어야 함은 물론, Bottle단위 판매를 잘 할 줄 알아야 한다. 주로 그 호텔의 단골고객들이 찾는 곳이므로 고객 한 분 한 분의 개성과 취향을 면밀히 파악하여 서비스에 차질이 없도록 하여야 한다. 또한 근무시간이 밤늦게까지 이어지는 관계로 자칫하면 건강을 해칠 우려가 있으므로 개인적으로 건강관리 프로그램을 만들어 실행해야 한다.

2. Membership Club

최근들어 거의 모든 호텔이 운영하고 있을 정도로 호황을 누리는 바의 형태이다. 단순히 바라고 하기에는 무리가 따르는 형태의 영업장이므로 주로 멤버십 클럽이라 명명하고 있다. 호텔에서 가장 좋은 전망을 가진 곳에 훌륭한 시설을 갖추어 놓고 운영하고 있다.

이 곳은 일정한 자격을 갖춘 고객들을 선별하여 멤버십화함으로써 영업장의 고정수입을 확보하는 한편, 고객에게는 편안한 분위기에서 비즈니스를 비롯한 사교의 장이 될 수 있도록 최선을 다하고 있다.

여러 개의 PDR(Private Dining Room)을 준비하여 놓아 식사를 겸한 술자리가 될 수 있도록 하는 형태이므로 이 곳에서 근무하는 직원은 음료상품지식뿐만 아니라 음식에 관한 지식도 겸비하여 서비스에 지장이 없도록 하여야 한다.

입회비와 연간 이용료를 내는 일반회원에서부터 평생 이용할 수 있는 평생회원 및 개인이나 법인회원 등의 형태로 구분하고 있으므로 자칫 수용가능한 선을 초과하여 무리하게 회원을 모집하지 않도록 각별히 유의하여야 하며, 정기적인 분석을 통하여 이용률이 떨어지는 고객은 적절한 조치를 취하는 것도 중요한 업무 중의 하나라 하겠다.

3. Public Bar

최근 들어 가장 활발한 영업활동을 하고 있는 형태의 영업장으로 그야말로 불특정 다수의 고객을 대상으로 저렴한 가격으로 즐길 수 있도록 한 바(bar)이다.

모든 영업장이 영업을 종료한 심야까지 부담없는 가격으로 출입할 수 있다는 장점으로 인해 일반 샐러리맨들도 많이 이용하고 있다. 호텔 측에서도 이를 십분 활용하여 생맥주에서부터 비싼 주류에 이르기까지 다양하게 준비하여 고객을 맞이하는가 하면, 각종 Entertainment를 실시함으로써 스트레스에 피곤해 하는 고객들의 Refreshment 장소가 되도록 각별히 신경을 쓰고 있다.

선두그룹을 형성하는 GH호텔은 이미 이러한 영업장의 활성화로 고객이 가깝게 다가가는 호텔을 만드는 데 지대한 공헌을 하였다고 생각한다.

Sing Along, Cocktail 시범을 비롯한 각종 이벤트를 실시하여 고객유치에 차질이 없도록 꾸준한 마케팅이 필요할 것이다.

4. Discotheque

Discotheque Dancing Floor

호텔의 디스코텍이라 하면, 종래의 디스코가 유행하던 시절에 도입되어 운영되어 오던 형태의 바(bar)로 최근에는 워낙 다양한 장르의 음악이 대중과 호흡하고 있는 관계로 사실은 시대에 뒤떨어진 명칭이라고 하겠다. 그러나 호텔 내의 투숙객들이 부담없이 맥주 한 잔에 음악을 듣고 춤을 춤으로써 스트레스를 해소하는 장소로 이해하면 되겠다.

흔히 말하는 Night Club과는 큰 차이를 보이고 있다. 유흥 무도음식점으로 허가를 받아 영업을 하고 있는 것은 같으나, 대개의 나이트 클럽은 그 운영이나 관리에 있어 여러 가지 문제점으로 인하여 임대업장으로 존속하고 있는 실정이다.

반면 디스코텍은 생음악연주를 자제하고 DJ를 통한 음악의 선곡 및 분위기를 리드하고 있으며, 호텔측에서 고객 서비스차원에서 운영되고 있는 곳이다. 그러나 최근에는 고객유치경쟁이 치열하여 외국고객을 제외하고는 간단히 맥주 한 잔을 마신다는 개념으로는 감히 입장할 수 없을 정도로 부담이 가는 곳으로 변했다.

시대의 변화와 고객의 취향에 민감하게 반응해야 하는 관계로 잦은 Renovation을 해야 하는 부담 등 여러 가지 요인으로 인해 긍정적인 측면의 경영을 압박하고 있는 것을 모르는 바는 아니나, 호텔은 대중을 위한 공익의 시설이라는 본질적인 개념을 어느 정도는 생각하며 경영에 임해 주길 바랄 뿐이다.

그런가 하면 최근에 노래방문화가 성행하면서 디스코텍과 병행하여 속칭 '가라오케'라고 하는 공간을 만들어 고객유치에 열을 올리고 있다. 멤버십제도를 도입하면서까지 '가라오케'를 운영해야 하는 현실을 보면서 씁쓸한 마음을 지울 수는 없지만, 경영자의 입장 또한 이해하지 않을 수 없으니 최근의 부대영업은 참으로 복잡하고 힘들다는 생각을 해 본다.

여하튼 Discotheque은 연중 연속적으로 이어지는 사회적 기념일에 민감히 반응하면서 끊임 없이 Promotion을 실시하는 형태의 운영을 하고 있다.

5. Cocktail Lounge

Cocktail Lounge

모든 바(bar)업장에서 칵테일을 취급하고는 있으나, 특별히 조용한 분위기에서 손쉽게 만남의 기회를 갖고자 하는 고객들을 위해 별도로 칵테일을 주로 판매하는 라운지를 운영하는 곳도 있다.

주로 호텔의 최상층 전망좋은 곳에 위치하여 야경을 비롯한 호텔 밖의 경치를 감상하면서 한 잔의 칵테일에 조용히 하루를 정리하고 사랑하는 연인과 밀어를 나눌 수 있는 장소이나 상업주의에 밀려 점차 그 형태가 사라져가는 추세에 있다.

6. 그 밖의 바(Bar)

그 밖의 바로는 Sky Lounge 및 Mens Bar 등이 있으나, 최근에는 Sports Bar와 같은 Fusion 개념의 바형태로 운영 하는 곳이 점차로 늘어나고 있는 추세에 있다.

한 공간의 업장에 여러 형태의 바(bar) 시설을 구비하고 고객의 취향에 맞춰 자유로이 선택해서 즐길 수 있도록 배려함으로써 고객에게는 편리함을, 경영의 측면에서는 호텔 이미지관리를 비롯한 수익성 제고에도 크게 공헌하고 있는 형태의 바가 증가하고 있다.

최근에는 특히 Cigar Bar라고 하는 특이한 형태의 바가 일부 특1급 호텔을 중심으로 생겨나고 있다. 보관 및 관리가 용이하지 않은 시가의 판매를 위해 특수한 진열대 및 보관함 등을 준비하여 고급의 술을 함께 판매함으로써 식음료부서의 매출증대에 공헌하고자 하나, 시가판매회사와의 계약사항에 따라 이익의 폭이 달라지므로 면밀한 검토를 거친 후에 시행함이 옳다고 하겠다.

다양해지고 있는 고객의 욕구에 신축성있게 대응함으로써 고객의 차별화를 도모함과 동시에, 앞서가는 이미지를 보여 주는 등의 효과는 있으나, 이에 따른 부작용도 있으므로 적절한 선에서 운영의 묘를 발휘해 주는 현명함이 요구된다 하겠다.

5.3 와인 서비스

1. 와인이란 무엇인가?

1) 현대인과 와인

최근들어 우리 나라에서도 생활의 질적인 향상과 세계화의 물결 속에서 와인의 소비가 급격히 증가하고 있는 추세에 있다.

흔히들 와인이라고 하면 이국의 문화에서 오는 이질감으로 인해 까다로운 절차와 방법이 있는 것으로 생각하는데, 기본적인 몇 가지만 알아 두면 부담없이 자신의 취향에 맞는 상품을 골라 즐길 수 있고, 독한 술에 익숙해 있는 우리 나라 국민들의 음주문화 개선을 위해서도 와인문화의 확산은 바람직하다고 하겠다.

오늘날 세계의 주류문화는 Hard에서 Soft로 흘러가고 있다. 과거 알코올도수가 강한 술을 마시던 유형에서 보다 부드러운 음료를 찾는 경향이 뚜렷해지고 있다. 또한 복잡한 현대생활에서 산성화된 현대인의 체질은 알카리성 음료를 요구하고 있다. 이러한 욕구를 충족시켜 줄 수 있는 것이 바로 와인이다.

2) 와인의 역사

누가 처음으로 와인을 만들어냈는지는 알려져 있지 않다. 와인을 만드는 포도나무품종 중 'Vitis Vinifera'는 분명히 페르시아산이다. 고대 페르시아 · 이집트 · 그리스에서 와인을 만들어 마셨다는 것은 확실하다. 와인생산 최초의 고고학적 증거는 페르시아 신석기시대에 찾아 볼 수 있다. 와인에 대한 기록은 BC 3000년부터 시작되고, BC 1500년에는 페니키아 · 레바논 · 시리아 · 이집트 · 중동지역에서 활발한 와인교류가 있었다. 와인과 포도에 관한 신 · 노래 · 전설 등이 와인의 중요성을 찬양하기 위해 각각 다른 문화 속에서 만들어졌다. 성서에도 포도원이 귀중한 소유물로 언급되는데, 이는 이 곳에서 음식과 음료가 같이 나오기 때문이다. 또한 와인은 여러 종교에서 신성한 음료로 받아들여지고 있다.

고대 그리스인들이 포도나무를 서유럽에 소개시킨 것으로 되어 있지만, 로마인들이 그들의 정복지에 재배시킴으로써 더 넓게 퍼져 나갔다. 로마군단은 프랑스 · 독일 · 스페인 · 포르투갈을 점령하여 그 곳에 포도나무를 심어 와인을 생산하였다. 이로 인해 병력이 제국을 방어하지 않을 때에는 병사들에게 할 일을 주고 사기를 고취시켰다.

프랑스에서는 혁명때 교회소유의 포도원을 빼앗아 일반인들에게 분양해 버렸고, 독일에서는 많은 포도원이 수도원에 의해 세속화되어 왔다.

최초의 와인은 어떻게 만들어졌을까? 한 페르시아 전설에는 포도를 좋아 하는 왕이 잘 익은 포도를 저장실에 보관하여 1년 내내 포도를 즐겨 먹었다 한다. 이 중 짖이겨진 포도가 발효되어 탄산가스를 발산하여 저장실에 있던 몇 명의 노예들이 일시적으로 기절하였다. 왕의 노여움을 사 마음이 심란한 한 후궁이 이를 알고 창고에 있는 것이 극약인 줄 알고 마셨는데, 마신 후에 기분이 좋아져서 노래를 부르고 춤을 추었다. 이로 인해 왕은 자신의 포도즙이 슬픈 사람을 기쁘게 만드는 굉장하고 신비스러운 힘을 가졌다는 것을 알게 되었는데, 그가 발견한 것이 오늘날 우리들이 말하는 와인이다.

포도나무는 재배할 가치가 있는 만큼 가꾸기가 까다롭다. 그것은 계속적인 보호와 안정이 필요하다. 유럽에서 와인은 문명의 발전과 안정된 사회를 이루는 데 큰 영향을 주어 왔다. 그래서 포도나무가 평화와 번영의 오랜 상징이라는 것은 놀라운 일이 아니다.

3) 와인의 본질

와인은 잘 익은 포도의 당분에 효모를 첨가시킨 결과로 나온 것이다.

효모는 살아 있는 세포로 된 유기체이다. 포도껍질이 벗겨진 뒤 껍질에 있는 다수의 조그만 이스트 세포가 포도즙의 당분과의 반응으로 알코올로 변화시키고, 또 이스트 세포는 탄산가스를 만들어낸다. 이러한 과정에서 으깨어진 포도가 거품을 일게 만든다. 어떤 과일로도 와인을 만들 수 있지만, 포도 이 외의 과일에는 효소작용을 돕기 위해 설탕을 첨가시켜야 된다. 포도만이 자연적으로 이러한 반응에 필요한 당분이 충분히 생성된다.

효모의 작용을 발효라고 부르는데, 만약 으깨어진 포도가 자연적으로 발효가 되면 효모는 모든 당분을 없애 버리기 때문에 알코올도수가 10~13%로 만들어져 Dry라고 표시되는 단맛이 없는 와인이 된다.

와인제조업자들은 여러 가지 다른 종류의 와인을 만들기 위해 이러한 기본과정에 변화를 준다. 예를 들어 발효하는 동안 생겼던 탄산가스가 그대로 남아 있으면 와인에 거품이 일어나는데, 이것이 샴페인이나 발포성 와인을 만드는 방법이다.

만약 포도가 당분함유량이 높으면 효모는 모든 당분을 소비시키지 못하여 알코올도수가 15%나 되는 스위트(sweet) 와인이 된다.

온도조절은 좋은 와인을 만드는 결정적인 요인이 되며, 만약 와인의 맛이 시큼하다면 이는 온도조절이 잘못되었기 때문이다.

그리고 으깨어진 포도찌꺼기가 새 와인에 남아 있게 되면 와인의 향과 빛깔에 나쁜 영향을 미치게 된다. 어떤 포도는 껍질과 함께 발효되는가 하면, 어떤 것은 그렇지 않다. 발효가 끝나면 오크(oak)통에 넣어 숙성시키는데, 최고의 와인을 만들기 위해서는 사람의 도움이 필요한 것이다.

4) 와인의 제조과정

와인을 만드는 첫번째 과정은 포도나무의 재배에서 시작된다. 포도나무는 심은지 약 5년이 지나야 상업용으로 쓰일 수 있는 포도가 생산되기 시작하며, 85년 정도 계속해서 포도를 수확할 수 있다.

(1) 가지치기 · 솎기 · 수확 및 줄기제거

포도나무는 늦가을에 가지치기를 하는데, 이는 포도수확을 줄이고 경작을 용이하게 하기 위함이다. 다음은 솎기인데, 초봄에 행해진다. 생성되기 시작하는 포도나무의 불필요한 부분을 제거한다. 가지치기와 솎기가 필요한 이유는 포도의 수를 줄여서 포도가 익었을 때 보다 질좋고 당분함유량을 높이기 위함이다.

수확은 늦여름에 포도경작을 책임지고 있는 사람이 시간과 기후조건이 적절하다고 판단하여 행해진다. 이것은 중요한 단계인데, 와인의 질은 수확되는 때의 포도의 상태에 따라 영향을 받기 때문이다.

수확된 포도는 Stemmer라고 불리는 기계로 보내져 기계적으로 포도로부터 줄기와 대를 분리시킨다.

(2) 화이트 와인과 레드 와인

화이트 와인(white wine)의 경우 포도즙으로부터 껍질과 씨를 분리시키기 위해 압축한 다음 발효시키고, 레드 와인(red wine)의 경우 포도는 즙과 껍질 및 씨와 함께 발효된다. 이렇게 해서 얻어지는 즙은 포도껍질에 의해서 착색되고 향이 배게 된다.

모든 포도는 껍질 안에 하얀 과육이 있기 때문에 적포도로 화이트 와인을 만드는 것이 가능하다. 그러나 백포도는 적포도와 혼합하지 않는 한 레드 와인을 만드는 데 쓸 수가 없다.

화이트와 레드 와인의 진정한 차이는 색깔에 있는 것이 아니고 만들어지는 방법에 있다. 간단히 말해서 레드 와인이 으깨어지는 동안 화이트 와인은 압축된다. 와인을 제조하는 지역마다 그들 나름대로의 방법이 있으며, 때로는 알 수 없을 정도로 차이가 난다.

화이트 와인은 될 수 있는 한 빨리 즙을 짜서 그 즙을 포도껍질로부터 분리시켜 발효시키면 그 자체로 와인이 된다.

레드 와인은 포도를 부셔서 주스 · 씨 · 껍질을 얻는다. 발효는 완전히 으깨어진 포도로 시작되는데, 주스 · 씨 · 껍질 등은 모두 와인의 맛에 영향을 준다.

껍질 없이 만들기 때문에 화이트 와인은 백포도로 만들기도 하고, 블랙 포도로 만들기도 하며, 두 가지 다 사용할 수도 있다. 중요한 것은 주스는 화이트라는 것이다.

레드 와인과는 달리 화이트 와인은 언제든지 마실 수 있으며, 더 단순하게 만들어진다.

(3) 로제 와인

로제 와인(rose wine)은 흔히 생각하는 것처럼 레드 와인과 화이트 와인을 섞어서 만드는 것이 아니다. 그렇게 할 수도 있지만 대개는 레드 와인 만드는 과정을 따르며, 내용물이 모두 발효되기 전에 압축한다. 이렇게 해서 발효된 즙은 얼마동안 포도껍질과 접함으로써 엷은 핑크색과 가벼운 향을 가지게 된다.

(4) 숙성 및 병입

압축이나 발효가 끝난 즙은 여과과정을 거쳐 숙성시키기 위해 나무로 된 통으로 보내진다. 이 나무통 또한 나무 그 자체와 나무에 담겨 있는 시간에 따라 향에 영향을 준다. 가장 많이 사용되는 나무는 리무진 오크통이다.

와인은 병입 전이나 병입후 혹은 병입되어질 때 다른 와인과 혼합되어질 수 있다.

〈그림 5-2〉 와인제조의 주요과정

그러나 만약 다른 연도에 수확된 포도로 만든 와인과 혼합되었을 경우 이 와인은 빈티지 와인(vintage wine)이라고 할 수 없다. 빈티지 와인은 반드시 질이 좋은 것만을 의미하는 것이 아니고, 단지 같은 연도에 수확된 포도로 만든 와인을 뜻한다.

숙성이 끝난 후 와인은 병에 담겨져 판매된다. 이러한 과정을 요약해 보면 〈그림 5-2〉와 같다.

5) 음식과 와인과의 조화

일반적으로 와인은 그 와인과 어울리는 적당한 음식과 함께 제공되었을 때보다 더 좋을 수 없다는 것이 당연한 이치이다. 그러나 여기에서 의견이 두 갈래로 나뉘어지는데, 하나는 와인은 어떠한 음식과도 잘 어울릴 수 있다는 것이고, 둘째는 각 와인은 특성에 의해서 각 음식과 이미 정해져 있다는 것이다. 그러나 음식과 곁들여 와인을 마시는데에는 많은 규칙과 관습이 있는데, 와인을 고를 때 가장 중요한 사항은 즐길 수 있는 와인을 선택하는 것이다.

(1) Lunch

음식을 보조해 주는 것이라야 하며, 강한 와인은 피해야 한다. 일반적으로 독하고 스위트한 와인보다는 가볍고 드라이한 와인이 좋다.

(2) Dinner

온갖 와인을 다 동원하는 정찬이라면, Apperitif로 샴페인(Champagne)을, 수프에는 쉐리(Sherry) 와인을, 생선에는 라인 와인, 메인 코스(main course)에는 보르도 레드 와인을 마신다.

Roast Beef에는 버건디 레드 와인을, 디저트에는 쏘떼르느와 포트, 그 다음에 브랜디를 마신다.

(3) 와인과 어울릴 수 없는 음식

음식에 따르는 와인에 대해서 엄격한 규칙은 없지만 다음과 같은 결합은 피해야 한다.

첫째, Vinegar이다. Vinegar를 친 샐러드(Salad)는 와인을 Vinegar로 변화시킨다.
둘째, 산(酸)이다. Grapefruit, Orange, Lemon 등과는 와인의 맛을 제대로 느낄 수 없다.
셋째, 고등어와 같은 기름기가 많은 생선이다. 이것은 레드 와인을 통조림 깡통 같은 맛을 내게 한다.

이 밖에도 계란이 많이 들어 간 음식과 화이트 와인은 피해야 한다.

(4) Appetizer와 잘 어울리는 와인

① **Artichoke, Avocadoes, Tomato, Lettuce:** Sherry Wine

② **조개류:** 매우 Dry한 White Wine

③ **Smoked Salmon, Eel:** Dry Sherry

④ **Anti Pasto:** Italian White Wine

⑤ **Asparagus:** Burgundy White, Chardonnay

⑥ **Caviar:** Champagne, Vodka

⑦ **Cheese Fondue:** Dry White, Swiss White

⑧ **Chowders:** Medium Dry White, Sauternes(쏘떼르느)

⑨ **Escargots:** Burgundy Chardonnay

⑩ **Foie Gras:** Sauternes, Champagne

(5) Fish와 어울리는 와인

① **Abalone:** Dry or Medium White, Sauvignon Blanc, Chardonnay

② **Cod:** 드라이 또는 미디움 화이트, 샤블리, 그라브

③ **Scallop:** 미디움 드라이 화이트 와인

④ **Herrings(청어):** 산도가 있는 화이트 와인, 버건디, 드라이 쇼비뇽블랑

⑤ **Lobster, Crab:** 샴페인, 샤블리, 알사스, 리스링

⑥ **Mullet(숭어):** 지중해산 화이트 와인

⑦ **Mussels:** 뮈스카테, 캘리포니아산 샤블리

⑧ **Sole(혀가자미):** 드라이 화이트 버건디

⑨ **Trout(송어):** 섬세한 화이트 와인, 모젤 와인

⑩ **Turbot(광어):** 진한 드라이 화이트 와인, 뫼르소

⑪ **Salmon:** 뜨거운 요리에는 보르도 레드 와인, 차거운 요리에는 화이트 버건디 와인

(6) Meat에 어울리는 와인

① **Roasted Beef:** 강건한 레드 와인, 버건디 레드 와인

② **Beef Stew:** 뽀므롤, 쌩떼밀리옹

③ **Pepper Steak:** 론 레드 와인, 까베르네

④ **Tartar Steak:** 가볍고 연한 레드 와인

⑤ **Fillet Steak:** 가벼운 레드 와인

⑥ **Sirloin Steak:** 강건한 레드 와인

⑦ Lamb: 양질의 보르도 레드 와인

⑧ Liver: 보졸레 빌라쥬, 메독

⑨ Kidneys: 뽀므롤, 쌩떼밀리옹

6) 주요 와인생산국의 특징

(1) 프랑스 와인의 특성

프랑스는 전인구의 10%에 해당하는 사람이 와인과 관계되는 직업에 종사하고 있을 정도로 와인은 그들 생활의 일부분이요 필수품이다. "와인 없는 식탁은 꽃이 없는 봄과 같다"는 그들의 말은 와인과 프랑스인과의 관계를 잘 표현하고 있는 것 같다.

프랑스의 와인은 서기 100년 로마가 프랑스를 지배하던 시대부터 거슬러 올라가는 긴 역사를 가지고 있다. 유구한 역사동안 프랑스인들은 와인을 생산해 오면서 프랑스국민 특유의 섬세함과 열정, 정직함, 과학적 두뇌와 신뢰를 바탕으로 오늘날의 명성을 쌓아

〈그림 5-3〉 보르도 와인 Label

올리지 않았나 생각한다. 와인생산자 · 와인소비자 · 정부 모두 서로 믿고 협력 하는 자세야말로 그들을 세계 제일의 와인국가로 자리매김하는 원동력이라 볼 수 있다.

정부가 1935년에 제정한 '원산지통제명칭'은 와인소비자에게 도움을 주고 생산업자에게는 양질의 와인을 지속적으로 만들 수 있도록 하였다.

와인의 특성을 결정짓는 요소가 두 가지 있는데, 그 하나는 토양의 이화학적 생성기후환경과 그 밖의 자연적 요소이고, 다른 하나는 포도품종 고르기부터 시작하여 경작 · 수확 · 제조 · 숙성 · 보관에 이르기까지 결정적 역할을 하는 포도재배자로서의 인위적 요소이다.

이 자연적 · 인위적 두 가지 요소가 와인의 고유한 품질을 형성시키는데, 프랑스는 이러한 조건이 다른 어느 나라보다 잘 갖추어진 나라라고 할 수 있다.

프랑스에서도 보르도(Bordeaux) 지역과 버건디(Burgundy) 지역의 와인은 세계최고의 품질을 자랑하고 있다.

〈그림 5-4〉 버건디 와인 Label

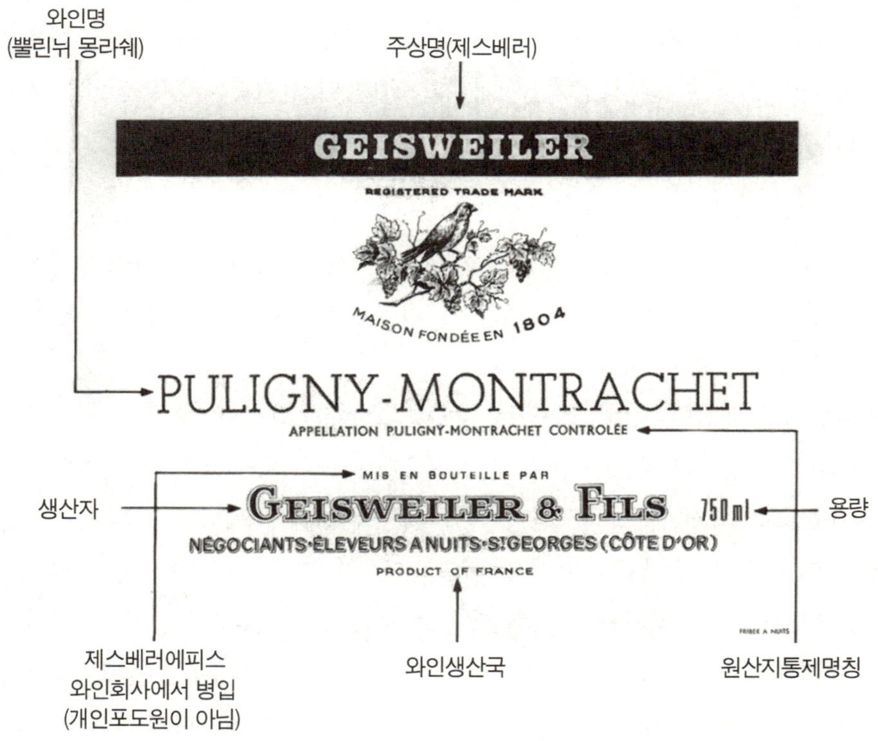

〈그림 5-5〉 샴페인 Label

포도재배에 알맞은 토질, 적정량의 햇볕, 적절한 강수량, 바람을 막고 햇볕을 충분히 받을 수 있는 능선, 이러한 천혜의 조건들이 그에 맞는 포도품종을 만나 조화를 이루어 다른 와인들이 견줄 수 없는 조화된 맛과 향, 오랫동안 변치않는 품질을 가진 독특한 와인을 생산해내는 것이다.

(2) 독일와인의 특성

독일은 유럽에서 가장 북쪽에 포도원을 가지고 있는 나라이다. 와인을 생산하는 포도나무가 자랄 수 있는 한계는 위도 50도인데, 아르(Ahr)나 대부분 북쪽으로 뻗어 있는 모젤은 이 선의 바로 위에 있다.

독일와인의 양대산맥을 이루고 있는 라인과 모젤지역은 유럽에서도 가장 북쪽에 위치한 지역으로 와인재배자들은 간혹 큰 어려움에 직면하기도 한다. 북쪽 지역이어서 햇볕이 부족하고 여름이 짧으며 강언덕 측면의 경사가 급해 포도밭은 축대로 단을 쌓아놓지 않으면 안된다. 짐마차조차 사용할 수 없고, 이러한 지세의 험난함이 와인의 원가를 높이는 결과를 초래하기도 한다. 간혹 포도수확의 일부 또는 전부를 앗아가는 봄서리가 내리기도 하며, 이러한 이유 때문에 수확이 좋지 않은 해에는 알코올함유량을 높이고 와인의 적정당도유지를 위하여 새 압착포도즙에 설탕을 첨가하지 않으면 안된다. 이렇게 해서 만든 와인을 페어베서테(Verbesserte: 개량된) 와인이라고 한다. 포도수확이 좋은 해에는 와인에 설탕을 첨가할 필요가 없으며, 와인 라벨에 나투어라인(Naturrein: 천연) 혹은 나투어바인(Naturwein: 천연포도주)이라는 표시를 한다. 이것은 와인이 자연적인 상태에서 만들어졌음을 의미한다.

독일이 늦가을이나 초겨울 영하의 기온에서 얼어 버린 포도로 만든 아이스바인(Eiswein)의 원산지라는 것은 우연이 아니다. 춥고 어두운 날 아침 일찍 포도를 따서 낮은 온도 때문에 오그라들어 껍질 속의 포도즙이 얼었을 때 빨리 압축해서 만든다. 많은 독일의 포도원들이 지리적인 상황 때문에 와인 생산 시스템이 다른 나라와는 아주 다르다. 그래서 독일 시스템에 익숙치 않고 독일와인 이외의 것을 마시는 사람들에게 문제점을 준다는 것은 부인할 수가 없다. 이러한 것들은 기꺼이 독일의 포도재배자나 와인상인 그리고 자국의 와인생산규정에 책임이 있는 사람들에게서 인정되어지고 있다.

대개는 복잡하게 보여지며, 단어가 많고, 때로는 매우 관심을 끄는 독일와인 라벨(label)은 사실 정확하게 명시하여 정보를 통해서 한번 그 와인을 마셔 본 사람은 와인의 라벨에서 그 와인의 전부를 알 수 있게 하기 위함이다.

〈그림 5-6〉 독일와인 Label

독일와인의 라벨에는 와인애호가들이 와인을 마실 때 기대하는 즐거움을 묘사하고 있다. 이것은 테이블 와인(table wine)뿐만 아니라 11개 특정지역 중의 하나이며 공식적으로 증명된 카비네트・슈패트레제・아우스레제・베에렌아우스레제・트로켄베에렌아우스레제와 같은 5개의 최고급 와인에도 해당된다. 모든 고급 와인은 병입이 끝난 후 공식적인 와인 테스트를 받기 위해 관계기관에 보내진다. 관계기관에서 승인이 끝나면 번호(No.)가 주어지고, 번호는 와인이 일정하게 지정된 표준을 얻었다는 것을 보증한다.

지난 천년동안 독일은 포도재배에 가장 적당한 지역으로 번창해 왔다. 라인강 유역이나 지류의 일정치 않은, 그러나 적당한 기후와 크게 다른 지질학상의 조건들이 독일와인의 질과 특성에 영향을 끼쳐 왔다. 포도재배지역의 토질에 따라 와인은 많은 종류로 나뉜다. 와인의 상표에는 지질에 대한 상세한 설명이 되어 있고, 이것이 가장 중요한 독일와인 각각의 출신증명서이다. 독일와인의 특성과 질이 결정되는 천연적인 요인은 출생지(birth place)의 기후와 토질에 있다.

독일와인을 어떻게 마시는 것이 가장 좋은 방법인가에 대해서는 독일와인이 프랑스와인이나 이탈리아와인을 마시는 방법과 약간의 차이가 있기 때문에 주의를 요한다. 사실 독일와인은 우리 나라의 와인애호가들에게 가장 익숙해져 있는 와인이다. 왜냐하면 우리 나라 사람들이 오래 전부터 즐겨 마셔 오는 '마주앙'은 포도품종에서부터 제조기술까지 전부 독일에서 온 모젤 타입의 와인이기 때문이다.

훌륭한 라인이나 모젤 와인은 어떠한 음식과도 곁들여질 수 있지만 Biscuit이나 미각을 상쾌하게 하기 위해 Bread와 같이 마실 때가 가장 좋다. 독일와인을 마시는 데 있어서 어떤 법칙・관례・조건은 없다. 다만 주의할 것은 와인의 풍미를 제대로 즐기기 위해서 향이 강한 음식은 와인의 향을 억제하기 때문에 피해야 한다는 것이다.

(3) 이탈리아와인의 특성

이탈리아와인은 맛이 매우 다양하게 만들지는데, 스위트한 와인에서부터 드라이한 와인, 스파클링 와인, 로제 와인 등 모든 타입의 와인이 망라되어 있다. 이들 와인은 강건하고, 부드러우며, 가볍고 미묘한 맛을 낸다. 이탈리아와인은 과거에는 많이 수출되지 않았으나 오늘날에 와서는 세계 거의 모든 나라로 수출되고 있다. 양적인 면에서 프랑스에게 결코 뒤지지 않는 생산량을 자랑하고 있으므로 와인생산국 중에서도 중요하게 여겨지고 있는 것이다.

2,500여년 전부터 재배되어 온 이탈리아와인은 1,500여종의 와인이 생산되는 데, 좋은 화이트 와인(white wine)도 생산되지만 4/5 정도는 레드 와인(red wine)이다. 대개의 와

인은 포도품종이름을 사용하고, 그 외의 와인은 지명을 이용한다. 바르베라(Barbera), 네비올로(Nebbiolo), 돌체토(Dolcetto), 프레이쟈(Freisa), 그리뇰리노(Grignolino) 등이 포도품종을 사용하는 와인들이다.

이탈리아의 와인법규는 다음과 같이 현재 5개의 등급으로 분류된다.

① **비노다타볼라**(Vino da Tavola): 가장 기본적이고 통제되지 않은 것.

② **비노다타볼라 꼰 인디까지오네 제오그라피카**(Vino da Tavola Con Indicazione Geografica): 지리적 유래가 명시되었으나 정해진 규칙은 없다. 포도품종이 명시되어 있는 와인은 그 품종의 원산지도 명시해야 한다.

③ **비노 티피코**(Vino Tipico): DOC(Denominazione di Origine Controllata. 1963년에 제정된 이탈리아 와인생산에 대한 평가법)의 엄격한 통제를 받는 것은 아니지만 그들 지역을 나타내는 것이 공식적으로 인정된, 원산지가 정해지고 증명된 새로운 와인의 범주이다.

〈그림 5-7〉 이탈리아와인 Label

④ **데노미나지오네 디 오리지네 꼰트롤라타**(Denominazione di Origine Controllata): 가장 중요한 범주로서 특정포도품종, 전통적인 와인제조방법, 제한된 수확, 적절한 숙성기간, 타당성있는 기록 등이 갖추어져야 한다. 이러한 조건이 충족되었을 때 와인재배자들은 DOC로 등록신청을 할 수 있다. DOC 와인은 정해진 테스트를 받으며, 상표에 DOC 표시를 한다.

⑤ **데노미나지오네 디 오리지네 꼰트롤라타 에 가란티따**(Denominazione di Origine Controllata E Garantita: DOCG): 최상급의 등급으로서 최고의 품질지역에서 만든 와인을 테스트한 것에만 붙여진다. DOCG 등급의 와인이 되기 위해서는 병입되고 봉인될 때까지 생산자나 책임있는 사람이 정부의 인장을 얻어야 한다.

2. 와인의 보관 및 서비스

1) 와인의 보관

와인을 취급하는 상인이나 식당에서는 반드시 와인저장고가 있어야 한다. 와인은 운반하는 도중 흔들리게 되면 흔들린 와인은 저장고에서 다시 쉬어야 한다. 와인은 살아있는 술로서 만약 운반 도중 흔들리거나 기온의 차이가 심하면 내물질이 섞이고 와인 속의 물질이 활동하는 데 제약을 받게 되므로 쉬게 하여 여러 물질들이 자리를 잡고 정상으로 돌아 오도록 해야 하는 것이다.

저장고가 아닌 곳에 와인을 두면 와인이 상할 염려가 있다. 그것은 직사광선이나 진동이나 온도의 차이에 따라 와인이 민감하게 반응하기 때문이다.

와인저장고는 크고 작고 여러 가지가 있겠으나 우선 내부면적이 넉넉한 곳이 좋다. 연중 온도가 14°C 이하라야 한다. 그리고 진동이 없어야 하는데, 기계가 돌아가는 곳이라든가, 철로변 같은 곳은 저장고로 사용할 수 없다.

직사광선이 들어 오는 곳은 안되며, 너무 건조해도 안된다. 너무 건조하면 코르크마개가 말라서 공기가 들어 갈 염려가 있기 때문이다.

건조한 것을 막는 방법으로 저장고 바닥을 깨끗이 하고 자잘한 자갈을 깔아 주면 좋으며, 너무 건조하다 싶으면 물을 바닥에 조금씩 뿌려 주어도 좋다. 반면 너무 습하면 곰팡이가 생기므로 주의해야 한다.

통풍이 잘 되어야 함은 물론, 약품이나 연초 등의 냄새가 스며들지 않도록 주의하여야 한다.

와인병을 저장할 때에는 시렁을 튼튼하게 만들어 화이트 와인은 아랫시렁에, 레드 와인은 윗시렁에 가지런히 뉘여서 저장해야 한다. 마개가 마르는 것을 방지하고 와인이 계속해서 발전할 수 있도록 하기 위함이다. 그러나 알코올이 높은 강화 와인은 세워 놓아 알코올이 발전하는 것을 도와야 한다.

와인저장고에는 아랫시렁과 윗시렁에 각각 온도계를 설치하여 밤과 낮의 온도의 차이를 알 수 있도록 해야 한다. 시렁마다 꼬리표를 달아 놓고 와인에 관한 모든 사항을 적어 놓으면 관리가 편리하다.

Wine History Card를 만들어 종류・수량・산지・구입처・운반편・와인시음평・문제점 등을 상세히 기록하는 것도 와인을 제대로 관리하기 위한 방법이라 하겠다.

고객에게 서비스하기 위해서는 저장고로부터 조심스레 운반하여 화이트 와인은 냉장고나 Wine Cooler에 보관하고, 레드 와인은 상온에서 뉘여서 보관하도록 한다.

2) 와인 서비스

(1) 레드 와인 서비스

① 고객이 주문한 레드 와인은 Wine Cellar에서 선정하여 Basket에 담아 흔들리지 않도록하여 테이블로 운반한다.

② 주문한 Host에게 와인의 상표와 Vintage를 확인시키고 OK하면 Open Time과 Service Time을 물어 본다.

③ 와인은 테이블 또는 옆의 Station 위에서 요구된 시간에 Breathing할 수 있도록 Open한다.

④ Open된 Cork의 냄새를 맡아 와인에 이상이 있나 확인한 후, Holder에 끼워 Host 앞에 정중히 올려 놓는다.

⑤ 고객이 원하는 시간에 Host의 글라스에 조금만 따라서 Taste하도록 한다.

⑥ 고객이 만족하면 순서에 따라 정중하게 서브(serve)한다. 이 때 글라스의 반 이상을 따르지 않도록 한다.

⑦ 수시로 와인을 글라스에 Refill한다.

⑧ 와인병에 찌꺼기(sediment)를 남겨 두고 마지막 잔을 서브하도록 한다.

(2) 레드 와인의 Decanter Service

① Cart 위에 Candle, Decanter, Cork Holder를 준비한다.

② 연도수가 오래된 레드 와인에서 침전물을 제거하고 Breathing을 시키기 위하여 Decanter에 담아 서브하는 것이다.

③ 고객에게 상표와 Vintage를 보여 주면서 확인시킨다.

④ Candle에 불을 붙인 후 왼손에는 Decanter, 오른손에는 레드 와인을 쥐고 침전물만 남을 때까지 천천히 따른다.

⑤ 고객이 원하는 시간에 Host의 글라스에 조금만 따라 Taste하도록 한다.

⑥ 다음과정은 레드 와인 서비스와 동일하다.

(3) 화이트 또는 로제 와인 서비스

① 주문한 와인을 흔들지 말고 Wine Cooler에 운반한다.

② 주문한 Host에게 상표와 Vintage를 확인시킨다.

③ Open된 Cork의 냄새와 상태를 확인한 후 Holder에 끼워 Host 앞에 정중히 올려 놓는다.

④ 와인을 Hand Towel로 가볍게 감싸쥐면서 Host의 글라스에 조금만 따라 Tasting하도록 한다.

⑤ 정해진 순서에 따라 차례로 서브한다. 이 때 글라스의 약 2/3 정도 따르도록 한다.

⑥ 수시로 와인을 글라스에 Refill한다.

〈그림 5-8〉 Wine Service Procedure

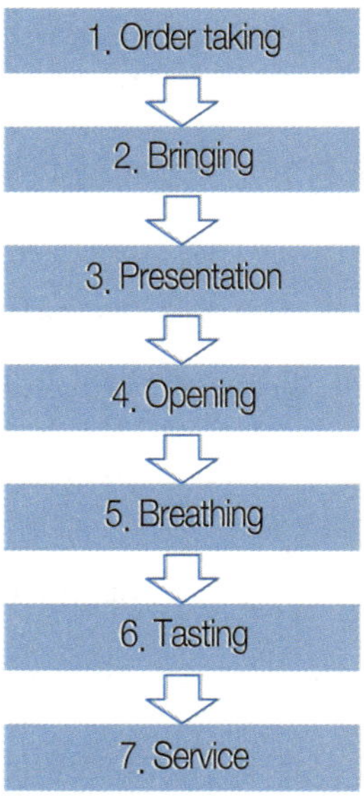

위의 과정을 요약하여 일반적인 와인 서비스절차를 나타내면 〈그림 5-9〉와 같다.

〈그림 5-9〉 Wine Service Procedure

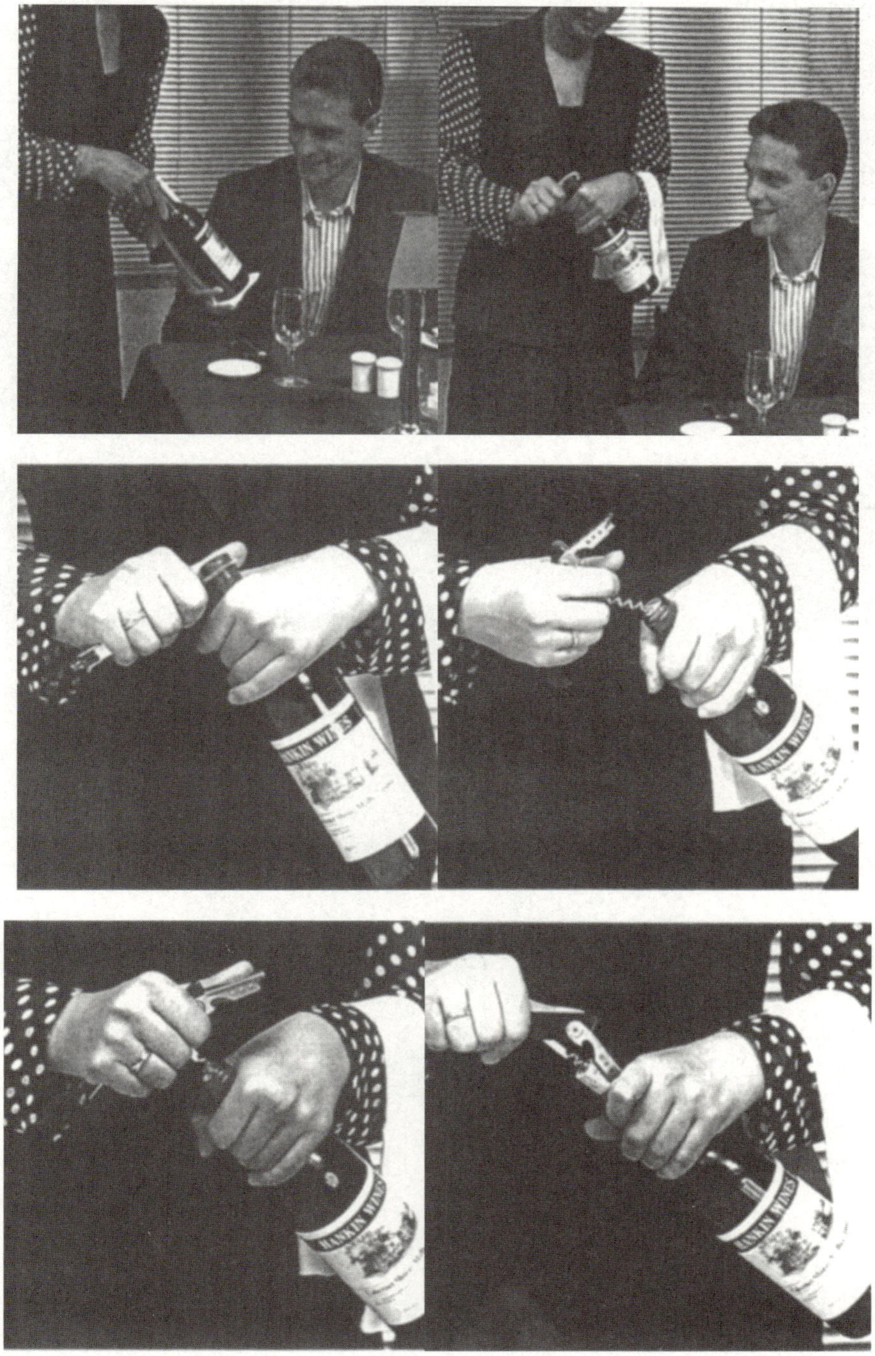

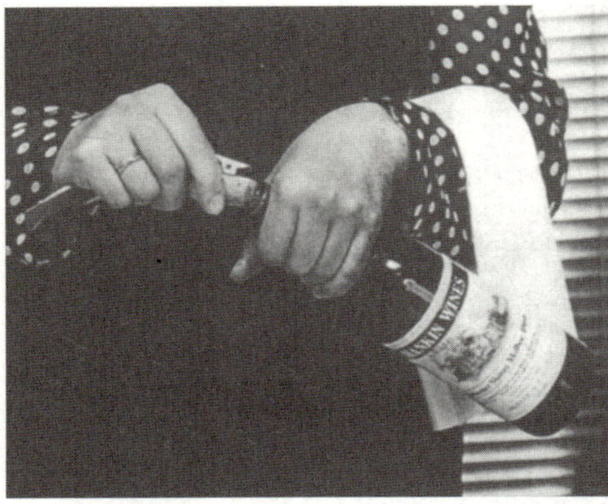

5.4 칵테일 서비스

1. 칵테일의 유래

칵테일(Cocktail)이란 어원이 어느 시대에 어느 곳에서 유래되었는지 명쾌한 정설은 없다고 한다. 이 책에서는 이제까지 주장되어 온 것들 중에서 가장 설득력이 있다고 전해지는 것을 소개하기로 한다.

칵테일이라는 말이 처음으로 사용된 시기는 영국의 엘리자베스 여왕의 시절에 남아메리카 카리브해안을 따라 여러 지역을 탐험한 바 있는 모험가들로부터 나왔다는 설이 가장 설득력이 있다.

모험가들은 방문한 지역에서 원시적이고 토속적인 방법으로 증류된 여러 가지 술을 혼합해서 새의 깃과 비슷한 나무뿌리로 그 술들을 저었다 한다. 모험가들이 그들의 고향으로 돌아 왔을 때 여행 중에 맛보았던 Mixed Drink를 소개하였고, 이 Mixed Drink 아이디어는 곧 큰 인기를 끌게 되었다. 물론 그 당시에는 오늘날처럼 다양한 Spirit가 없었기 때문에 그것들은 다음과 같은 유형의 것으로 알려지고 있다.

① **포시트**(posset): 뜨거운 우유에 술 · 설탕 · 향료 등을 넣은 음료
② **니이거스**(negus): 포도주에 뜨거운 물과 향료 · 설탕 등을 넣은 음료로 독일에서는 글후봐인이라고 한다.
③ **그로그**(grog): 럼에 뜨거운 물을 탄 음료

칵테일의 영어풀이는 장닭(cock)의 꼬리(tail)이다. 그래서 장닭의 깃으로 장식한 글라스에서 비롯되었다는 설과 '코크텔'(Coquetel)이라 불리는 와인잔에서 유래되었다는 설도 있다.

미국의 독립전쟁 때 '베티플래나건'이라는 미망인이 버지니아 기병대의 주보에서 일하고 있었는데, 어느 날 반미 아일랜드인의 정원으로 몰래 들어가 아름다운 꼬리를 가진 수탉을 훔쳐다가 닭고기를 병사들에게 대접하였다. 병사들은 그녀의 용기있는 행위를 찬양하면서 주보에는 축제분위기가 넘쳐 흘렀다. 그 때 한 병사가 그녀에게 술을 섞어서 한 잔 만들어 달라고 부탁하자 혼합한 술을 벽에 장식된 닭의 꼬리로 저어서 만들어 주었다. 병사들은 수탉의 꼬리로 술을 젓는 것을 보고 "오! 부라보 칵테일!"하고 환성을 질렀다. 그 이후부터 Mixed Drink를 칵테일이라고 부르게 되었다는 설이다.

칵테일과 Mixed Drink를 혼동하는 경향이 많은 것 같으니 설명하고 넘어가 보도록 하자.

칵테일은 술(alcoholic beverage)과 술의 혼합이며, Mixed Drink는 술과 Soft Drink(non alcoholic beverage)의 혼합이다.

칵테일의 기본은 맛(taste), 향(flavour), 색(color), 장식(decoration), 잔(glass) 등 전체가 충분히 조화를 이룰 수 있어야 한다.

칵테일은 정성이며 하나의 예술이다. 칵테일에는 단 몇 초만에 만드는 것이 있는가 하면, 30분이 소요되는 것도 있다. 이렇듯 칵테일은 가격을 마시는 것이 아니라 분위기와 가치를 마시는 것이다.

칵테일에는 그 칵테일의 주를 이루는 Base가 있는데, 대부분 5대 Spirit인 Gin, Vodka, Rum, Brandy, Whiskey이다.

또 거칠고 독한 Base를 부드럽게 해 주는 Modifier가 있는데, 이러한 것들은 Vermouth, Juice, Sugar, Cream, Egg 등과 같은 것으로 기주(base)와 조화를 이루어 마실 때 부드럽게 해 주고 마신 후에 은근히 취하게 해 주는 작용을 한다.

칵테일의 매혹적인 색깔이나 향은 Grenadin이나 Liqueur 같은 것을 사용하는데, 이러한 것들은 칵테일의 섬세하고 우아한(delicate) 본연의 향기를 잃지 않을 정도로 사용되어져야 한다.

2. 칵테일 제조방법

칵테일을 조주하는 방법들은 그 특성에 따라 각각 달라진다.

과일이나 계란 같은 것을 제외하고는 대부분의 칵테일이 Shaking하거나 Stirring하여 만든다. Shaking한 칵테일은 더 차고 색깔이 불투명하나 Stirring한 칵테일은 맑고 마티니나 맨하탄과 같이 깨끗함과 선명함이 크게 강조된다.

칵테일은 차게 서비스하는 것이 가장 중요하다. 그래서 Shaker나 Mixing Glass 등의 칵테일용 기구는 사용하기 전에 냉장고에서 찬 상태를 유지하고 있어야 한다. Shaker나 Mixing Glass에 재료를 넣는 순서도 칵테일 맛을 약간 다르게 한다. 특히 당도순으로 부어야 하는 Colorful한 푸스카페(pousse cafe) 칵테일인 경우 순서가 지켜지지 않으면 비싼 재료만 낭비하는 결과를 초래할 것이다.

1) Blending

칵테일 재료에 과일이나 계란이 포함되어 있을 경우 반드시 Blending하지 않으면 안 된다. Blending은 Shaking으로는 얻어질 수 없는 서리가 인듯한 차가운 맛을 준다. Blending의 비결은 시간이다. 너무 오래 블렌딩할 경우 얼음이 녹아서 칵테일이 묽게 되며, 너무 짧게 하면 제맛이 나지 않는다. 블렌딩할 때는 소다와 같은 발포성 음료는 같이 넣지 말고 블렌딩이 끝난 후에 첨가하여야 한다.

얼음은 칵테일을 만드는 데 가장 중요한 요소인데, 블렌딩할 때는 Cubed Ice보다 Cracked Ice가 더 좋다. Blender가 얼음을 잘게 부수는 시간을 절약해 줄 뿐만 아니라 날(blades of blender)을 상하는 것도 예방할 수 있기 때문이다.

2) Stirring

Stirring은 약 75cc 용량의 믹싱 글라스에서 한다. 이 때 사용하는 얼음은 어느 것이나 상관이 없다 칵테일을 차게 하고 묽게 하지만 않으면 되는 것이다. Stirring할 때는 긴 믹싱 스푼을 사용하여 젓는다. 소다나 발포성 음료와 함께 저어야 할 경우에는 조심스럽게 짧게 저어야 한다. 글라스의 외벽에 서리가 일 때면 따를 준비가 되었다는 표시이다.

3) Shaking

네모진 얼음(cubed ice)이나 깨진 얼음(cracked ice)이라도 무방하다. 칵테일 재료를 쉐이커에 넣어 민첩하고 박력있게 흔들어서 제대로 혼합이 되면 글라스에 붓는다.

Shaker에 재료를 넣는 순서는 맨 처음 얼음을 넣고, 다음에 주스나 계란・크림을 넣고 맨 나중에 술을 넣는다.

Shaking하는 방법은 여러 가지가 있으나 가장 안정된 자세가 최선의 방법이다. 우선 두 다리를 어깨넓이만큼 벌리고 오른손으로 쉐이커의 Cap부분을, 왼손으로 Body부분을 단단히 잡고 90°의 각이 되도록 앞과 밑으로 피스톤처럼 쉐이킹한다.

4) Floating

칵테일의 조주법에는 알코올도수가 높은 Spirit나 향을 내기 위한 liqueur 등을 칵테일이 다 만들어진 후에 띄우는 방법이 있다. Spirit는 Bar Spoon 뒷면을 글라스 가장자리에 대고 다른 술과 섞이지 않게 하여 조심스럽게 띄운다. Irish Coffee는 크림이 커피에 섞이지 않게 하고, 푸스 카페 같은 경우는 당도순으로 띄운다.

5) Muddling

Muddling은 Old Fashion 같은 칵테일인 경우 칵테일의 재료인 각설탕과 소다수 및 앙고이스터 비터를 Bar Spoon을 가지고 칵테일에 잘 혼합될 수 있도록 용해시키는 방법이다.

6) Pouring

칵테일이 On The Rocks Glass에 제공될 때 술을 얼음 위로 붓게 된다. 이 경우 글라스의 가장자리에서부터 1/4인치 이상 높이 부어서는 안된다. 와인의 경우는 글라스의 반이나 그 이하를 따른다. 그 이유는 내용물의 풍미가 제대로 글라스 안에 보존되게 하기 위함이다.

Chapter 6

메뉴관리의 이해

6.1 메뉴계획

1. 메뉴의 개요

1) 메뉴의 정의

메뉴란 라틴어 'MINUTUS'에서 유래한 말로 아주 작은 차림표(Small or Small List)라는 뜻으로 즉 식사의 종류를 나열해 놓은 아주 작은 차림표이다. 그러나 호텔에서 상업적으로 쓰이는 메뉴는 결코 작지 않으며 날이 갈수록 점점 다양화되고 고급화되는 추세에 있다.

메뉴(menu)에 대한 정의도 시대에 따라 변화한다. 1960년대는 '차림표'의 개념으로 정의되었다면, 1970년대부터는 '마케팅과 관리'의 개념이 가미된 차림표로 정의되었고, 1980년대부터는 '차림표'의 개념이 삭제된 강력한 "마케팅과 내부통제 도구"로 정의되고 있다.

또한 1960년대와 1970년대 메뉴의 계획과 디자인에 관한 저서와 논문 및 Articles도 주로 주방에서 일하던 조리사와 식품영양학을 전공한 식자(識者)들에 의해서 주도되었기 때문에 영양가적인 측면과 조리방식과 Recipe를 중심으로 한 생산지향적인 측면이 강조되었다. 그러나 1980년대 들어서는 실무와 이론을 겸비한 식자들에 의해 메뉴를 보는 시각이 Recipe중심에서 관리중심으로 변화하였다. 그 결과 메뉴에 대한 정의도 '마케팅'과 '관리적인' 양면이 강조되어 정의되고 있다.

따라서 오늘날 사용되고 있는 메뉴를 정리하여보면 "메뉴란 고객이 알기 쉽도록 품목과 가격을 작성·기록하여 고객이 주문하는데 필요한 정보를 제공하여 고객간의 식음료제공을 약속하는 차림표이자 마케팅 도구"라고 정의할 수 있다.

메뉴의 역사는 서기 1498년경 프랑스 어느 귀족의 아이디어라고 전해져 오고 있다.

그 이후 1541년에 프랑스 헨리 8세 때 부룬스윅 공작의 연회시에 요리에 관한 내용과 순서 등을 메모하여 식탁 위에 놓고 그 순서대로 요리를 제공함으로써 번거로움이나 불편함이 없었으며, 이것이 편리하므로 이 때부터 사용하게 되었다고 한다.

이로부터 귀족간의 연회시에 유행하게 되었고, 차츰 유럽 각국에 전파되어 정찬, 즉 정식차림표로서 사용되게 되었다. 19세기에 이르러 파리의 식당가에서 사용하게 되면서부터, 일반화되어 오늘날 일반대중에게 요리의 명칭을 기재한 목록표가 된 것이다.

2) 메뉴의 분류

(1) 품목의 구성과 가격의 구성에 따른 분류

가) 정식 메뉴(Table d'Hote Menu)

정식메뉴란 Full Course Menu로서 한끼분으로 구성되어 있고, 대체적으로 값도 비싸고 질도 우수한 반면 어느 식당에서도 이 한 메뉴만 제공하고 있기 때문에 고객으로 하여금 선택의 기회가 적다.

또한 'Table of Host'를 뜻하는 것으로 오늘날의 숙박기능을 하는 여인숙이나 여관에서 유래되었다 한다. 즉 여관이나 여인숙에 숙박하는 고객을 위해서 제공된 식사로 정해진 가격에 투숙한 고객에게 똑같은 내용의 음식을 제공 하였다 한다. 고급 레스토랑에서는 그다지 인기가 없으나, 중저급 레스토랑의 경우는 오늘날에도 많이 이용되고 있다.

① 신속한 서비스로 좌석회전율을 높일 수 있다.
② 가격이 상대적으로 저렴한 편이다.
③ 식자재의 관리가 용이하며, 원가가 절감된다.
④ 메뉴관리가 용이한 반면, 고객의 선택폭이 좁다.
⑤ 가격의 변화에 대한 탄력적 대응이 쉽지 않다.
⑥ 주문시에 메뉴에 대한 전문적인 지식이 그다지 필요하지 않다.

정식메뉴는 아래와 같은 순서로 제공된다.

① 찬 전체(cold appetizer, hors d'oeuvre froid)
② 수프(soup, potage)
③ 온 전체(warm appetizer, hors d'oeuvre chaud)
④ 생선(fish, poisson)
⑤ 주요리(main dish, releve)

⑥ 더운 주요리(warm main dish, entree chaud)

⑦ 찬 주요리(cold main dish, entree froid)

⑧ 가금류 요리(roast, rotis)

⑨ 더운 야채요리(warm vegetables, legume)

⑩ 찬 야채(salad, salade)

⑪ 더운 후식(warm dessert, entremets de douceur chaud)

⑫ 찬 후식(cold dessert, entremets de douceur froid)

⑬ 생 및 조림과일(fresh or stewed fruit, fruit ou compote)

⑭ 치즈(cheese, fromage)

⑮ 식후 음료(beverage, boisson)

⑯ 식후 생과자(pralines, friandises)

위와 같은 많은 순서가 근래에 와서는 다음과 같은 순서로 사용되어가고 있다.

① 5 Course(전채→수프→주요리→후식→음료)

② 7 Course(전채→수프→생선→주요리→샐러드→후식→음료)

③ 9 Course(전채→수프→생선→샤벳→주요리→샐러드→후식→음료→식후 생과자)

나) 일품요리(A La Carte) 메뉴

일품요리 메뉴란 식성대로 한 가지씩 자유로이 선택하여 먹을 수 있는 요리의 차림표를 말하는데, 이것을 표준차림표(standard menu)라고도 한다. 일품요리 메뉴는 1972년 프랑스혁명후 파리에 많은 외국정부의 대표들이 모여 호텔에서 장기간 생활하고 있었는데, 그 당시 호텔에는 정식 메뉴였기 때문에 매일 반복되는 똑같은 메뉴에 권태를 느끼게 되었다. 이러한 때 친지 또는 친구의 초청을 받아 가정에서 식사를 할 경우에 자기 식성에 맞는 식사를 할 수 있는 정도였다. 그런데 이무렵 수프를 만들어 파는 음식점이 생겨서, 처음에는 아무렇게나 끓여서 며칠씩 묵은 딱딱한 빵과 같이 판매했는데, 이것이 인기가 있어 차츰 진보되어 수프에 고기·야채 등을 넣고 끓여서 대중에게 제공하게 됨으로써 그 명칭이 Restaurant이라 불리게 되었으며, 이것이 일품요리를 만들어 제공하는 시초가 되었다.

일품요리 메뉴는 식당에서 주되는 차림표로서 그 구성은 가장 전통적인 정식(classical formal dinner) 식사의 순서에 따라 각 순서마다 몇 가지씩 요리품목을 명시한 것으로 현재 각 식당에서 사용하는 메뉴는 일반적으로 거의 다 일품요리 메뉴이다.

품목 하나하나에 각각 가격이 정해져 있어 고객이 선택한 품목에 대한 가격만을 지불하면 된다. 주로 고급의 레스토랑에서 많이 이용되는 메뉴이다.

① 선택의 폭이 높은 편이다.
② 가격이 상대적으로 비싼 편이다.
③ 직원의 노력으로 객단가(average check)를 높일 수 있다.
④ 인건비가 높은 편이다.
⑤ 식자재의 관리가 어렵고, 낭비가 많다.
⑥ 메뉴의 관리가 어렵다.
⑦ 메뉴에 대한 지식이 없는 고객은 주문할 품목의 구성이 어렵다.

다) Combination Menu

중식 메뉴(table d'hote menu)와 일품요리 메뉴(a la carte menu)의 장점만을 혼합한 메뉴로 최근들어 많이 선호되어지는 메뉴이다. Set Menu, Clip-on 또는 Tip-on Menu 등이 있으며, 그 특징은 다음과 같다.

① Item의 Portion과 내용의 구성을 통하여 고객의 식사패턴의 변화에 유연하게 대처할 수 있다.
② 일품요리와 정식요리의 혼합으로 Average Check를 높일 수 있다.
③ 고객의 측면에서 선택의 폭이 넓다.
④ 어느 레스토랑에서나 적합한 메뉴로 현재의 호텔 레스토랑의 메뉴는 거의 이런 방식을 채택하고 있다.

(2) 메뉴를 바꾸는 빈도에 따른 분류

가) 고정 메뉴

정식요리 메뉴, 일품요리 메뉴, 컴비네이션 메뉴를 모두 포함하는 것으로 고객에게 제공될 품목을 인쇄하여 일정기간동안 반복하여 제공하는 메뉴이다.

① 주어진 기간동안 같은 메뉴만을 반복하여 제공하므로 원가가 절감되고 생산성이 높아진다.
② 원가와 음식문화의 변화에 탄력적으로 대처할 수 없다.
③ 메뉴의 관리가 용이하다.

④ 신속한 생산과 서비스로 좌석회전율을 높일 수 있다.

나) Cycle Menu

일정한 간격을 두고 주기적으로 품목이 바뀌는 메뉴로, 주로 단체급식에 많이 사용된다. 고객에게 더욱 선택의 폭을 넓혀 주기 위해 다음과 같은 Cycle Menu Pattern을 이용하고 있다.

① **Typical:** 일정주기동안 같은 날 항상 같은 메뉴가 제공고객의 입장에서 보면 메뉴가 단조롭다.
② **Typical-break:** Typical 메뉴의 단점을 보완하기 위한 패턴의 예를 들면, 6일주기로 음식을 제공하여 같은 요리가 13일을 주기로 제공되도록 한 메뉴 패턴이다.
③ **Random:** Typical Cycle Pattern과 같아 보이지만, 미리 계획된 메뉴품목을 식자재의 구매시장, 원가의 상승, 음식 패턴의 변화에 유연하게 대처할 수 있도록 한 패턴으로 변칙적인 배열이다.
④ **Split:** 메뉴상에 제공되는 모든 품목에 각각 주기를 부여하여 다른 품목과 함께 균형을 꾀할 수 있도록 고안된 형태로, 먼저 선호도가 높은 순서대로 품목을 배열하고, 자주 배열하며, 반대로 선호도가 낮은 품목은 제공되는 빈도를 낮게 한다.

3) 메뉴의 역할

일반적으로 레스토랑은 메뉴에 의해서 평가된다고 말할 수 있다.

메뉴는 호텔 식음료부문 운영의 전과정에 영향을 미친다. 그러므로 메뉴는 성공적인 식음료부문의 운영을 위해서 요구되는 운영 시스템의 모든 다른 요소들이 검토된 후에 검토되는 문제가 아니라, 식음료부문 통합 운영 시스템을 구성하는 여러 개의 하부 시스템의 시작으로 보아야 한다. 즉 모든 하부 시스템이 유기적인 관계를 유지하여 효율적으로 그 기능을 발휘함으로써 비용을 최소화하고 품질과 서비스를 최대화하여 고객만족을 최대화함과 동시에, 이윤을 극대화할 수 있도록 고안된 하나의 통합 프로그램이라고 말할 수 있다.

이러한 관점에서 메뉴의 역할은 관리와 마케팅의 관점, 즉 관리자와 고객의 입장에서 관리와 통제자의 역할을 하고, 이 두 역할이 통합되는 하나의 시스템을 관리하고 통제하는 역할을 한다.

2. 메뉴계획

1) 메뉴계획의 의의

메뉴계획은 식음료부문의 관리자가 관리하여야 할 가장 중요한 관리대상 중의 하나이다. 고객의 필요와 욕구 그리고 조직의 목표를 평가한 후에 행해야 하는 다음단계가 바로 메뉴의 계획이다.

메뉴계획이란 레스토랑의 종류와 형태, 대상고객, 고객에게 제공될 품목, 식자재의 조달조건, 품목의 수와 다양성, 조리방식, 매출량, 서비스방식 등을 고려하여 고객이 원하는 품목, 조직의 목표를 달성할 수 있는 이상적인 품목과 수, 그리고 다양성을 결정하는 것이다.

품목의 선정은 합리적인 메뉴계획과정을 거쳐 팀워크에 의해 실행되어야 하며, 창조적인 것이어야 한다. 이러한 과정을 통해서만이 차별화될 수 있는 품목이 선정될 수 있고, 차별화된 품목만이 가격경쟁에서 우위에 설 수 있는 것이다.

아울러 메뉴계획은 구매→저장→생산→판매→평가와 분석→결과→Feedback의 전과정에서 발생하는 사무실과 현장의 업무를 유기적인 체계로 구축할 수 있는 메뉴계획 전문팀이 있을 때만 가능하다는 점을 반드시 인식해야 하겠다.

2) 메뉴계획시 고려되어야 하는 변수

(1) 고객의 욕구 파악

시장의 흐름과 목표고객의 경향을 파악하는 것은 주력 메뉴의 종류를 결정하는 가장 중요한 요소이다.

(2) 원가와 수익성의 함수관계

메뉴의 원가는 식자재비 외에 인건비와 기타 여러 비용 등을 포함한다. 원가가 높으면 수익성도 떨어진다는 상식에서 벗어나, 원가가 높더라도 수익의 폭이 크다면 영업은 성공적이라는 생각으로 계획에 임해야 한다.

(3) 식자재 공급시장

보다 경제적으로 원하는 품목을 원하는 시기에 원하는 양만큼 구매 또는 공급받을 수 있는 원자재의 공급시장과 시장위치를 고려한다.

(4) 시설과 장비의 한계 파악

품질의 경쟁력을 갖추고, 가장 신속하고 경제적으로 생산할 수 있는 시설과 장비를 갖추고 있는지를 파악하여 적절한 계획이 이루어지도록 한다.

(5) 다양한 계획

메뉴는 다양성을 지닐 수 있도록 계획해야 한다. 주력품목에 조리법이나 식자재를 조금만 변화시켜도 다양성을 가능하게 하므로, 고객의 다양한 욕구를 충족시키기 위해서는 다양한 품목을 개발할 수 있도록 한다.

(6) 영양적 요소

고객의 욕구는 점점 더 높은 수준으로 올라가고 있다. 음식의 균형과 다이어트(diet), 신선도와 영양, 그리고 양에 관한 고려가 있어야 한다.

〈그림 6-1〉 음식에 대한 습관과 수용 및 선호에 영향을 미치는 요인

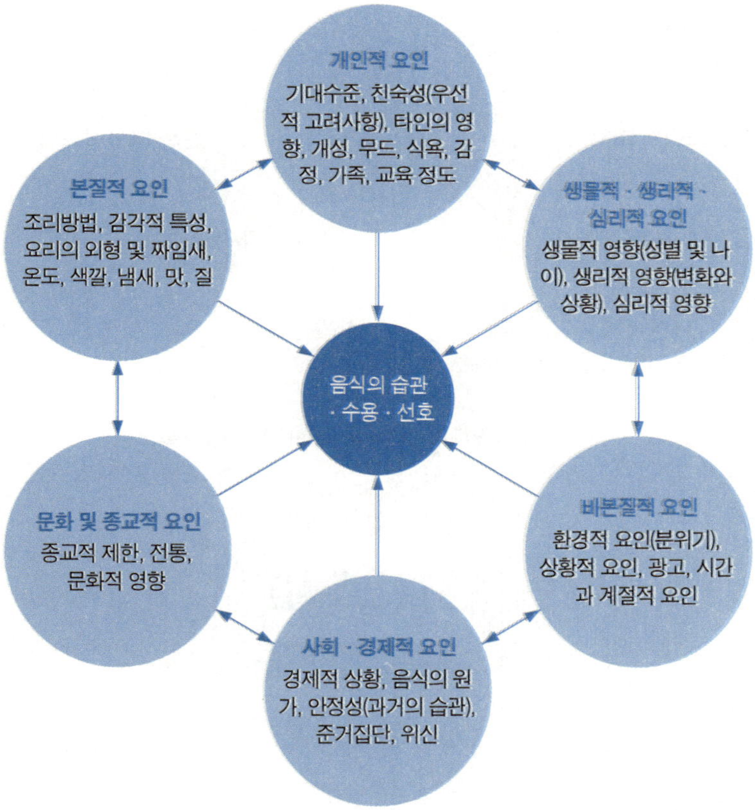

자료: Khan, 1993: 91.

(7) 직원의 업무숙련도

조리사라고 하여 모든 품목을 다 잘 생산해낼 수는 없는 것이다. 조리사의 수와 그들의 수준을 잘 파악하여 메뉴계획을 실행하여야 한다.

(8) 고객의 음식에 대한 습관과 선호

특정음식에 대한 습관과 선호에 영향을 미치는 무수히 많은 요소들은 독립적으로 영향을 미치지 않고 여러 가지의 요인들이 복합되어 영향을 미친다고 한다.

3) 메뉴계획모형

메뉴계획단계에서 고려되어야 하는 변수들은 수없이 많지만 대체로 관리적인 관점과 고객의 관점으로 대별된다.

〈그림 6-2〉 칸(Khan)의 메뉴계획모형

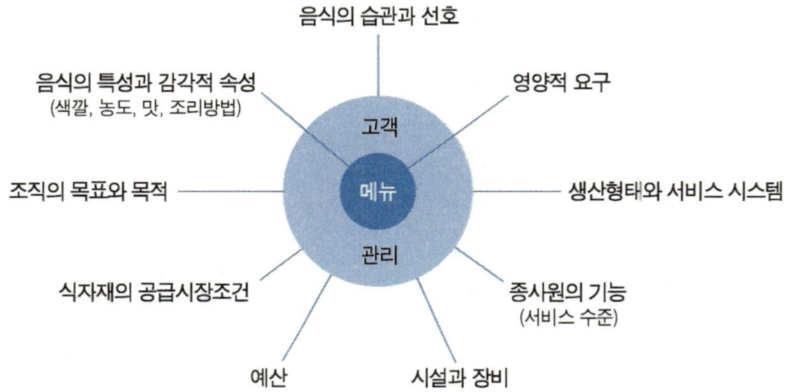

자료: Khan, 1991: 41; Idem, 1993: 89.

〈그림 6-3〉 나인마이어(Ninemeier)의 메뉴계획모형

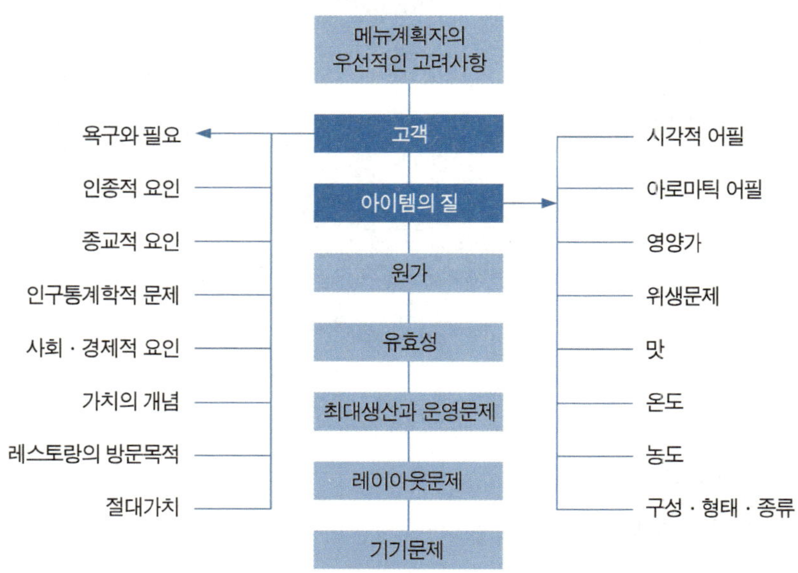

자료: Ninemeier, 1984: 115; Idem, 1986: 91; Rey & Wieland, 1985: 44.

이 두 가지의 관점을 중심으로 발표된 메뉴계획에 관한 모형 중에서 가장 적합한 모형이라고 평가된 칸(Khan)과 나인마이어(Ninemeier) 및 크렉(Kreck)의 세 모형을 소개하면 〈그림 6-2〉, 〈그림 6-3〉, 〈그림 6-4〉와 같다.

〈그림 6-4〉 크렉(Kreck)의 메뉴계획모형

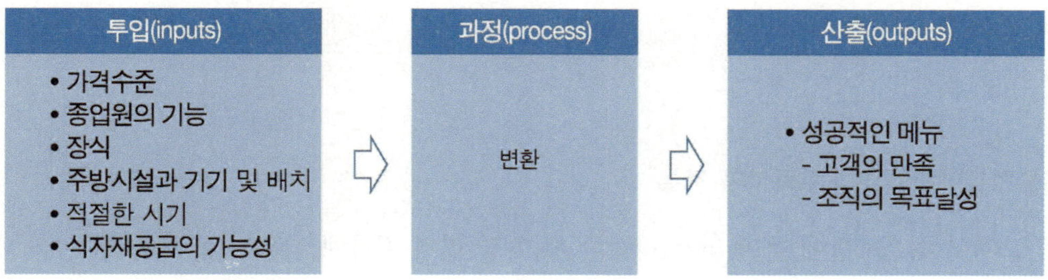

자료: Kreck, 1984: 30.

현재의 시설에서 메뉴상에 있는 품목을 경제적으로 생산할 수 있는가를 평가하는 시설 시스템(physical plant system), 메뉴상의 품목을 경제적이고 효율적으로 구매할 수 있는가를 구체적으로 평가하는 구매 시스템(purchasing system), 레스토랑의 마케팅계획을 평가하는 마케팅 시스템(marketing system), 가장 경제적이고 효율적으로 생산할 수 있는 직원과 주방을 종합적으로 평가하는 생산 시스템(production system), 생산된 품목이 경제적이고 효율적으로 제공될 수 있는가를 평가하는 서비스 시스템(service system) 등의 하부 시스템들이 유기적인 체계를 구축한 후에야 비로소 성공적인 메뉴를 계획할 수 있는 것이다.

6.2 메뉴 디자인

1. 메뉴 디자인의 개요

메뉴 디자인(menu design)이란 메뉴계획에서 선정된 품목을 메뉴판에 옮기는 과정이라고 할 수 있다.

제공되는 품목을 가장 경제적이고 효과적으로 고객에게 알리기 위해서는 메뉴가 단순한 리스트의 역할이 아닌 마케팅도구로, 또는 광고의 도구로 정의하여 디자인되어야 한다.

메뉴의 계획과 디자인은 동일시되어야 하고, 똑같은 중요도를 부여하여야 한다. 성공적인 메뉴의 디자인은 메뉴를 계획하는 관계자와 긴밀한 관계를 가지고 충분한 대화를 통하여 디자인된 메뉴라고 말할 수 있다.

1960년대의 메뉴가 미적인 면이 중요시되었다면, 1990년대에는 미보다는 기능적인 면이 더 중요시되는 경향이 있다는 사실을 메뉴관리자들은 알아야 하겠다.

2. 메뉴 디자인의 방법

1) 커뮤니케이션 도구로서의 메뉴

고객이 레스토랑에 들어 와서 착석한 후 가장 먼저 접하게 되는 것이 메뉴이다. 이 메뉴상에서 본인이 원하는 품목을 선택하는 과정에서 고객과 메뉴는 대화거리를 찾아 대화한다. 원하는 대화거리(품목)를 찾기가 어렵고(품목의 배열과 배치), 대화의 내용이 복잡하고 이해하기 어렵다면(메뉴의 설명) 고객은 대화를 포기(품목선택 포기)하고 가장 싼 가격의 품목을 선택할 것이며, 만족도를 떨어뜨리는 결과를 초래할 것이다.

메뉴를 만드는 과정을 보면 다음과 같다.

① 고객에게 제공할 품목의 그룹을 결정하고, 품목의 수, 품목의 이름, 품목의 설명, 그리고 가격결정을 한다.

② 메뉴의 외형, 메뉴의 크기, 사용할 활자의 크기와 스타일, 색, 품목의 배치와 순위, 가격의 표시위치 등을 결정한다.

이렇게 만들어진 메뉴를 고객이 접하면 메뉴의 외형에 반응을 보이고, 메뉴계획자와 디자이너가 의도한 메시지를 이해한다. 고객은 메뉴에 나타나는 여러 가지 양상을 수용 또는 거부한다. 결국 레스토랑에서 많이 팔기를 원하는 품목을 선택 또는 거부함으로써 고객과의 대화는 끝나는 것이다.

2) 메뉴의 구성과 포맷

메뉴판을 만드는 데 있어서 사진·도형·문자 등을 일정한 공간에 배열·배치하는 것을 구성이라 한다. 고객의 심리적 접촉효과를 고려하여 전략품목이 고객의 시선을 끌 수 있도록 만드는 것이 잘 된 구성이 되는 것이다.

메뉴판의 기본 디자인은 메뉴의 포맷에 의해 결정된다. 메뉴의 크기·형태·페이지수 등 다양한 요소들을 고려하여 만드는데, 너무 크거나 작아서는 안되고, 페이지수가 너무 많아서는 안된다는 공통적인 원칙을 준수하는 것이 좋다.

(1) 메뉴의 크기와 모양

레스토랑의 형태와 규모, 메뉴의 타입, 품목의 수, 목표고객 등에 따라 메뉴의 모양은 다양하게 나타난다.

한 연구에서 페이지수에 따라 고객이 메뉴를 읽는 시간을 조사하였는데, 메인(main)의 경우 1페이지일 때 메뉴를 검토하는 시간이 전체시간의 36%, 2페이지일 때에는 41%, 3페이지일 때는 33%를 소요하는 것으로 나타나 페이지수가 많을수록 고객은 메뉴를 건성으로 검토한다는 사실이 검증되었다.

〈그림 6-5〉 여러 가지 메뉴의 포맷

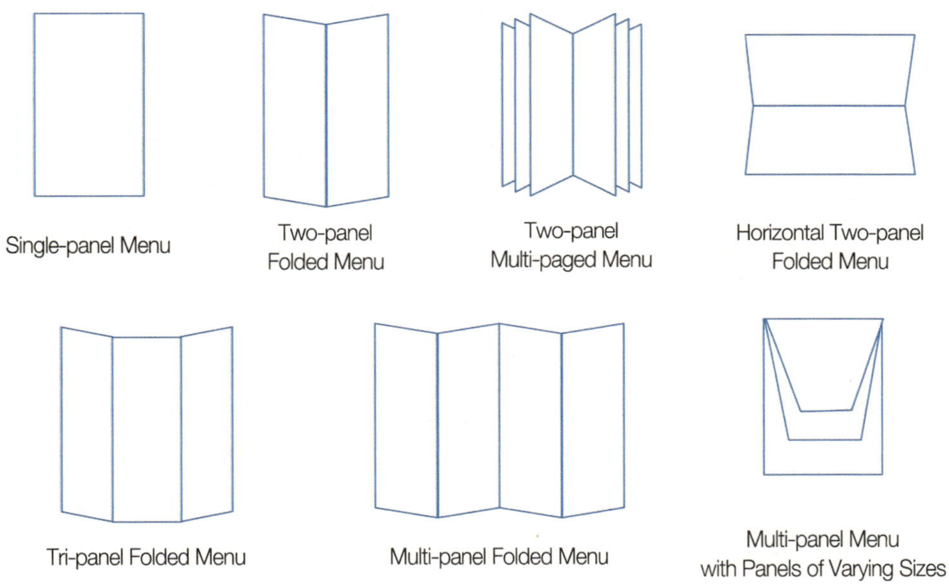

메뉴의 크기를 정하는 데 일정한 규칙은 없으나, 메뉴의 크기와 식탁의 크기, 그리고 레스토랑의 수준과 상당한 관계가 있어야 하므로 이에 유념한다.

페이지수에 대한 논란 속에서도 페이지수가 많으면 많을수록 고객의 선택이 어려워지고 소요하는 시간도 많아진다는 사실, 품목의 다양성은 특별 메뉴(set menu, clip-on 또는 tip-on)의 기교를 이용할 수 있다는 점을 감안할 때 겉표지를 제외하고 3페이지 이내로 제한하는 것이 바람직하다고 하겠다.

특히 커피숍(coffee shop)이나 카페(cafe) 등에서 사용하는 메뉴는 실용성과 내구성 및 유연성이 강조되므로 많은 페이지수보다는 간단한 주메뉴를 중심으로 특별 메뉴형태를 취하는 것이 기술이다.

(2) 품목의 기본배열

가) 품목의 배열순서

일반적으로 메뉴상에 배열되는 품목은 음식이 제공되는 순서를 따른다. 즉 Appetizer →Soup→Fish→Meat→Salad→Dessert 등과 같이 품목이 제공되는 일반적인 순서를 따라 주어진 공간에 전체적인 조화를 이룰 수 있도록 배열한다.

〈그림 6-6〉 Menu Item Layout의 보기

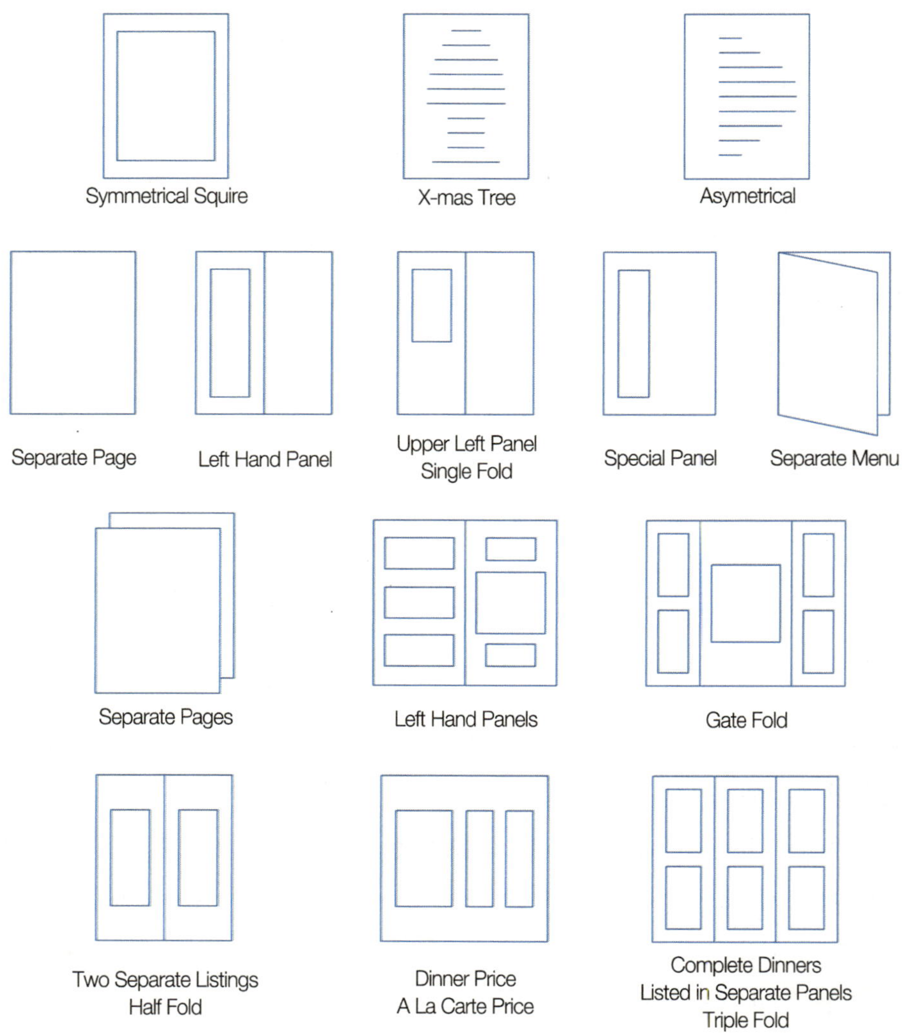

나) 품목의 기본배열

가장 기본적이고 보편적인 Item Layout은 대칭적인 정방형과 X-mas 트리형 및 비대칭형 등이다. 어떤 형의 배열이 이상적이라고 할 수는 없으며, 품목의 수와 레스토랑의 기본적인 형식 등에 따라 적절한 배열방식을 선택하면 된다. 대부분의 호텔이 가로와 세로를 정렬하는 대칭형을 선호하고 있으며, 가격을 오른쪽에 일렬로 정렬하여 표시하는 가장 일반적인 형태를 취하고 있다.

그런가 하면 Chaine des Rotisseurs(프랑스에 본부를 둔 세계적인 미식가모임) 행사시의 메뉴들을 보면 가상천외한 아이디어로 희한하고 멋있는 디자인과 배열을 하고 있음을 알 수 있다.

〈그림 6-7〉 시각 중심점과 시건의 이동방향

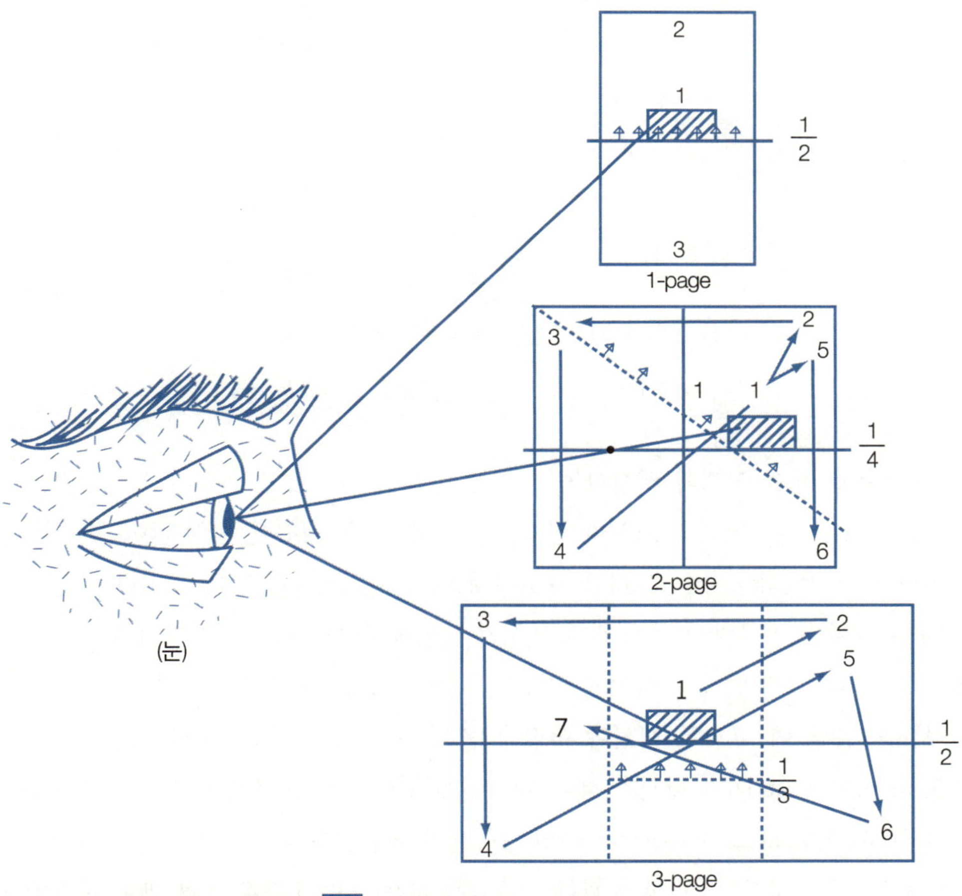

• 는 Doefler의 시각중심점, 은 다른 식자의 시각 중심점

자료: Miller, 1992: 27; Idem, 1980: 1~2; Restaurant Business, 1991: 96.

〈그림 6-8〉 시각중심점과 시선의 이동방향

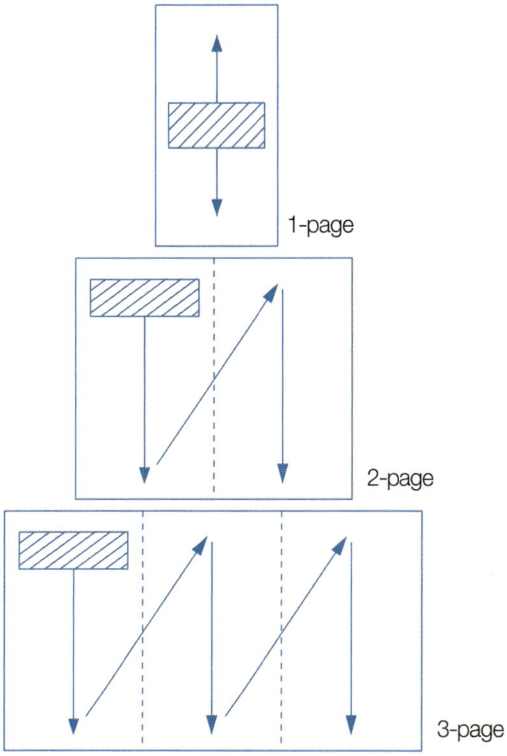

• [빗금 상자] 는 시각 중심점, ─► 은 시선의 이동방향

자료: The Gallup Monthy Report on Eating Out, 1987: 1.

다) 메뉴를 보는 고객의 시선이동

모든 메뉴판에는 고객의 시선이 집중되는 곳이 있다. 시선이 제일 많이 집중되는 곳은 메뉴의 포맷, 페이지수, 그리고 패널수에 따라 다르게 나타난다고 한다.

1980년대부터 인구의 이동에 관한 연구가 활발해지면서 이 메뉴디자인에도 응용되어 레스토랑에서 고객의 메뉴 아이템에 대한 대응전략으로 이용되고 있다.

메뉴를 살필 때 고객의 시선이 어떻게 움직이는가를 연구한 '눈의 이동에 관한 연구'(gaze motion study)의 결과가 메뉴 디자인에 있어서의 한 전략으로 쓰이고 있다.

매사추세츠(Waltham Massachusetts)의 응용과학 실험실에서 행한 실험연구의 결과에서 그는 이와 같이 시선이동방향에 관한 연구들을 통해 보면 고객은 전체 메뉴를 파악하기 위하여 오른쪽 상단→왼쪽 상단으로 움직이며, 원하는 메뉴 아이템을 찾기까지 약 7번 정도 중앙부분을 가로질러 시선을 움직이고 있는 것으로 보고되고 있다. 그러므로 메뉴

북의 중앙부분은 레스토랑의 판매전략과 메뉴계획에 있어서 중요한 위치라는 것을 알 수 있다.

메뉴 디자이너이자 메뉴 컨설턴트인 도어플러(William Doerfler)는 메뉴의 페이지수(또는 패널수)에 따라 시각중심점과 시선이동방향을 다르게 표시했다.

6.3 메뉴가격결정

1. 메뉴가격결정의 개요

원가의 분석 없이 메뉴의 가격을 결정할 수는 없다. 그러므로 가격결정자는 원가를 충분히 분석하여 가격을 결정하여야 한다.

1) 원가의 구조

① **총고정비:** 생산 · 판매되는 양에 관계없이 일정하게 발생하는 비용
② **평균고정비:** 제품 한 단위에 할당된 고정비용으로 총고정비용을 총제품단위수로 나눈 것.
③ **변동비:** 생산에 직결되는 직접노무비와 자재비
④ **평균변동비:** 생산된 제품단위당 변동비로서 총변동비를 총제품수로 나눈 것.
⑤ **총비용:** 총고정비와 변동비의 합계
⑥ **한계비용:** 추가적으로 한 단위를 생산 · 판매함으로써 발생하는 총비용의 증가분

2) 원가의 분류

(1) 원가대상에 대한 추적의 난이에 따른 분류

① **직접원가**(directcosts): 주어진 원가대상에 대하여 경제적으로 실행가능한 방법으로 특별히 식별되거나 추적이 가능한 원가
② **간접원가**(indirect costs): 주어진 원가대상에 대하여 경제적으로 실행가능한 방법으로 특별히 식별될 수 없거나 추적이 용이하지 않은 원가

(2) 원가요인의 변화에 관련된 형태에 따른 분류

① **변동원가**(variable costs): 원가요인에 직접적으로 비례하여 총액이 변하는 원가
② **고정원가**(fixed costs): 원가요인이 변한다 할지라도 총액이 변하지 않는 원가

(3) 평균하는 여부에 따른 분류

① **총원가:** 변동원가와 고정원가의 합

② **단위원가:** 총원가를 어떤 기준으로 나눈 값

(4) 관리기능에 따른 분류

① **제조원가:** 제품을 생산하는 과정에서 소요되는 모든 요소의 원가, 직접재료원가, 직접노무원가, 제조간접원가로 나눈다.

② **비제조원가:** 제조활동과 직접적인 관련 없이 단지 판매활동 및 일반관리활동과 관련하여 발생하는 원가로 판매비·일반관리비로 구성된다.

(5) 계산된 시점에 따른 분류

① **취득원가:** 재화나 용역을 취득한 당시의 교환가격으로 특정 이벤트(event)가 발생한 시점에서 결정된 원가

② **예산 또는 예측원가:** 특정 이벤트가 발생하기 전에 분석과 예측을 통하여 결정되는 원가

(6) 비용인가 또는 자산인가의 구분에 따른 분류

① **재고가능원가:** 재무제표에 자산으로 보고되는 제품의 모든 원가로 재고상품이 판매될 때에만 비용이 된다. 재고가능원가를 미소멸원가(unexpired costs)라 하기도 하는데, 자산으로 계상되는 미소멸원가의 용역잠재력(현금창출능력)이 소멸되어 미래에 더 이상 경제적 이익을 취득할 수 없다고 예상되는 원가는 소멸원가(expired costs)라 한다. 이러한 소멸원가는 그것이 수익창출에 기여했는가의 여부에 따라 다시 비용(expenses)과 손실(losses)로 나누어진다. 여기서 비용은 수익을 창출하는 데 기여한 소멸원가를 의미하며, 손실은 수익을 창출하는 데 아무런 기여도 하지 못하고 소멸된 원가를 의미한다.

② **기간비용:** 즉시 비용으로 처리되는 원가이고, 이러한 원가는 항상 그것들이 발생한 기간에 비용으로 처리된다.

3) 가격결정에 영향을 미치는 요소

① **수요의 탄력:** 메뉴의 품목, 가격, 질, 기타 환경의 변화는 수요를 증가 또는 감소시킨다. 특히 가격의 인상은 수요에 아주 민감한 반응을 보인다.

② **고객이 인지한 가치:** 고객이 레스토랑을 이용하고 지불하면서 느끼는 식사요금과 모든 서비스를 포함한 가치를 말한다. 그러므로 음식의 가격은 음식 자체만을 고

려하여 결정해서는 안된다.

③ **경쟁:** 가격결정에 가장 큰 영향을 미치는 변수이다. 상품의 차별화만이 가격경쟁에서 우위에 설 수 있는 유일한 방법이므로 메뉴계획단계에서부터 차별화가 이루어져야 한다.

④ **정부의 규제:** 가격자율화 이후에도 물가안정과 과소비 억제정책의 일환으로 정부로부터 상당한 규제를 받고 있다.

⑤ **위치:** 레스토랑이 위치한 장소에 따라 가격은 큰 영향을 받는다.

⑥ **Service Type:** 제공하는 서비스방식뿐만 아니라, 고객에게 제공하는 유형·무형의 서비스 종류와 질도 가격결정에 영향을 미친다.

⑦ **상품의 맛과 질:** 음식의 질은 식자재의 신선도와 질, 조리방식, 직원의 수준 등에 따라 영향을 미친다.

⑧ **매출액:** 레스토랑의 규모와 예상매출액도 가격에 영향을 미친다.

⑨ **제비용:** 유형·무형의 상품을 생산하는 데 소요되는 모든 비용

⑩ **식료원가:** 가격결정에 가장 큰 영향을 미친다.

⑪ **생산방식:** 중앙집중식 주방 시스템이냐 또는 단일주방 시스템이냐, 사용하는 식자재가 완제품이냐 또는 반제품이냐 하는 등의 요소

⑫ **가격정책:** 사전에 결정한 가격정책(고가, 중가, 저가)

⑬ **원하는 수익률:** 영업을 통하여 얼마만큼의 수익을 기대하는가의 정도

⑭ **가격수준과 가격폭:** 사전에 설정된 가격수준과 가격의 폭(상한가와 하한가)

⑮ **식자재의 공급시장:** 식자재 공급시장의 위치와 조건

2. 메뉴가격 결정방법

상품의 판매가를 결정하는 방법은 무수히 많다. 그러나 모든 상황에 적합한 가격결정의 방법은 존재하지 않는다.

주어진 상품의 가격이 일정률의 수익과 고객의 만족이라는 두 가지의 조건을 만족시키기 위해서는 모든 가격결정의 방법과 변수들을 고려하여 결정하여야 한다. 그리고 그 가격이 수익을 가져 오고 고객을 만족시키고 있는지에 대해 계속적으로 평가하고 분석하여 원하는 목표를 달성할 수 있도록 하여야 한다.

1) 가격결정방법의 분류

메뉴가격의 결정은 과학이 아니고 전략이며, 계산하는 것이 아니라 결정하는 것이다.

가격결정의 궁극적인 목표는 이익의 극대화와 꾸준한 영업활동에 있다.

기업의 입장에서 가격은 이익의 원천으로서 총수익에 영향을 주며, 목표이익을 달성하기 위한 기본요건이 되는 동시에 판매량에 영향을 준다.

〈표 6-1〉 가격결정방법의 분류

수요중심가격	경쟁중심가격	원가중심가격	복합적 가격
• 인지된 가치방법 • 명성가격 설정법 • 단수가격 설정법	• 가격선도제 • 관습적 가격결정 • 시장점유율 확보 가격 설정법	• 원가가산가격 설정법 • 투자수익률기준 가격 설정법 • 경험곡선에 의한 가격 설정법	• 한계분석에 의한 가격 설정 • 다단계방식에 의한 가격설정 • 경쟁입찰에 의한 가격 설정

자료: 이우현 · 정구영, 1991: 438.

2) 실제원가를 이용한 가격결정방법

많은 가격결정방법 중에서 구조적인 방법의 하나인 실제원가를 이용하는 방법을 알아 보도록 한다. 이 방법은 생산 및 운영에 소요되는 여러 비용과 원하는 이윤까지를 포함하여 가격을 산출하는 방법을 말한다.

식료원가, 인건비, 이들을 제외한 변동비율과 고정비율 및 이윤율을 바탕으로 다음과 같은 공식에 의해 가격이 결정된다.

• **가격(100%)** = 식료원가 + 총인건비 + {(총매출액에 대한 변동비(%) + 총매출액에 대한 고정비(%) + 총매출액에 대한 이윤(%)가격)}

① 가격계산에 요구되는 정보를 수집한다. 즉 가격에서 고정비와 변동비 및 이윤이 차지하는 비율을 계산한다.

② 특정상품에 대한 식료원가와 인건비를 금액으로 표시한다. 예를 들어 다음과 같은 정보를 이용하여 가격계산의 절차를 설명하면 다음과 같다.

• 식료원가는 3,000원
• 총인건비는 1,500원
• 변동비는 매출액의 10%
• 고정비는 매출액의 15%
• 이윤은 매출액의 12%

③ 가격은 항상 100%가 된다.

④ 식료원가와 인건비가 가격(100%)에서 차지하는 비율을 계산한다.

- 변동비(10%) + 고정비(15%) + 이윤(12%) − 100% = 식료원가와 인건비가 차지하는 비율(63%)

⑤ 주어진 공식을 이용하여 가격을 계산한다.

3,000원 + 1,500원 + {(0.10 + 0.15 + 0.12)가격} = 가격(100%)
4,500원 + 0.37가격 = 가격(1)
4,500원 = 0.63가격
가격 = 4,500원 / 0.63
가격 = 7,143원이 된다.

⑥ $+\alpha$를 고려하여 가격을 결정한다. 실제원가를 이용하여 매가를 계산하는 방식은 모든 원가와 일정률의 이윤까지를 가격계산에 포함하고 있기 때문에 비교적 구체적인 가격계산방식이라고 할 수 있다.

6.4 메뉴분석과 평가

1. 메뉴분석과 평가의 개요

메뉴에 대한 분석과 평가는 주로 단체급식분야에서 많은 진전이 있었으나, 모든 레스토랑에 공통적으로 적용되는 메뉴의 분석과 평가기법은 연구가 활발하지 못하였다.

이상적인 메뉴의 분석과 평가는 각 레스토랑에 알맞는 평가기준을 정하여 그 기준을 측정할 수 있는 방법을 발전시키면 된다. 메뉴의 분석과 평가는 메뉴가 계획되고 디자인되는 과정, 실제의 메뉴, 그리고 일정기간동안의 영업성과를 바탕으로 수익성과 선호도를 평가하고 분석하는 것이다.

분석과 평가의 결과는 Feedback과정을 거쳐 다시 메뉴계획과 디자인, 그리고 실제의 메뉴에 반영되어야 한다.

2. 메뉴평가의 절차

1) 메뉴의 계획과 디자인과정의 평가

메뉴의 계획과 디자인과정의 평가는 메뉴의 계획과 디자인과정에서 고려되어야 하는 일반적인 변수들을 나열한 다음, 그 변수들 중에서 특정한 레스토랑에 적합한 변수들만을 선정하여 주어진 변수로 하고, 메뉴계획자와 디자이너가 메뉴의 계획과 디자인과정에서 주어진 변수들을 고려하는 정도를 측정하여 이런 과정을 평가하는 것이다.

(1) 메뉴의 계획과 디자인에 이용된 변수선정의 기준

가) 메뉴계획

① 타깃고객의 기호와 욕구
② 레스토랑의 전체적인 컨셉트
③ 분석된 결과
④ 아이템수
⑤ 다양성(조리방식, 아이템의 소스, 가니쉬)
⑥ 다이어트 아이템
⑦ 설정된 질의 표준
⑧ 음식의 추세
⑨ 종업원과 주방기기의 분산
⑩ 종업원의 기능과 수
⑪ 주방의 공간과 기기
⑫ 서비스방식
⑬ 식사가 제공되는 때
⑭ 아이템 분산원칙
⑮ 가격분산 원칙
⑯ 매가
⑰ 아이템의 차별화
⑱ 경제성 추구
⑲ 수익성
⑳ 경쟁
㉑ 식자재의 공급시장

㉒ 재고현황

나) 메뉴 디자인

① 디자인의 전문성
② 레스토랑의 전체적인 컨셉트
③ 가독성과 독이성
④ 메뉴의 외형
⑤ 메뉴크기
⑥ 레이아웃
⑦ 컬러(전체적인 컨셉트, 종이, 활자잉크, 조명)
⑧ 활자체와 크기
⑨ 디자인의 독창성
⑩ 메뉴 유지와 관리상태
⑪ 아이템 설명의 용이성과 진실성
⑫ 메뉴 카피의 소구력
⑬ 아이템의 차별화
⑭ 클립온 또는 팁온 메뉴 위치
⑮ 메뉴교체의 유연성
⑯ 매가표시 위치전략
⑰ 아이템의 포지션전략(위치, 순위)
⑱ 매가에 따른 아이템 배열순위 원칙
⑲ 균형과 조화

2) 메뉴(판)의 평가

이 평가는 메뉴의 계획과 디자인과정의 평가와 동일한 평가기준으로 이루어지나, 사람이 아닌 메뉴 자체가 평가의 대상이 된다.

(1) 밀러(Jack E. Miller)의 자체 메뉴평가항목

① 메뉴상 아이템의 향미(flavor)와 농도(consistency) 및 색깔이 대조를 이루고 있는가?
② 메뉴상에 있는 모든 아이템을 만드는 데 필요한 적절한 기기(equipment)가 주방에 충분하게 있는가?
③ 아이템의 원재료 원가가 메뉴상의 모든 아이템에 공평하게 분배되어 있는가?

④ 메뉴상의 아이템 중에서 준비하는 데 시간이 많이 걸리는 아이템, 또는 높은 수준의 스킬을 요하는 아이템이 포함되어 있는가?

⑤ 메뉴상 아이템의 쿠킹방식이 반복되며 단조로운가?

⑥ 과다한 원재료의 상승을 유발하는 계절적인 아이템이 한정적이며, 메뉴상에 모든 아이템의 원재료가 국내시장에서 구입가능한 것들인가?

⑦ 매출증진을 위한 특별한 아이템 또는 Signature Item을 판매촉진에 이용하는가?

⑧ 메뉴상에 있는 아이템 중에서 서빙에 특별한 숙련도와 도구를 요구하는 아이템이 많은가?

⑨ 메뉴상에 제공되는 아이템이 고객으로부터 적정한 비율로 선택되어지고 있나를 알기 위해서 선호도분석을 행하는가?

⑩ 다양한 고객을 포용할 수 있도록 메뉴상 아이템의 매가의 범위가 충분히 고려되었는가?

⑪ 고객에게 잘 알려져 있지 않은 아이템, 또는 잘 이해하지 못하는 아이템에 대한 설명이 잘되어 있는가?

⑫ 메뉴상 아이템에 대한 설명이 진실하게 되어 있는가(질, 양, 원산지 등)?

⑬ 특별한 메뉴가 특별한 고객층, 또는 특별한 행사나 시간대에 잘 활용되고 있는가?

⑭ 레스토랑의 조명에 맞게 활자는 선택되었는가?

⑮ 고정 메뉴에서 메뉴의 다양성을 위해서 매 끼마다 한 가지씩 오늘의 요리를 선보이는가?

⑯ 메뉴의 모양이 레스토랑의 위치 · 역사 · 지역 등을 고려한 독창적인 모양인가?

⑰ 오늘의 특별요리가 메뉴에 Clip-ons 메뉴로 사용되는 경우 그 아이템은 이미 메뉴상에 있는 아이템과 반복되지는 않는가?

⑱ 겨냥하는 고객의 흥미를 끌기 위한 최근의 음식추세를 고려한 다양성을 제공하는가?

⑲ 메뉴상 아이템의 순위를 가격의 오름차순 또는 내림차순 또는 많이 팔기를 원하는 아이템순으로 하는가?

⑳ 메뉴 아이템의 매가는 고객이 지각한 가치와 일치하는가?

㉑ 아이템과 매가의 변경을 위해서 매가를 종이로 오려 붙여 표시하였는가?

㉒ 수익성이 없는 아이템이라고 인정된 아이템도 아직 메뉴상에 있는가?

㉓ 메뉴의 매가는 경쟁사의 매가와 경쟁력이 있는가?

㉔ 특정한 아이템이 수익성이 높은 아이템의 생산을 방해 또는 제한하는가?

㉕ 계절적인 식자재 또는 싼 식자재를 이용하기 위해서 메뉴를 교체하는가?

㉖ 메뉴상의 아이템을 생산하는 데 있어서 주방종사원의 업무가 공평하게 분배되는가?
㉗ 인건비를 절약하고 시설비를 제한하기 위한 방안으로 편의식품을 사용하는가?
㉘ 레스토랑의 개성을 독자적으로 표현하기 위한 메뉴의 독특한 디자인・색깔・로고(logo)를 사용하는가?
㉙ 메뉴판 자체의 소재・색상・디자인이 레스토랑의 주제(theme)와 장식(decor)에 일치하는가?
㉚ 아이템을 설명하기 위해서 사진을 사용하는 경우 실제 고객에게 제공되는 음식과 계속적으로 똑 같은가?
㉛ 메뉴 아이템 카테고리는 헤딩과 일러스트레이션 또는 사진에 의해서 구분되어 있는가?
㉜ 메뉴 아이템의 배열에 있어서 수익성이 높은 아이템은 특정한 위치에 배열하고, 또는 고객의 시선을 집중시키기 위한 특별한 처리를 하였는가?
㉝ 메뉴에 사용된 활자는 쉽게 읽을 수 있는가?
㉞ 아이템의 설명에 있어서 정확성 또는 진실성의 룰을 적용하였는가?
㉟ 메뉴상의 공간을 레스토랑의 안내를 위해서 충분히 사용하였는가?
㊱ 가지고 가는 음식을 서빙하기 위한 적절한 시설과 포장하기 위한 적절한 기기가 있는가?
㊲ 과거 3개월동안의 식자재의 원가, 인건비, 기타 비용의 변화를 알기 위한 분석이 있었고, 그 분석의 결과를 메뉴의 매가에 반영하였는가?
㊳ 메뉴의 타입이 레스토랑의 스타일과 장식에 적합하며, 아이템의 수를 고려하여 크기가 적절한가?
㊴ 메뉴가 전문적인 업체에 의해 프린팅되었으며, 견고하고 쉽게 교체가 가능하도록 되어 있는가?
㊵ Clip-ons을 사용하는 경우 메뉴판 자체의 소재와 일치하는지, 그리고 다른 아이템을 가리지 않는가?

(2) 크렉(Lother A. Kreck)의 자체 메뉴평가항목

가) Art and Design

① 메뉴의 디자인과 기교가 메뉴를 전문적으로 디자인하는 디자이너 또는 전문가가 하였는가?
② 메뉴의 디자인과 칼라, 그리고 전반적인 메뉴의 외형이 레스토랑의 데코와 스타일

및 레스토랑의 수준과 일치하는가?

③ 일러스트레이션이 매출을 증가시킬 수 있도록 되어 있고, 가독성(쉽게 읽을 수 있는 정도: readability)을 방지하지는 않는가?

④ 컬러 일러스트레이션이 식욕을 돋울 수 있도록 보이는가?

나) Layout(배열)

① 아이템의 배열이 음식이 서빙되는 순서대로 되었는가?

② 고객이 주문하기 쉽도록 헤딩을 구별하여 배열하였는가?

③ 특별한 아이템을 다른 아이템들과 구별이 가도록 활자나 박스 또는 일러스트레이션, 그래픽 등을 이용하였는가?

④ 많이 팔기를 원하는 아이템을 최상의 위치에 배열하여 고객의 시선이 집중되도록 되어 있는가?

⑤ 사용하는 팁-온 메뉴가 다른 내용을 가리지 않는가?

⑥ 메뉴상의 공간을 잘 이용하였는가?

다) 활자

① 레스토랑의 조명하에서 평균시력을 가진 고객들이 메뉴를 쉽게 읽을 수 있도록 활자의 크기는 충분한가?

② 헤딩에 사용하는 활자의 서체는 아이템이나 설명하는 서체와 구별되는가?

③ 소문자와 대문자가 혼용되어 사용되었는가?

④ 서체가 레스토랑의 스타일과 일치하는가?

라) Copy

① 쿠킹방식과 특별히 사용하는 원식자재를 이용하여 메인 아이템이 고객의 흥미를 끌어 식용을 들을 수 있도록 설명되었는가?

② 특별히 비싼 전채요리와 수프는 특별히 설명되었는가?

③ 메인으로 서빙되는 모든 샐러드는 어떻게 만들고, 식재료는 무엇이며, 그리고 곁들이는 소스가 설명되었는가?

④ 특별한 샌드위치들은 잘 설명되었는가?

⑤ 스테이크의 질, 그리고 서빙되는 무게가 실제와 같이 표시되어 있는가?

⑥ 후식은 고객의 흥미를 끌 수 있도록 설명되었는가?

⑦ 칵테일과 식후 드링크에 대한 설명이 잘 되어 있는가?

⑧ 와인은 잘 어울리는 음식을 중심으로 설명되었는가?

마) Merchandizing

① 레스토랑에 대한 인포메이션이 메뉴에 표기되어 있는가?

바) Marketing

① 수익성이 높은 아이템은 수익성이 낮은 아이템과 차별화되도록 처리되었는가?

② 지난 3개월동안 잘팔리지 않은 아이템, 조금 밖에 팔리지 않은 아이템을 관찰하였는가?

③ 식재료, 인건비, 기타 비용의 상승 또는 하락에 대한 내용을 메뉴의 매가에 반영하여 메뉴의 매가를 변경하였는가?

④ 수익의 증대와 고객의 유인을 위해서 특별한 아이템을 계획하여 실행하는가?

사) Mechanical

① 종이의 질은 적합한가?

② 메뉴의 크기는 적합한가?

③ 클립온(팁온이라고도 한다) 메뉴에 사용된 종이의 질은 적절한가?

④ 메뉴판의 유지와 관리상태는 양호한가?

아) 독창성(Creativity)

① 메뉴의 디자인과 색깔 및 메뉴의 모양이 다른 메뉴와 완전히 구별되는가?

② 메뉴의 설명이 생기가 있고 독창적인가?

(3) 나정기의 메뉴계획과 디자인의 평가항목

가) 메뉴계획

① 레스토랑의 전체적인 컨셉트와 일치하는 정도는?

② 타깃고객의 기호와 욕구를 반영한 정도는?

③ 분석된 결과가 메뉴상에 반영된 정도는?

④ 아이템수의 적합성 정도는?

⑤ 아이템의 다양성 정도는?

⑥ 조리방식의 다양성 정도는?

⑦ 소스의 다양성 정도는?

⑧ 가니쉬의 다양성 정도는?

⑨ 다이어트를 하는 고객을 위한 아이템의 유무?

⑩ 사전에 설정된 질의 표준을 유지하는 정도는?

⑪ 음식의 추세를 반영한 정도는?

⑫ 종업원과 주방기기의 분산을 고려한 정도는?

⑬ 종업원의 기능수준과 수를 고려한 정도는?

⑭ 주방의 공간과 기기를 고려한 정도는?

⑮ 서빙종사원의 수준과 수를 고려한 정도는?

⑯ 식사가 제공되는 때를 고려한 정도는?

⑰ 아이템 분산원칙을 적용한 정도는?

⑱ 가격분산원칙을 적용한 정도는?

⑲ 아이템의 차별화를 고려한 정도는?

⑳ 수익성을 고려한 정도는?

㉑ 경쟁을 고려한 정도는?

㉒ 식자재의 공급시장을 고려한 정도는?

㉓ 재고현황을 고려한 정도는?

㉔ 본 메뉴의 활용 정도는?

㉕ 판매촉진 정도는?

나) 메뉴 디자인

① 디자인의 전문성 정도는?

② 레스토랑의 전체적인 컨셉트와 일치하는 정도는?

③ 가독성의 정도는?

④ 메뉴의 외형은?

⑤ 메뉴크기의 적합성 정도는?

⑥ 레이아웃의 전문성 정도는?

⑦ 컬러의 적합성 정도는(전체적인 컨셉트, 종이, 활자, 조명)?

⑧ 서체와 그 크기의 적합성 정도는?

⑨ 디자인 독창성은?

⑩ 메뉴유지와 관리상태는?

⑪ 아이템 설명의 진실성 정도는?

⑫ 아이템 설명의 용이성 정도는?

⑬ 메뉴 카피의 소구력 정도는?

⑭ 특정 아이템의 차별화 정도는?

⑮ 클립온(또는 팁온) 메뉴위치의 적합성 정도는?

⑯ 메뉴교체의 유연성 정도는?

⑰ 매가표시 위치전략 적용성 여부는?

⑱ 아이템의 포지션전략 적용성(위치, 순위) 정도는?

⑲ 매가에 따른 아이템 배열순위 원칙적용성은?

⑳ 전체적인 균형과 조화상태는?

3. 메뉴분석

일정기간 동안의 영업성과를 바탕으로 메뉴상에 있는 품목의 수익성과 선호도를 중심으로 한 분석을 말한다.

분석기법에는 다음과 같은 것들이 있다.

① 카사바나와 스미스(Michael Kasavana & Donald Smith) 방식

② 하에스와 허프만(David K. Hayes & Lynn Huffman) 기법

③ 파베식(David V. Pavesic)의 기법

④ 베이유와 베너트(Mohamed E. Bayou & Lee B. Bennett) 기법

이들 중에서 학계와 업계로부터 많은 호응을 받은 것으로 알려진 카사바나와 스미스(Kasavana & Smith) 방식을 통하여 Menu Engineering이라는 개념을 이해해 보자.

〈그림 6-9〉 메뉴엔지니어링 매트릭스 적용

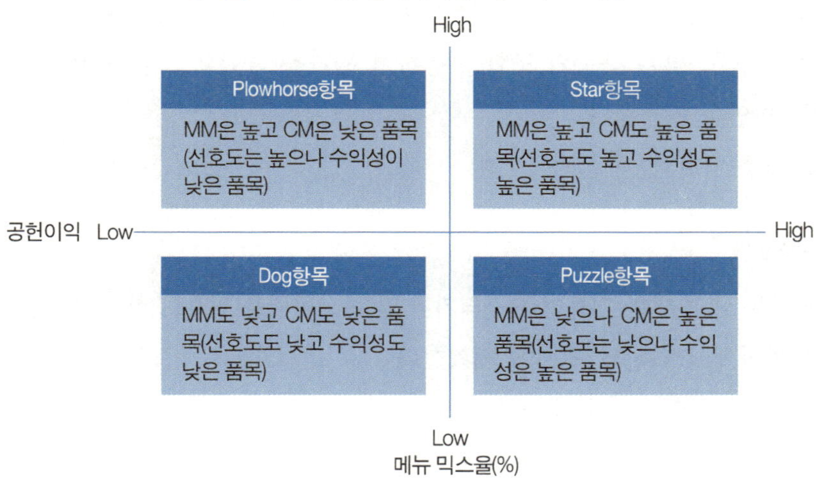

주: • MM: Menu Mix
• CM: Contribution Margin

1982년에 카사바나와 스미스에 의해 개발된 Menu Engineering이라는 체계화된 메뉴분석 프로그램이다.

가격결정과 Menu Mix(전체 판매량에서 각 품목이 팔린 수량), 공헌이익, 그리고 품목의 Position에 중점을 두고 개발한 프로그램으로, 각 품목의 공헌마진, 판매량, Menu Mix를 기준으로 수익성과 선호도를 분석하였다.

우선 Menu Engineering Worksheet에 모든 품목의 판매현황을 기록하고, 그 기록을 기초로 하여 결과를 얻은 다음, 〈그림 6-9〉와 같은 형태로 4그룹으로 나누어 각 항목에 맞는 차후전략을 계획할 수 있도록 한다.

위의 분석결과를 기초로 한 메뉴품목의 의사결정을 보면 다음과 같다.

1) Star항목

① 현재의 수준을 엄격히 지킨다.
② 잘 보이는 곳에 메뉴를 배치한다.
③ 융통성있는 가격의 인상을 시도해 볼 수도 있다.
④ 비수기에 Promotion을 실시한다.
⑤ Tent Menu 설치 및 Suggestive Selling

2) Plowhorse항목

말이 쟁기를 끄는 것과 같이 힘들게 나아가는 품목이다.

① 조심스레 가격인상을 고려한다.
② 선호도는 높은 품목이므로 상대적으로 시선이 덜 집중되는 곳에 배치한다.
③ 원가가 높고 낮은 품목의 조화를 통하여 원가를 줄임으로써 공헌이익을 높일 수 있는 방안을 강구한다.
④ Portion을 약간 줄여 본다.

3) Puzzle항목

① 생산하는 데 특별한 기능이 요구되거나 많은 노동력을 필요로 하는 품목은 삭제한다.
② 메뉴판상에서 최상의 위치에 배치한다.
③ 가격과 양을 이용하여 대중성을 높인다.
④ Suggestive Selling 및 Sales Promotion을 강화한다.
⑤ 이 항목에 속하는 품목을 최소화한다.

⑥ 새로운 품목의 인기도를 적절히 시험한다.

4) Dog항목

① 거의 모든 품목을 삭제한다.

② 가격을 인상하여 Puzzle항목에 진입시킨다.

Chapter 7

호텔 식음료 마케팅관리

7.1 호텔 식음료 마케팅의 개요

1. 호텔 식음료 마케팅의 정의

1) 서비스 마케팅과 제품 마케팅의 차이

호텔을 성공적으로 경영하기 위해서는 마케팅의 역할이 무엇보다 중요하다. 마케팅의 역할은 광범위하며 실제적으로 호텔에 근무하는 대부분의 직원들이 직·간접적으로 마케팅책임을 지고 있다.

호텔서비스에서 무형의 서비스마케팅과 유형의 제품마케팅에서 많은 경우에 서비스는 제품과 경쟁하며, 서비스 마케팅은 일상적인 제품 마케팅과는 상당히 다르다고 할 수 있다.

(1) 제품과 서비스의 일반적 차이점

가) 상품의 성격이 다르다.

한 학자는 제품과 서비스의 차이를 설명하면서 제품은 '물건·장치·사물'로 묘사하고, 서비스는 '행위·노력'이라고 한 바 있다. 제품이 관련된 서비스라 하더라도 그 제품 자체를 마케팅하는 경우와는 다르게 마케팅을 해야 한다.

나) 생산과정에 고객이 참여한다.

흔히 서비스의 생산과정에는 고객이 적극적으로 참여하게 된다. 패스트푸드(fast food)점에서 셀프서비스(self-service)하는 것처럼 자신이 서비스를 하거나, 미용실·호텔·병원 등에서처럼 서비스직원과 협조하는 것이다.

다) 사람들이 상품의 일부분이다.

고객이 서비스를 평가할 때 직원들의 업무능력뿐만 아니라 용모 및 사회적 기술도 보게 된다. 또 고객은 다른 고객들에 대해서 평가를 하게 된다. 특정 서비스를 이용하는 고객의 유형에 따라서 그 서비스경험이 결정된다.

라) 품질의 통제가 어렵다.

서비스는 생산과 소비가 동시에 일어나기 때문에 미리 품질을 통제하기가 불가능하다. 따라서 실수나 결점을 감추기가 어려운 것이다. 서비스직원과 다른 고객이 함께 있기 때문에 서비스의 질은 더욱 가변적이다. 이런 이유들로 인해 품질을 통제하거나 일관성있는 서비스를 제공하기가 어려워진다.

Holiday Inn호텔의 한 관리자는 품질 통제의 어려움을 다음과 같이 설명한 바 있다고 한다.

> "우리는 P & G 생산라인에서 일하는 엔지니어처럼 우리 (서비스)상품의 품질을 통제할 수 없다. Tide를 살 때 당신은 아마도 99.44% 정도로 이 세제가 옷을 깨끗하게 해 주리라고 믿을 것이다. 그러나 호텔의 방을 잡을 때, 어떤 문제가 없이, 벽을 소리내며 치는 사람이 없이, 호텔에서 발생할 수 있는 나쁜 일들이 없이 편하게 잠을 잘 수 있다고 당신은 확신할 수 있겠는가?"

마) 서비스는 재고가 없다.

서비스산업에서 미사용된 능력은 마개가 없는 세면대의 수돗물과 같다. 그 흐름은 서비스를 받는 고객이 없으면 사라지고 만다. 서비스 마케터의 중요한 과제는 서비스능력에 맞도록 수요를 관리하는 것이다.

바) 시간요인이 중요하다.

서비스를 받기 위해서는 고객이 함께 있어야 한다. 서비스를 받기 위해 고객이 기다릴 수 있는 시간에는 한계가 있다. 서비스작업이 고객이 안보이는 곳에서 이루어지는 경우에도 그 일이 어느 정도 시간 내에 끝내야 하는지 고객은 예상하게 된다.

사) 유통경로가 다르다.

보통 제조기업에서는 제품을 공장으로부터 고객으로 움직이기 위해 물적인 유통경로가 필요하다. 그러나 서비스기업에서는 고객과 접촉하는 순간들을 서비스기업이 직접 관리해야 하는 것이다. 또한 고객의 소비행위를 잘 관리하여 다른 고객들에게 불편을 끼치지 않고 작업이 순조롭게 진행될 수 있도록 해야 한다.

(2) 마케팅상황의 차이점

다른 관리자들이 마케팅을 좁게 정의하고 있다. 서비스부문에서는 전문적인 마케팅관리가 비교적 생소하다. 서비스산업의 많은 경영자들이 마케팅이란 단순히 광고나 공중관계라고 생각하고 있으며, 좀더 넓게 보는 경우 판매와 시장조사까지 포함하는 것이 고작이다. 신상품개발, 소매장소선정, 가격 및 제품계열정책 등이 서비스분야의 마케팅에서 고려되지 못한 것이다. 이런 상황이 변화는 하고 있으나 마케팅적 사고를 받아들여 여러 관리활동에 걸쳐서 실행하기까지는 아직도 요원한 실정이다.

가) 마케팅의 중요성에 대한 인식이 결여되어 있다.

서비스기업의 경우 마케팅이 중요하다는 인식이 결여되어 있는 것이 보통이다. 예를 들어 아주 맛있는 순두부찌개를 만들면서도 전혀 마케팅에 대한 개념이 없는 식당을 볼 때 그 음식에다가 마케팅을 가미하면 얼마나 성공적일까 하고 생각해 보게 된다.

나) 조직구조의 차이가 있다.

기업수준의 마케팅관리자가 고객접촉직원들에게 접근할 수 있는 조직구조를 개발하거나 또는 현장의 일반관리자가 마케팅능력이 있고 좋은 마케팅활동에 대해서 상을 받도록 해야 한다. 즉 고객에게 양질의 서비스와 만족을 지속적으로 제공하도록 마케팅과 생산을 통합하는 조직구조를 만들어야 한다.

다) 경쟁자의 성과에 대한 자료가 별로 없다.

제품의 경우 여러 해에 걸친 성과에 대한 자료가 많지만, 서비스업의 경우는 경쟁업체의 성과에 대한 자료를 개발하기 시작한 것이 아주 최근의 일이다. 호텔 등의 서비스기업이 매출액에 대한 정보를 공유하는 예가 있는데, 이 경우에도 어떤 호텔은 참가하기를 거부할 수 있고, 또 참가하는 경우에도 일부러 그릇된 정보를 제공할 수 있는 것이다.

라) 원가를 결정하기가 어렵다.

제조업과 비교할 때, 특정 서비스에 관련된 고정비용과 영업비용을 결정하기가 어렵다. 이와 같은 것은 한 기업에서 여러 서비스를 제공하는 경우 더욱 심하다. 서비스 한 단위를 생산하는 데 드는 평균원가를 알기 어렵기 때문에 판매가격을 결정하기 어렵다.

또한 추가단위의 서비스를 판매하는 변동비용이 보통 작다. 예를 들어 비행기의 한 좌석, 호텔의 방 한 개를 생각해 보면, 수요가 시간(하루중, 요일, 계절)에 따라 크게 변동하므로 비슷한 상품을 여러 가격으로 제공하게 된다. 기본적인 문제는 모든 가격의 가중평균치가 평균비용보다 높아야 하는데, 이는 다시 원가의 결정과 배분을 요구하는 것이다.

참고사례

최근 기업의 관심을 끄는 신경영기법의 하나가 벤치마킹(bench marking)이다. 흐르는 강물의 높낮이를 측정하기 위한 수준점으로서의 고전적 의미가 이제는 최고의 경쟁력 확보를 위해 동종업계 또는 초우량기업의 최고수준을 배운다는 의미로 널리 사용되고 있다. 벤치마킹은 경쟁적인 동종업계에만 국한되지 않고 타산업에 대해서도 가능하다.
미국의 Federal Express사는 30분내 배달 서비스로 유명한 도미노 피자에서 즉시 배달 시스템을 배웠다. 담뱃갑을 열 때 뜯는 테이프는 완두콩껍질을 벗기는데서, PC의 프린터에서 종이가 나오는 것은 코브라가 통에서 기어 나오는 형태를 벤치마킹하여 만든 것이다. 최근 모 은행의 벤치마킹 도입은 참신하고 흥미롭다.
객장분위기는 신사동 커피숍처럼, 서비스는 강남의 S갈비집 수준으로, 세일즈는 M백화점의 화장품 코너의 수준으로 끌어 올리자며 분야별로 최고경쟁력의 모델을 설정하여 목표로 삼은 것이다. 막연하고 추상적인 목표를 구체화시켜 타기업의 우수한 점을 자신의 것으로 만들어 나가는 것이다.

2) 호텔 식음료 마케팅의 정의

자유경쟁사회에서는 고객의 호평을 받는 식당이 될 수 있을까에 주력해서 고객에게 알맞는 식당을 만들어내야 한다. 따라서 고객의 요구·기대에 부응하는 요리와 서비스를 고객이 원하는 때에, 원하는 방법으로, 어울리는 장소에서 제공하는 활동이 필요한 것이다. 이러한 활동을 전개하는 것이 마케팅이라 하겠다.

마케팅개념은 〈그림 7-1〉과 같이 일방적인 방법이 아니라 고객의 유형이나 요구·태도 등을 중시하는 쌍방적 방법을 사용하는 것이 바람직하다고 하겠다.

〈그림 7-1〉 마케팅의 전개방법

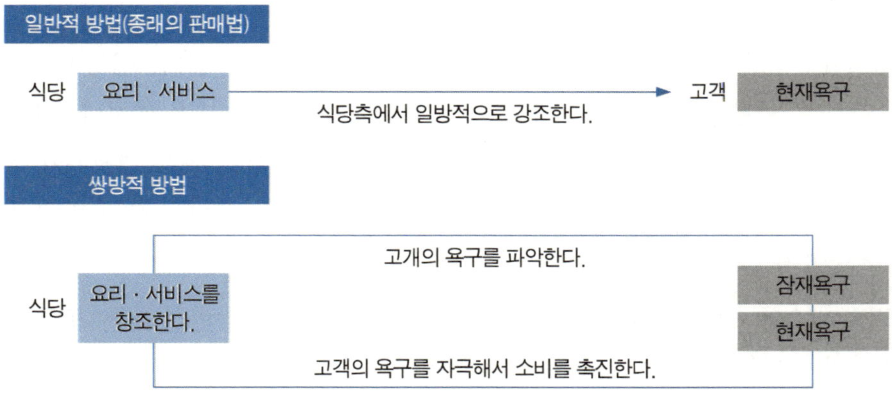

2. 호텔 식음료 마케팅의 본질

1) 판매와 마케팅의 차이점

마케팅과 판매의 차이는 의미 그 이상의 것이다. 판매는 판매하는 측이 초점이지만, 마케팅은 고객의 욕구가 초점이 되기 때문이다. 그러므로 판매는 호텔식당의 상품을 현금으로 바꾸려는 판매자의 욕구가 선행되며, 마케팅은 그 상품을 통해서 고객의 욕구를 만족시켜 주려는 생각과 그 상품을 생산·분배·소비하게 하는 일에 관련된 제반 사항을 의미한다.

(1) 판매개념

어느 한 기업이 제품을 개발하면 촉진전략과 판매전략을 통해 구매자를 찾고 설득한다. 그러므로 모든 것이 제품에서 시작해서 제품으로 끝난다. 판매개념의 진행은 생산에서 제품, 제품에서 촉진, 촉진에서 이익이다.

〈표 7-1〉 판매와 마케팅개념의 차이

구분	초점	수단	목표
판매기념(제품지향적)	제품	판매촉진	판매량을 통한 이익
마케팅개념(고객지향적)	고객의 욕구	제품과 서비스	고객만족을 통한 이익

(2) 마케팅개념

고객(또는 잠재고객)에게 초점을 두고, 그가 정확하게 무엇을 찾고 있으며, 어떠한 욕구를 충족시키려고 하는지를 알아야 한다. 고객이 무엇을 원하는가, 그리고 왜 그것을 원하는가를 연구한 후 고객욕구를 만족시킬 수 있는 독특한 제품과 서비스를 개발하여야 한다. 그러므로 이익은 판매량으로부터 발생하는 것이 아닌 지속적인 고객의 만족에서 발생하는 것이다.

2) 호텔 식음료 마케팅의 본질

① 모든 호텔식당에서의 판매 및 고객지향성
② 마케팅활동에서의 목표지향적·합리적인 방향
③ 활동목표에 대한 호텔 식당조직의 적용
④ 창조적이고도 조직적인 시장조사·개척
⑤ 다른 기업체의 시장조사원리 응용 등

그러므로 호텔 식음료 마케팅활동은 실제적이어야 하고, 정확하고 적극적으로 임해야 하는 것이다.

〈표 7-2〉 목표설정시 고려되는 잠재적 요인

잠재적 요인	내용
시장잠재성	• 기업활동을 위한 시장확대능력 여부 • 호텔기업의 시장상황 • 시장동향 • 경기변동
경제적 잠재성	• 금융수단 • 예치금 • 여신증대가능 여부
기술의 잠재성	• 운영에 대한 노하우(know-how) • 기술축적의 정도
인적자원	• 구성원의 재능 • 전문적인 자질 • 구성원 수 및 활용성
조직잠재성	• 조직구조 및 성격 • 조직의 가능성
경영잠재성	• 최신경영기법 도입 • 융통성 및 경험 • 전문적인 자질 및 미래지향성

3) 호텔 식음료 마케팅의 목표

호텔식음료 마케팅의 목표는 다음과 같이 생각할 수 있다.

① 이미지 개선

② 판매목표 달성

③ 수익목표 달성

④ 시장점유율

⑤ 상품확대

⑥ 이용률 제고

⑦ 성수기 연장

⑧ 운영수지 개선

중요한 것은 목표에 대한 우선순위라 할 것이다. 일반적으로 식음료 마케팅의 목표는 항상 세분화되어 문서로 정확히 기술되어야 한다. 호텔의 식당기본목표와 일치하는가, 식당의 능력으로 도달가능한가, 시장에서의 실현가능한 것인가, 상호 중복 및 마찰은 없는가 등을 주기적으로 관찰하여 문제가 생겼을 때에는 그 목표가 상호 조화될 때까지 수정 · 보완하여야 한다.

4) 호텔 식음료 마케팅의 내용

호텔 마케팅활동에 따른 식음료 업무내용을 분석하면 다음과 같은 범위와 분야로 규정할 수 있겠다.

① 판매계획(sales planning)
② 관광객 시장조사(tourist marketing research)
③ 판매경로전략(sales channel strategy)
④ 요금정책(price policy)
⑤ 광고관리(advertising control)
⑥ 판매촉진(sales promotion)
⑦ 판매원관리(salesman control)
⑧ 마케팅비용(marketing cost)
⑨ 패키지상품(package product)

7.2 호텔 식음료 마케팅

모든 현대기업의 마케팅접근은 시장에서 시작된다. 호텔이나 식음료시설의 개업에 앞서서의 마케팅절차는 다음과 같은 논리적인 순서를 따른다.

① 어느 시장을 정복할 것인가?
② 어떤 상품을 어떻게 만들 것인가?
③ 가격은 어느 선에서 결정할 것인가?
④ 장소를 어떻게, 어디에 채택할 것인가?

⑤ 상품을 어떻게 판매할 것인가?

1. 마케팅 조사 및 분석

1) 목 적

훌륭한 계획과 성공적인 경영을 위해서는 면밀한 조사와 분석이 이루어져야 한다. 이러한 분석을 토대로 모든 마케팅계획의 기초로 활용한다.

2) 분석요인

(1) 위치분석(Location)

① 주변지역의 인구수
② 인접지역의 인구수
③ 접근가능지역 내의 인구수
④ 주차의 편리성
⑤ 접근의 용이성
⑥ 인접 주요고속도로와의 거리
⑦ 항공·운송수단의 위치

(2) 인구통계학적 분석(Guest Demographics)

잠재고객의 연령, 성별, 결혼 여부, 자녀수, 가족평균수입 등을 조사·분석하여 그들의 선호도를 파악함으로써 서비스의 질·가격·형태 등을 결정한다.

(3) 경쟁업체분석(Competitors Analysis)

경쟁업체의 장·단점을 분석하여 예상고객을 유출해냄으로써 재정분석과 모든 조사의 바탕으로 삼는다.

① 현 위치에서의 경영기간
② 경영적인 측면
③ 고객의 만족도

(4) 재정적 분석(Financial Analysis)

모든 분석의 결과를 토대로 예상수익·비용을 예측하는 추정손익계산을 작성할 수 있다.

2. 상품화정책

1) 호텔상품의 특성

① 무형성(intangibility)

② 복합성(heterogenity)

③ 생산과 소비의 동시성(inseperability)

④ 저장의 불가능성(perishability)

상품의 구성은 관광객의 욕구를 충족시키는 것이 그 기본이므로 언제나 관광시장과의 상관관계에서 관광객들의 최대만족을 보장할 수 있도록 구성되고 관리되어야 한다.

〈그림 7-2〉 상품과 시장의 상관관계

상품개혁 → 상품다양화 → 시장 포지셔닝 → 목표시장공략

2) 상품다양화의 목적

① 수익 및 기업 전반의 안정화목적

② 효과적인 마케팅목적

③ 기업의 인적 · 물적 자원을 보다 효과적으로 활용할 목적

3) 상품정책시의 고려사항

① 환경조건

② 유행

③ 세분시장

④ 소비자의 습관

⑤ 사회적인 환경

⑥ 소비자의 행동

⑦ 정치 · 경제적 추세

3. 가격정책

1) 가격탄력정책(Price Flexibility Policy)

(1) 특정가격 유지정책

① 단일가격정책

② 균일가격정책

③ 관습가격정책

④ 재판매가격 유지정책

⑤ 기타 가격정책

(2) 차별가격정책

① 판매원의 차이와 판매경로의 유지에 따른 차별매매정책(할인가격, 현금할인, 영업할인, 조정가격, 수량할인)

② 수요의 가격탄력성에 따른 차별가격정책(고객별, 용도별, 시기적, 지리적 차별가격)

2) 가격수준정책(Price Level Policy)

① 적가정책

② 고가정책

③ 저가정책

4. 유통 및 서비스 정책(Distribution & Service Policy)

1) 유통형태선택시 고려사항

① 유통정책의 목표

② 판매지역 · 구조

③ 잠재고객

④ 현재의 재정적 · 인사적 잠재력

2) 유통판로의 선택

① 시장의 위치

② 판매비용

③ 판매지역

④ 고객구조

⑤ 결합의 구조

3) 서비스정책

상품부분으로서의 판매적 기능과 시장과의 연결을 도모해 주는 커뮤니케이션 기능이 있다.

① 고객요구에 대한 대응

② 불평의 접수와 검토 및 해결

③ 시장지향적인 경고와 시정

④ 정보의 수집과 전달

5. 촉진정책(Promotion Policy)

촉진은 고객들에게 자사의 상품을 알리고 고객들이 경쟁상품보다는 자사의 상품을 선택하게 하려는 마케팅 커뮤니케이션이라고 정의할 수 있다. 따라서 자사상품을 고객에게 알리고, 이에 대한 호의적인 태도를 가지도록 설득하며, 최종적으로 구매행동을 이끌어내는 것이 촉진의 기능이라 할 수 있다.

1) 촉진의 종류

① 광고(advertising)

② 홍보(publicity)

③ 인적 판매(personnel selling)

④ 판매촉진(sales promotion): 협의의 촉진

2) 광고(Advertising)

(1) 광고의 특징

① 광고의 유료성

② 비인적 암시성

③ 아이디어 · 상품 · 서비스 등의 대상성

④ 광고주의 명시성

(2) 광고의 구분

가) 제품광고

① 개척적 광고(도입기)

② 경쟁적 광고(성장기, 성숙기)

③ 유지적 광고(성숙기, 후퇴기)

나) 기업광고

① 애호기업광고

② 기업 PR광고

③ 공공봉사광고

(3) 광고의 장·단점

가) 장 점

① 정해지고 통제된 메시지를 전달한다.

② 적은 비용으로 많은 잠재고객을 유도한다.

③ 인적 판매가 불가능한 고객에게까지 영향을 미친다.

④ 제품제시에 도움이 된다.

⑤ 신제품을 신속히 도입시킨다.

나) 단 점

① Timing이 문제가 된다.

② 반복적이어야 하므로 경비가 많이 소요된다.

③ 광고의 메시지가 한정될 수 있다.

④ 일반고객들이 광고의 내용을 충분히 믿으려 하지 않는다.

(4) 광고의 내용

① Head-line

② Body Copy

③ Slogan

④ Illustration

(5) 광고의 매체

가) 신 문

연령·소득·도시간의 격차가 없이 파급되고 긴급히 전달된다는 장점, 비용이 많이 들고 광고의 수명이 짧다는 단점이 있다.

나) 잡 지

거의 모든 시장계층에 도달되고, 지역별 편집으로 융통성이 있으며, 인쇄술의 발달에 따른 혜택을 활용할 수 있다는 장점이 있는 반면, 광고의 마감이 60일 내지 90일이라는 점 때문에 시간적 제약을 많이 받는다는 단점이 있다.

다) 라디오·TV

(가) 장 점

① 즉시성과 기회를 제공하기 때문에 어떠한 행사와도 즉시 연결시킬 수 있다.

② 지역적인 융통성이 높기 때문에 광고주는 방송국이 있는 시장을 목표로 할 수 있다.

③ 방송 프로그램 시간을 통하여 시청자들을 선택할 수 있다.

④ 음성과 장면 및 동작을 추가하여 상품을 제시할 수 있기 때문에 어떤 매체보다도 가정에 가까이 갈 수 있다.

(나) 단 점

① 광고의 수명이 대단히 짧다.

② 광고이용시간이 방송국의 시간에 의해 제약을 받는다.

③ 라디오는 세분화되고 특수한 청중을 갖기 어렵고, TV는 비용부담이 크다.

라) 옥외광고

(가) 장 점

① 지역적인 융통성, 대형 규격, 경쟁이 심하지 않다.

② 입간판은 특별한 시장을 위한 광고수단이 될 수 있다.

③ 충동구매를 촉진시킬 수 있다.

(나) 단 점

① 짧은 카피만이 쓰일 수 있다.

② 광고비가 비싸다.

③ 대체적으로 보조광고수단으로 간주되기 때문에 다른 매체와 합동으로 사용된다.

마) 옥내광고

(가) 장 점

① 비용이 저렴한 반면, 많은 사람들에게 보일 수 있고, 광고횟수가 높은 면이 있다.

② 지역적인 시장잠재력에 맞추어 선택할 수 있으므로 지리적인 선택성이 높다.

③ Peak Season에 맞추어 광고를 실시할 수 있는 계절적 선택성이 높다.

④ 광고의 마감기일이 적합하고, 전달성이 높다.

(나) 단 점

① 고효율의 조명 시스템은 가격이 비싸다.

② 유해 자외선이나 전자파 방출의 우려가 있다.

바) 서신광고

(가) 장 점

① 특수시장이나 고객을 상대로 할 수 있다.

② 원하는 시기를 선택하기 쉽다.

③ 고객이 친밀감을 느낀다.

④ 양식이 무제한적이다.

⑤ 완벽한 정보제공이 가능하다.

⑥ 상품이나 가격 및 기타요소들을 사전에 광범위하게 테스트해 볼 수 있다.

(나) 단 점

① 주소록·우편료 등을 계산하면 비용이 높은 편이다.

② 최초에 주소록을 확보하기가 어렵다.

(6) 효과적인 광고를 위한 체크 포인트

① 이해하기 쉬운 광고인가?

② 구체적인 단서를 주는 광고인가?

③ 광고가 직원에게 긍정적인 효과를 가져다 주는가?

④ 광고가 긍정적인 구전효과를 미치는가?

⑤ 지속적인 주제를 가진 광고인가?

⑥ 제공가능한 서비스를 제시하는가?

3) PR 및 홍보

(1) PR과 홍보의 차이

PR이란 고객들의 의견과 태도를 결정하고 고객들이 관심있는 정책을 공명하여 고객의 이해와 자의를 얻기 위한 행동계획을 실시하는 관리기능을 말한다. 그런가 하면 홍보는 PR과 관련해서 어떠한 목표 그룹과 커뮤니케이션하기 위해 사용될 수 있는 주요한 판촉수단을 말한다.

(2) PR계획의 내용

① PR감사 실시

② 약점시정: 사업수행방법, 고객대우, 회사의 명성

③ PR목표 설정

④ PR계획 수립

⑤ 계획수행: DM, Brochure, 경제전문지에 기업광고, Post, 게시물 등

⑥ 계획효과분석

(3) 홍보의 형태

① 뉴스 릴리스(news release)

② 특집기사(feature article)

③ 기자회견(press conference)

④ Tape & Film

⑤ 기사물(editorials)

(4) 홍보의 특징

① 홍보사항에 대한 통제용이

② 다른 촉진수단보다 신임도가 높다.

③ 권위와 위신이 높다.

④ 접근고객층이 높다.

⑤ 광고와 비교하여 예산이 적게 든다.

4) 인적 판매(Personnel Selling)

광고로 다져진 판매시장에서 최종적인 판매종결을 가져 오는 마지막 과정이다.

인적 판매의 중요성은 다음과 같다.

① 정확하게 예상고객을 발견할 수 있다.

② 특정의 반대고객을 만족시킬 수 있다.

③ 판매종결에 유익하다.

④ 우호관계의 유지에 효과적이다.

⑤ 각종 서비스활동을 광범위하게 전개할 수 있다.

5) 판매촉진(Sales Promotion)

판매촉진은 판매지점에서 판매업자들을 보호하거나 소비자가 구매결심을 하게 하는 모든 대책을 내용으로 한다. 따라서 소비자의 구매나 판매점의 효율화를 자극하는 것과 같은 전시·실황 등 기타의 반복적인 판매노력이 여기에 포함된다.

(1) 구 분

① **대판매점 판매촉진**(dealer sales promotion): 판매점의 경영지도, 광고지원, 판매점 교육

② **대소비자 판매촉진**(consumer sales promotion): POP광고, DM, 전단, 견본제공, 각종 이벤트

③ **대사내 판매촉진**(internal sales promotion): 판매원훈련, 판매회의, 판매 매뉴얼, 판매용구

(2) 기 능

① 판매원과 중간업자간의 동기화작용을 한다.

② 현재고객과 새로운 상품과의 이용연결을 돕는다.

③ 상품이용률을 높인다.

(3) 장점과 단점

가) 장 점

① 상품에 대한 적극적인 태도 유도

② 직접 동기화가 가능하다.

③ 융통성이 있다.

나) 단 점

① 수명이 짧다.

② 단독판매촉진은 효용이 적다.

③ 과다한 판촉은 상품의 이미지를 해칠 우려가 있다.

Chapter 8

주방관리

8.1 조리부서의 조직

조리부서는 일반적으로 F & B Director의 관할하에 연회부를 비롯한 각종 레스토랑의 음식을 생산하는 부서로 레스토랑의 1차적인 관건인 음식의 질에서부터 CostControl과 위생·안전 등의 업무를 수행하는 부서이다.

항상 레스토랑 매니저들과의 긴밀한 관계를 통해 고객의 동향을 파악하고 새로운 상품을 개발하고 관리하여 날로 상승하는 고객의 다양한 욕구에 능동적으로 대처하여야 한다.

〈그림 8-1〉 조리부서의 조직

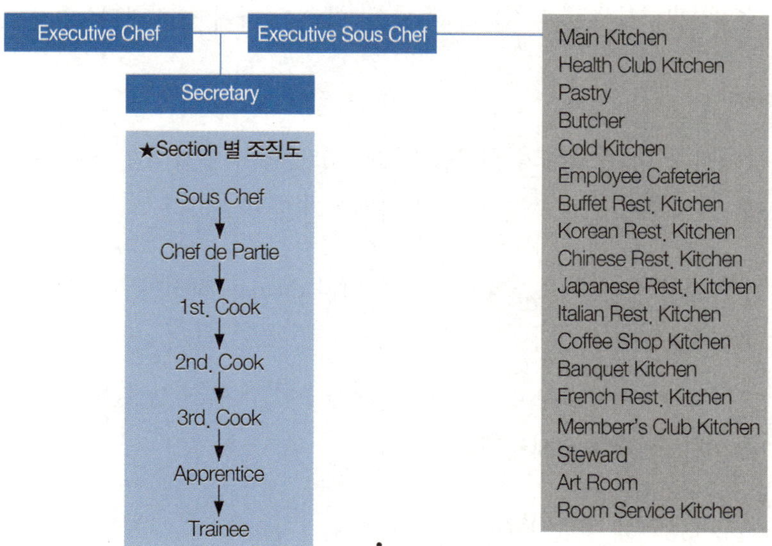

• 본 조직도는 호텔에 따라 달라질 수 있는 것임.

8.2 조직의 기능 및 직무

1. 각 주방의 역할

1) Main Kitchen

호텔 주방의 중심이 되는 곳으로 모든 업장에서 사용하는 기본 Item을 준비하고 공급하는 곳이다.

① Stock, Soup, Daily Special Vegetable을 시간에 맞추어 준비하고 분배한다.
② Meat · Fish · Poltury류의 Roasting · Poaching · Braising을 준비한다.
③ 때로는 가깝게 위치한 직원식당, Room Service Kitchen, Banquet Kitchen 등을 지원한다.

2) Cold Kitchen(Garde Manger)

호텔에서 쓰이는 모든 찬 음식과 그 재료를 준비한다.

① 찬 Sauce · Dressing을 준비한다.
② Cold Meat에 대한 조리를 지휘한다.
③ Cold Hors d'Oeuvres, Sandwich, Terrin, Gelatin, Pate 등을 준비한다.
④ 모든 주방에서 사용될 음식의 Portion을 미리 정하여 준비한다.

3) Butcher

모든 주방에서 쓰이는 육류의 취급을 한다. 이 곳에서 취급되는 식자재는 전체 Food Cost의 75%를 차지하므로 매우 엄격한 식자재관리가 필요하다.

① 모든 주방에서 사용될 육류의 Portion을 미리 Cutting, 적절한 보관과 진공포장을 하여 날짜표를 붙여 둔다.
② Butcher Requisition과 Function Order에 의해 시간에 맞추어 육류를 보급하여 준다.
③ Sausage, 말린 고기, 훈제육류를 준비한다.

4) Pastry와 Bakery Kitchen

식음료부와 연회행사에 필요한 디저트 및 Bakery Shop에서 판매하는 케익 · 제과류 · 초콜릿 및 기타 빵종류를 준비한다.

5) Banquet Kitchen

모든 연회행사의 음식을 맡아 원활한 행사가 되도록 한다. 특히 많은 주방을 비롯한 협력부서와의 긴밀한 협조가 중요하다.

① **Steward:** Chinaware와 Silverware류의 지원·수거·세척
② **Art Room:** 행사에 필요한 각종 안내문과 Decoration 및 Show Piece 등의 제작 및 설치
③ **Garde Manger:** Cold Food류의 지원을 받으며, 행사후 음식의 수거를 담당한다. 신속한 준비와 신속한 수거로 다음 행사의 준비에 지장이 없도록 한다.
④ **Main Kitchen:** Hot Food류를 지원하고 수거 등의 협조를 하는 행사에 중요한 주방이다.
⑤ **Pastry:** 각종 빵 및 디저트류의 지원을 담당하는 지원부서로, 특히 상품의 관리 및 준비시간의 관리가 중요하다.
⑥ **Oriental Restaurants' Kitchen:** 한국식·중국식·일본식의 음식을 지원하는 부서이며, 일본식을 제외한 두 개의 주방은 고객의 요구에 의해 독자적으로 운영되는 경우도 많이 있다.

6) Room Service Kitchen

Room Service에서 필요한 모든 일품요리(a la carte)와 Set Menu를 고객의 주문에 의해 준비하는 부서이다. Main Kitchen과의 긴밀한 협조가 필요하며, 호텔에 따라서는 커피숍과 병행하여 운용하기도 한다. 24시간 음식을 제공하는 부서이므로 시간 및 인원관리에 만전을 기하도록 한다.

7) Coffee Shop Kitchen

커피와 차(tea)를 비롯하여 스낵류와 각국 요리 및 Chef's Special 등을 제공하고, 점심과 저녁시간에는 뷔페를 제공하기도 하는 곳이다. Breakfast를 비롯하여 밤늦은 시간까지 가장 많은 일품요리 메뉴(a la carte menu)를 제공하고, 정기적으로나 부정기적으로 Food Promotion을 꾸준히 실시하는 주방이다.

8) French Restaurant Kitchen

French Style의 음식을 제공하는 주방으로, 주로 외국의 주방장이 근무하는가 하면, 때로는 정책상 Breakfast를 제공하기도 한다.

9) Health Club Kitchen

Health Club 회원들에게 제공되는 음식을 준비하는 곳으로 주로 건강을 위한 한식 메뉴가 제공된다. 독자적으로 운영되기는 무리가 따르므로 Main Kitchen이나 한식주방의 지원을 받기도 한다.

10) Oriental Restaurant Kitchen

동양식 음식을 취급하는 주방으로 한・중・일식이 독자적으로 운영되고 있으나, 그 업무의 상호 연관성으로 인해 한 곳에 집중해서 위치하여 중앙집중식 운영을 함으로써 공간을 줄일 뿐만 아니라 Pantry를 한 곳만 운영하여 각종 비용을 줄이고 있다. 때때로 Promotion의 일환으로 이 세 나라의 음식을 패키지(package)로 하여 한시적으로 운영하기도 하며, 일부의 호텔에서는 Fusion의 개념으로 Oriental 식당을 경영하기도 한다.

2. 조직원의 직무별 역할

1) Executive Chef(총주방장)

주방조직상 가장 상위에 속한 사람으로 모든 식당의 주방을 지휘・통솔하며, 회사의 표준에 준하여 모든 주방업무를 총괄한다. 메뉴의 작성, 식당이용객의 예상인원을 파악하여 식재료 준비, 원가관리, 직원들의 기술교육, 신입사원의 채용 등의 일을 하며, 모든 주방요원들의 작업을 지휘・감독한다.

2) Executive Sous Chef(부총주방장)

Executive Chef를 보좌하며, 부재시 업무를 대행한다. 각 주방의 인원과 식재료 점검, 조리사의 교육훈련과 계획, 기술적인 면이나 실무적인 면에서 조리부서를 지휘 ・감독한다.

3) Sous Chef(주방장)

독립주방의 행정적・기술적 책임을 담당한다. Recipe의 개발과 원가관리 등의 업무를 수행하고, 각 조리장들의 근무상황을 점검하며, 고객분석, 영업분석, 메뉴연구, 주방과 조리사의 위생상태 점검 등의 업무를 수행한다.

4) Chef de Partie

Sous Chef를 보좌하고, 자기 소속조리사들의 근무 스케줄을 작성하며, 기술적인 면에서 소속조리사들을 교육시켜 업무에 지장이 없도록 하고, 영업전 준비점검 및 마지막 점검을 한다.

5) Saucier

Saucier란 Sauce Cook으로 해산물, Sauted Dish, Stew, Hot Appetizer, Hot Entree, 그리고 Sauce를 준비하는 책임을 진다.

6) Patisserie

Patisserie란 Pastry Cook으로 뜨겁거나 찬 후식과 Pastries를 포함한 기본적인 후식을 준비하는 일을 한다.

7) Entremetier

Vegetable Cook으로 Soup · Vegetables · Pasta 등의 밀가루로 만든 음식과 계란 · 치즈로 만들어지는 음식을 취급한다.

8) Rotisseur

Roast Cook으로 오븐에 구운 요리, 튀김요리, Grill요리, 구운 감자와 Gravy를 만드는 일을 한다.

8.3 기초조리법 및 기초 소스

조리를 하는데에는 일정한 방법이 있는 것이고, 그 방법과 재료에 어울리는 소스(sauce)가 있다. 최선의 재료, 훌륭한 요리기술, 그리고 최고의 소스가 어우러져서 최고의 예술품이 탄생되는 것이다.

1. 기초조리법

동서양을 막론하고 조리를 하는 데 있어서 불의 세기, 기름이나 물의 온도와 양, 공기의 유무, 압력의 세기 등을 고려하는 것은 어디나 마찬가지이다.

조선시대 장희빈은 임금이 자기처소에 오시는 날이면 손수 수라를 지어 올렸다고 전해진다. 그런데 그 맛이 일품이었고, 부엌에는 여러 종류의 화로가 있어 요리의 종류에 따라 그 화로를 달리 사용했다 한다.

서양에 있어서도 같은 재료를 가지고 조리를 하는데, 조리법과 조리시간에 따라서 많은 요리의 종류가 나오며, 맛도 달라진다.

메뉴에는 대개 주된 재료와 요리방법, 그리고 소스이름이 적혀 있다. 판매를 맡고 있는 직원으로서 그 뜻을 이해하지 못한다면 과연 자신있는 판매를 할 수 있을까? 기본적인 것이라도 꼭 알아 두도록 하자.

1) Boiling

물이나 스톡(stock)에 재료를 넣고 끓이는 방법으로 재료에 따라 찬 물로 끓이기, 더운 물로 끓이기, 뚜껑을 덮고 끓이기, 뚜껑을 열고 끓이기 등이 있다.

① 감자나 뼈 및 마른 야채 등은 찬 물에 뚜껑을 덮고 끓인다. 이는 물을 흡수하여 표면의 딱딱함과 질김을 막고 골고루 조리하기 위함이다.

② 찬 물 또는 스톡에 뚜껑 없이 끓이는 것은 비등점 이하에서 조리하기 위함이다.

③ 끓는 물에 뚜껑 없이 빨리 끓이는 것은 파스타(pasta)나 쌀 등이 서로 붙지 않게 하기 위함이다.

④ 끓는 물에 뚜껑을 덮고 빨리 끓이는 것은 특히 야채류를 조리할 때 쓰는 방법으로 비타민 · 무기질 · 색깔 등을 유지하기 위함이다.

⑤ 더운 물이나 스톡에 뚜껑 없이 천천히 끓이는 것은 Beef, Veal, Lamb, Chicken 등을 처음에는 높은 온도에서 기공(氣孔)을 막아 끓는 것을 통제하기 위해 천천히 끓인다.

⑥ Beef나 Poultry 등은 끓는 물에 2~3분 넣었다가 건져낸 다음 다시 끓이는데, 이는 고기 표면의 불순물을 제거하고 기공을 막아 단백질의 유실을 방지하기 위함이다.

2) Blanching

재료와 물 또는 기름이 1 : 10 정도의 비율로 끓는 물에 짧게 조리하는 방법과 찬 물에 서서히 끓여 짧게 조리하는 방법이 있다.

(1) 끓는 물에 짧게 조리하는 방법

야채나 감자 등을 조리하는 방법으로 영양이나 색깔을 그대로 유지하기 위해서는 물로 하거나 기름으로 하는데, 기름으로는 감자나 생선 등을 많이 한다.

(2) 찬물에 서서히 끓여 짧게 조리하는 방법

뼈나 자른 고기 등을 조리하는 데 사용한다. 고기표면의 불순물 제거와 피 등을 빼

내어 강한 맛을 덜하게 하며, 절인 돼지고기나 햄 등의 짠맛을 기공을 열게 하여 없앤다.

3) Poaching

달걀이나 생선 등을 비등점 이하에서 물이나 스톡(stock)에 끓이는 방법

① 생선류를 알루미늄 호일로 싸서 하거나 가금류 등을 물이나 스톡에 완전히 적시지 않도록 조금만 넣어 조리한다(70~80°C).

② Dumpling, 고기류, Smoked Ham, Sausage, Egg 등을 조리하는 방법으로 물에 잠기게 하여 조리한다(70~80°C).

③ Mould나 Beaker 등에 고기, 푸딩, 감자나 야채 같은 것, Egg Royal 등을 넣어 조리하는 방법으로 Terrine · Timbale 등에 이 방법을 사용한다(65~80°C).

④ 이중탕식으로 해서 Cream Sauce, 효모 Mixture 등을 조리할 때 쓰는 방법으로 계속 저어 주면서 조리하는 방법이다(65~80°C).

⑤ Poaching의 중요한 점은 80°C를 넘지 않게 함으로써 단백질의 유실을 막고, 건조하고 딱딱함을 방지하며, 천천히 조리하여야 한다.

4) Steaming

증기를 사용하여 조리하는 방법으로 야채류를 조리할 때 많이 사용되는데, 압력을 주지 않고 하는 방법과 압력을 주면서 하는 방법이 있다. 증기압력 스팀어와 초고속건열 스팀어를 사용한다. 이 방법을 이용함으로써 물에서 조리하는 것보다 풍미나 영양적으로 좋다(200~220°C).

5) Deep Fat Frying

기름에 음식물을 튀겨내는 방법으로 생선류 · 고기류 · 가금류 · 야채류 · 감자 · 도너츠 등을 조리할 때 사용한다. 쇼트닝이나 기름은 조리하지 않을 때에는 93°C가 되도록 맞추어 놓았다가 조리할 때 온도를 높인다. 튀기기 전의 재료는 물기를 없앤 건조한 것과 방안의 온도 정도이어야 한다(냉동한 감자, 새우 등은 제외). 주의할 점은 기름의 양에 비해서 튀길 재료의 양을 한꺼번에 많이 넣지 않도록 하여 기름의 흡수를 피하며, 온도도 내려가지 않도록 하여야 한다(160~180°C).

6) Sauting

Fry Pan에 소량의 기름을 넣고 160~240°C에서 살짝 빨리 조리하는 방법으로 제일 많이 사용하는 방법 중의 하나이다. 잘게 썬 고기류나 야채·생선·감자 등은 팬(pan)을 자주 흔들고 돌리면서 조리하여야 되며, Steaks, Chops, Cutlets, Fillets, Hole Fish 등은 팬을 흔들지 않고 색깔이 날 수 있도록 조리하여야 하는데, 색깔이 나면 뒤집어서 낮은 온도로 조리한다.

7) Broiling과 Grilling

Broiling은 석쇠 위에서 직접 불에 굽는 방법이고, Grilling은 직접적으로 가열된 금속의 표면에 굽는 방법이다. 처음에는 높은 온도(220~250°C)로 시작해서 낮은 온도(150~200°C)로 조리한다.

① **Under Heat 방법:** 석쇠 위에 직접 열을 받게 하여 굽는 방법
② **Over Heat 방법:** 위에서 열이 나와 굽는 방법(salamander)
③ **Between Heat 방법:** 양쪽에서 열이 나와 굽는 방법(toaster)

8) Gratinating

요리할 음식 위에 Butter, Cheese, Cream, Egg, Sauce, Sugar, Crust 등을 올려서 Salamander나 Broiler 및 Oven 등에서 열을 가해 색깔을 내는 데 주로 사용하는 방법이다(250~300°C).

9) Baking

오븐(oven)에서 건조한 열로 굽는 방법으로 Pasta류·Bread류·Pastry류·Tart류·Pie류·Cake류 등 Bakery에서 많이 사용하는 방법이다. 감자나 햄을 조리할 때도 이 방법을 쓰기도 한다(팬에서 할 때는 140~250°C, Rack 위에서는 180~250°C).

Convection Oven(대류식 오븐)은 복사열과 뜨거운 열을 Fan으로 순환시키므로 골고루 열을 받아 빨리 조리할 수 있다.

10) Roasting

육류·가금류 등을 통째로 하거나, 큰 고기덩어리의 지방을 위쪽으로 하여 오븐에 굽는 방법(바베큐일 경우는 처음에 250~280°C, 나중에 150~250°C, 일반적으로는 200°C, 나중에 150°C로 내리고 기름을 친다)으로 Prime Rib, Sirloin, Lamb, Turkey, Chicken 등을 조리하는 데 많이 사용한다. 뚜껑을 덮지 않고 조리한다.

11) Braising

뚜껑을 덮어 오븐 속에서 적은 양의 고기즙을 넣고서 고기를 연하게 하기 위해서 낮은 온도의 열을 가하여 조리하는 방법이다.

① 고기류는 200°C의 오븐에서 뚜껑을 사용하고, 후에 180°C의 온도에서 액체를 넣고 졸이는 방법이 있다.
② 높은 온도로 빨리 갈색이 나게 하여 고기즙이나 적포도주를 발라가면서 낮은 열에 조리하는 방법도 있다.
③ 야채를 조리할 때는 야채의 1/3 정도의 스톡을 넣고 조리한다.
④ 생선을 조리할 때는 생선의 1/3 정도의 화이트 와인과 Fish Stock을 섞은 스톡을 넣고서 조리한다.

12) Glazing

설탕이나 버터 · 고기즙 등을 조려서 코팅시키는 조리방법으로, 야채류, White Meat, Poultry 등을 조리할 때 사용한다. 팬에 버터를 넣고 설탕이나 시럽을 섞은 다음 야채를 넣고 잘 섞으면 표면이 반짝반짝 빛나게 된다. 육류는 육즙을, 흰색의 고기는 백포도주와 갈색 소스를 이용하며, 야채보다는 약한 불에서 더 오래 익힌다.

13) Poeler(푸왈레)

육류와 가금류의 조리법으로 고기덩어리 아래에 향신료를 섞은 여러 가지 야채(aromatic garnish)를 깔고, 팬의 뚜껑을 덮은 다음 오븐에서 익힌다. 야채에서 수분이 생겨 육류의 건조함을 억제하고 향과 풍미를 더한다. 소스(sauce)를 계속해서 고기에 뿌려주어 육질을 연하고 담백하게 익힌 다음 고기덩어리만 꺼낸다. 야채와 소스는 백포도주나 갈색 소스를 첨가하여 걸러서 소스로 사용한다.

14) Stewing

대체로 약간 질긴 고기를 이용하여 소테(saute)한 다음, 갈색 소스와 향신료를 넣고 은근하게 끓이다가 고기가 다 익으면 야채를 넣어 익힌 후 제공하는 방법으로 Beef Stew가 대표적이다.

15) Simmering

비등점 이하에서 장시간 삶는 조리법의 일종으로 소스나 스톡(stock)을 끓일 때 사용한다. 식재료의 영양분을 용해시키는데는 가장 효과적이다.

16) Microwave Cooking

초단파 전기 오븐으로 고열로 짧은 시간에 조리할 때 사용하는 방법이다. 동시에 내외부가 같은 열로 투시되면서 조리되므로 빠르고, 절대로 금속제 그릇은 사용하지 않도록 한다.

17) Vacuum Cooking

요리를 진공포장해서 조리하는 방법이다.

① 양목표에 의하여 모든 양념과 식재료에 간을 맞추어 진공포장하여 두었다가 고객이 원하는 시간에 Poaching하거나 Microwave Oven에 넣어 요리한 후 제공

② 요리를 완성하여 진공포장해서 보관하였다가 고객이 원할 때 데워서 제공하는 방법

2. 기초 소스

훌륭한 소스(sauce)는 요리에 대한 연구와 오랜 경험을 바탕으로 만들어진 조리기술의 극치이며 예술이다. 오늘날 프랑스요리를 세계 제일로 치는 것도 이 소스의 다양함과 기술이 극치에 달했기 때문이라 한다.

소스의 어원은 소금이 기본양념으로 사용된 이후로 라틴어의 'Salsus'(salted)에서 유래하였다 한다.

고객에게 제공되는 적은 양의 앙트레(entree)를 많은 양의 소스로 대체할 수는 없다. 이는 단지 앙트레의 맛과 영양을 증진하는 보조역할을 할 뿐이기 때문이다. 너무 강렬하거나 어울리지 않는 소스는 오히려 요리를 망쳐 버린다는 것을 알아야 한다.

소스의 농도는 맛에 못지 않게 중요하다. 너무 진하면 본래의 음식의 맛을 저하시키며, 너무 묽으면 소스의 맛을 느끼지 못하게 된다.

전문식당의 소스는 즉시 만들어 제공하므로 생크림 정도의 농도로 묽은 편이다. 그러나 다수의 고객에게 동시에 제공해야 하는 요리에 사용하는 소스는 많은 양의 소스를 미리 만들어 놓아야 하므로 그보다 약간 진한 것이 사용하기에 편리하고 일반적이다.

소스는 일반적으로 튀김요리에는 거의 사용하지 않고 파스타·육류·생선류 등의 요리에 다양한 종류의 소스가 사용되고 있으며, 목적에 따른 분류기준이 용도·색·맛·주재로에 의해 분류되기도 한다.

1) 생선요리 소스

① **Maitre d'Hôtel Sauce**(메뜨로 도뗄 소스): 버터, 멸치젓(anchovy), 마늘(garlic), 다진 양파, 다진 파슬리, 레몬즙을 가미해서 만든다.

② **Newburg Sauce**(뉴버그 소스): 뉴버그는 생선집산지의 이름으로서 생선 벨루떼(velouté) 소스에 계란, 크림, 쉐리 와인을 넣어 만든다.

③ **Bonne Femme Sauce**(본 훰 소스): 생선 벨루떼 소스에 Lemon Juice, Cream, Egg Yorks, Chopped Parsley 등을 혼합하여 만든다.

④ **Bordelaise Sauce**(보드레즈 소스): 포도주의 주산지인 프랑스항구 보르도(Bordeaux)식의 소스란 뜻으로 Gravy에다 버섯, 다진 양파, 레드 와인, 소 골수(marrow)를 넣어 만든다.

⑤ **Hollandaise Sauce**(홀랜다이즈 소스): 네덜란드(홀랜드)식의 황색 소스로 Chopped Onion, Vinegar, White Wine, Egg Yorks, Pepper, Lemon 등으로 만든다.

⑥ **Tartar Sauce**(타르타르 소스): 생선요리에 가장 많이 사용되는 소스로서, 마요네즈 소스에 Lemon, Chopped Onion, Chopped Egg, Chopped Cucumber, Worcester Sauce, 향초 등을 넣어 만든다.

⑦ **Colbert Sauce**(꼴베르 소스): 꼴베르가의 한 요리사가 본인이 좋아 하는 소스에 이름을 붙여 유래가 된 것으로 Maitre d'Hôtel에 각종 향초와 Chicken Stock을 하여 만든 것이다.

⑧ **Mousseline Sauce**(무슬린 소스): 생선 및 야채에 사용하는 소스로서 홀랜다이즈 소스에다 제공하기 직전에 Whipping Cream을 섞어서 제공한다.

2) 앙뜨레 소스

① **Velouté Sauce**(벨루떼 소스): 스톡(stock)에 Roux(밀가루와 fat의 혼합체로 조리시간에 따라 색깔이 구분되며, 각종 수프와 소스를 만드는데 들어 감)와 Mirepoix(각종 야채를 큼직하게 썰어 기름에 볶은것), 향신료 등을 넣고 끓여낸 것으로 White Stock에 끓이면 White Velouté, Chicken Stock에 끓이면 Chicken Veloute가 된다.

② **Espagnol Sauce**(에스빠뇰 소스): Brown Stock에 양파・버섯・샐러리・당근을 버터로 볶아 넣고 갈색의 Roux(brown roux)를 만든 다음 토마토 퓌레(tomato purée)를 넣고 끓여 만든다.

③ **Bechamel Sauce**(베샤멜 소스): White Stock에 Milk, Salt, Pepper, Nugmeg, Onion, Cloves, Bay Leaf, Roux를 잘 혼합하여 끓인 후 가는 천으로 걸러낸다. 이 소스는 루

이 14세의 요리장 베샤멜이 창안했다고 하여 베사멜 소스라 칭한다.

3. 드레싱

1) 드레싱(Dressing)의 종류

① American Cocktail Sauce(미국식 칵테일 소스)

② Balsamico Vinegar(발사미코 식초)

③ Caesar Dressing(시저 드레싱)

④ Calypso Sauce(칼립소 소스)

⑤ Carrots Dressing(당근 드레싱)

⑥ French Dressing(후렌치 드레싱)

⑦ Green Herb Dressing(그린 허브 드레싱)

⑧ House Dressing(하우스 드레싱)

⑨ Italian Dressing(이탈리안 드레싱)

⑩ Plain Yoghurt(요구르트)

⑪ Redwine Vineger(포도식초)

⑫ Roquefort Cheese Dressing(치즈 드레싱)

⑬ Tartar Sauce(타르타르 소스)

⑭ Thousand Island Dressing(사우전드 아일랜드 드레싱)

⑮ Yoghurt Dressing(요구르트 드레싱)

⑯ Vinaigrette(비네그렛)

2) 주요 드레싱의 자료 및 조리방법

(1) Thousand Island Dressing(사우전드 아일랜드 드레싱)

가) 재 료

Salad Oil, Tomato Ketchup, Cornichon, Tabasco Sauce, Hot Sauce, Table Salt, Ground White Pepper, Parsley, Boiled Egg, Green Pepper, Red Pepper, Horseradish Cream, Onion, Caper, Chili Sauce, Milk, Worcestershire Sauce, Vineger, Egg Yolks, Sugar, Celery

나) 방 법

① 설탕, 식초(100ml), 후추, 계란노른자, 겨자 등을 믹서에서 잘 섞는다.

② 식용유와 나머지 식초를 첨가해 가면서 마요네즈를 만든다.

③ 피클, 피망, 파슬리, 삶은 계란, 양파 등을 Chopper에 간다.

④ 모든 재료를 잘 섞는다.

⑤ 우유는 농도를 보아가면서 첨가하고, 간을 보면서 소금으로 간을 한다.

⑥ 냉장보관한다.

⑦ 1주일 이내에 사용하는 것이 좋다.

(2) French Dressing(후렌치 드레싱)

가) 재 료

Salad Oil, Apple Vinegar, Table Salt, Sugar Ground White Pepper, Dijon Mustard

나) 방 법

① 식초에 소금과 후추・설탕을 넣고 거품기를 저으면서 녹인다.

② 겨자를 잘 섞는다.

③ 식용유를 조금씩 부어가면서 잘 섞는다.

(3) Italian Dressing(이탈리안 드레싱)

가) 재 료

Olive Oil, Red Wine Vinegar, Rosemary, Thyme, French Basil, Tarragon, Fresh Coriander, Garlic, Giager, Oregano, Parsley, Onion, Tomato, Cornichon, Mustard Cream, Salt, Pepper

나) 방 법

① 모든 재료를 다진다.

② 소금과 후추・겨자・식초를 잘 섞는다.

③ 올리브유를 부으면서 잘 섞는다.

④ 나머지 모든 재료를 잘 섞는다.

⑤ 이탈리안 비네그렛(vinaigrette)이라고도 한다.

(4) Oil & Vinegar(오빌 앤드 비네가)

가) 재 료

Salad Oil, Apple Vinegar, Table Salt, Ground White Pepper, Sugar

나) 방 법

① 식초에 소금과 후추・설탕을 넣고 거품기로 저으면서 설탕을 녹인다.

② 식용유를 조금씩 부어가면서 잘 섞는다.

③ 시간이 지나면 유상액이 기름과 식초로 분리되므로 제공하기 바로 전에 잘 섞어 주어야 한다.

④ 이 때 설탕의 단맛은 식초의 톡 쏘는 맛을 부드럽게 한다.

드레싱은 샐러드(salad)에 곁들여 먹는 것으로 소스(sauce), 또는 비네그렛(vinaigrette)이라고도 한다. 미국인들은 전자의 호칭을, 유럽인들은 후자의 호칭을 주로 사용한다.

드레싱은 샐러드의 맛을 조절하며 풍미와 향을 증진시키고, 체액을 알카리성으로 유지하는 효과를 내기도 한다.

모든 드레싱은 스테인레스나 플라스틱 또는 유리재질로 된 용기에 담아야 한다. 알루미늄이나 알루미늄 합성재질의 용기에 보관하면 부식이 쉽게 되므로 변질이 되거나 독성이 생길 염려가 있다.

이러한 드레싱의 중심재료는 식용유와 식초이다. 식용유는 콩·유채·면실·옥수수 등을 정제하여 만든다. 향미가 강한 기름으로 올리브·호두·해바라기·땅콩·포도씨 오일 등이 이용되고 있다. 사용하고 남은 오일은 공기와 닿게 되면 산화되어 풍미가 저하되므로 냉장고에 보관하거나 즉시 소비하는 것이 좋다. 오일에 첨가되는 향식초는 포도를 알코올발효시킨 다음 초산발효시켜 만든 포도식초와 사과식초·맥아식초·타라곤식초·Balsamico식초 등이 이용되고 있다.

기본 드레싱으로 마요네즈계열과 Oil·Vinegar계열이 있으며, 여기에 포함되지 않는 것도 있다. Oil·Vinegar 계열은 시간이 지남에 따라 기름이 식초 위로 뜨게 되어 유상액이 기름과 식초 그리고 첨가물이 따로따로 분리되는 현상이 나타나게 된다. 이 때는 서브(serve)하기 전에 잘 저어 줌으로써 다시 유상액상태로 환원시킬 수 있다.

Chapter 9

위생 안전관리

9.1 식당의 위생관리

식당은 고객들이 자신의 건강증진을 위해 찾는 곳이다. 한 식당의 불결과 병원균으로부터의 노출은 심각한 사태를 불러 오는 일이 되므로 각별히 유의하여 예방하여야 한다.

식당의 위생관리는 일반적으로 공중위생과 직원들의 개인위생으로 분류하여 다루고 있다.

1. 공중위생관리

1) 법적인 배경

식품위생법은 식품위생의 향상과 증진을 도모하여 국민의 건강한 식생활을 확보하고자 하는 법률이다. 그 목적으로 식품으로 인한 위생상 위해를 방지하고 식품영양의 질적 향상을 도모함으로써 국민보건의 증진에 이바지함에 두고 있다.

여기서 '식품으로 인한'이란 식품 · 첨가물과 같은 소위 식품으로 기인하는 것 이외에 음식이라는 행위 자체에 직 · 간접으로 영향을 끼치는 식품 또는 기타의 기구 및 용기와 포장 등에 불필요한 이물질의 혼입, 병원요인물질의 함유, 또는 병원균의 오염 등에 의하여 국민건강에 장애를 일으킬 수 있다. 그러므로 이와 같은 원인을 제거하고 안정성을 확보하기 위한 수단이나 기술은 식품위생법상의 가장 기본적인 규제대상이라 할 수 있다. '식품영양의 질적 향상의 도모'는 더 나아가 식품의 영양상 품질보장 및 품질향상을 통한 국민건강의 증진을 위하여 보다 적극적인 규제대상임을 의미한다고 하겠다.

2) 미생물학상의 기본원칙

미생물학의 원칙에 대한 지식은 근본적으로 식품위생을 이해하는 데 있다. 미생물은 음식을 부패시키고 음식을 매체로 각종 질병을 일으킬 수 있다.

음식부패균으로서는 효모·박테리아·곰팡이가 있으며, 대부분의 음식에서 발생하는 병은 박테리아에 의한 것이고, 바이러스와 선모충 그리고 원생물도 음식을 매체로 질병을 일으킬 수 있다.

그러므로 요식사업 경영자·영양사와 모든 음식취급자들은 음식부패와 질병의 원인을 파악하는 것이 중요하며, 식품의 가공처리과정, 운송, 저장관리, 식사제공과정에서 균에 오염되지 않는 방법이 무엇인가를 알아야 한다.

① 저장·조리·보관동안에 음식온도의 효과적인 조절
② 박테리아·바퀴벌레·파리·쥐·해충으로부터 음식보호
③ 화학적이고 해독한 유독성 물질로부터 음식보호
④ 개인건강과 위생을 지켜 안전하게 음식취급

3) 미생물의 종류

① **진균류**(곰팡이, 효모): 곰팡이를 이용하여 누룩과 메주를 만들기도 하지만, 독소를 만들어 인체에 해를 주는 것도 있다.
② **세균류**(구균류, 간균류): 화농균·살모넬라·장염비브리오균 등은 세균성 식중독 및 부패와 경구전염병의 원인이 되고 있다. 이들의 모양은 구균·간균·나선균의 3가지가 있고, 협막·포자·편모 등을 가지는 것이 있으며, 2분법으로 증식한다.
③ **리케차:** 세균과 병원체의 중간에 속하는 것으로 타원형과 원형 등의 모양으로 발진티푸스의 병원체가 이에 속한다. 살아 있는 세포 속에서만 2분법으로 증식을 하며, 운동성이 없다.
④ **바이러스**(비루스): 여과성 병원체로서 극히 작아서 전자현미경으로만 관찰할 수 있으며, 천연두·일본뇌염·광견병의 병원체이다.
⑤ **스피헤로다:** 매독균·회기열·와이우씨병의 병원체로서 항상 운동을 하는 나선형의 모양을 하고 있다.
⑥ **원충류:** 이질·아메바의 병원체로서 단세포 하급동물이다.

4) 식중독

(1) 세균성 물질에 의한 식중독

가) 감염형

① **살모넬라:** 주로 5~10월에 식육제품을 통하여 감염되며, 식후 12~24시간 후에 구

토 · 설사 · 복통을 일으키고 40°C의 발열을 한다. 감염원은 가축 · 가금류 · 사람 · 파리 등이다.

② **장염비브리오균:** 3~4%의 소금농도에서 잘 자라는 호기성 세균으로 식후 13 ~18시간 후에 설사 · 복통 · 구토를 하기 시작하며, 7~8월에 집중적으로 나타난다. 어패류 · 보균자대변 · 조리기구 등이 매개체이다.

③ **크로스트리듐 월치균:** 식후 8~22시간 후에 설사 · 복통 · 메스꺼움 · 권태감 · 구토 등의 증상이 나타나며, 육류 · 어패류 · 튀김두부 등 특히 동물성 단백질식품이 매개체이다.

④ **병원대장균:** 유아에 강하다. 13시간의 잠복기로 두통 · 발열 · 설사 · 복통 등을 동반하는 급성 장염을 일으킨다.

나) 독소형

① **포도상구균:** 황색균이 식중독을 유발하는 장독성 앤트로톡신을 생성한다. 잠복기가 3시간 정도이며, 메스꺼움 · 구토 · 설사 · 복통을 동반하고, 120°C에서 10분간 끓여도 독성이 파괴되지 않는다. 우유 · 크림 · 버터 · 치즈 · 떡 · 콩가루 등이 원인식품이다.

② **보툴리누스균:** 잠복기가 12~36시간이며, 시력저하 · 동공확대 · 신경마비의 증상이 나타나기 시작한다. 80°C에서 15분 정도면 파괴되고, 햄 · 소시지 · 통조림 등이 원인식품이다.

(2) 첨가물에 의한 화학적 식중독

대개 30분 정도의 잠복기를 갖는다.

가) 유해 인공감미료 중독

① 덜신: 설탕의 250배 감미. 간종양의 원인

② 사이클라메이트: 설탕의 40~50배 감미. 맥박감소, 의식불명

나) 유해 착색제 중독

① 올아민: 황색, 치사량 480mg/g, 맥박감소, 의식불명

② 로다민: 핑크색, 치사량 0.1mg/g, 전신착색, 부종

③ 파라 니트로아날라: 황색, 혼수, 맥박감소, 발암성

다) 유독성 표백제

① 론가리트: 포르말린 이산화황 작용

라) 기타

① 증량제: 산성백토

② 카오린: 흡착제

③ 양조용제: 소화불량, 구토증세

(3) 기구·용기·포장에 의한 식중독

① 금속용기로부터 아연이나 납(도금), 통조림의 납이나 주석 등의 유해금속이 용출되어 체내에 흡수되면 축적이 되어 중독현상이 나타난다.

② 도자기 및 법랑제품의 유약소성온도가 낮은 경우에 납·아연·바륨 등이 용출되어 중독을 일으킨다.

③ 플라스틱 제품의 경우는 합성재료의 유독성이 용출되어 식중독을 일으키기도 한다.

(4) 자연독에 의한 식중독

30분 내지 9시간동안 잠복한다.

가) 식물성 식중독

① **독버섯:** 먹은 후 30분~3시간 사이에 발생한다. 독버섯의 종류에 따라 유독성분에 차이가 있기 때문에 나타나는 증세도 차이가 있다. 버섯의 살이 세로로 쪼개지는 것은 독이 없으나 색이 아름답고 선명하며 악취·쓴맛·신맛이 나고 유분비즙과 점액성 및 은수저가 검게 변하면 독성이 있다. 무스카린·무스카리딘·팔린·아미니타톡신·필리오린 등의 독소가 위장형, 콜레라형, 신경계 혈액형 등의 형태로 중독현상이 나타난다.

② **독미나리:** 사이프톡신

③ **감자:** 감자의 발아나 녹색부분에 솔라닌이 많으며, 용혈성으로 중추신경 장애를 일으킨다.

나) 동물성 식중독

① **테트로도톡신:** 치사량이 2mg이고, 복어의 난소·간·내장·껍질 등에 산재하고 있으며, 30분 내지 5시간의 잠복기를 갖는다. 구토·근육마비·미각둔화·의식불명의 증세가 나타나기 시작하고, 사망률이 50~60%이다.

② **조개류 중독:** 유독 플랑크톤의 싸이시톡신이 그 원인이며, 식후 30분 내지 3시간 후에 신체마비·호흡곤란을 일으키기 시작하고, 사망률은 10% 정도이다.

다) 미생물 식중독

단체식중독의 원인이 되는 황색포도상구균과 보톨리누스균으로 보통음식에 의해서 감염되는 등, 주로 곰팡이균 등에 의해 발생한다.

(5) 기타 물질에 의한 식중독

① **독물중독:** 농약, 수은, 카드뮴, 구리, 철, 비소, 청산가리 등

② **유해 방주제중독:** 베타 나프톨 등

③ **위장 첨가물중독:** 메탄올 등

④ **조리용 기구중독:** 포름알데히드, 페놀 등

⑤ 세균, 기생충, 화학약품, 물리적 원인 등

5) 일반적인 위생

직원은 현장에서 일할 때 고객뿐만 아니라 각자 자신을 질병으로부터 보호하기 위해 위생실시사항을 실행하여야 한다.

① 모든 음식은 스푼·포크·나이프로 다루어야 한다.

② Ice-machine 통 안에 손을 넣거나 이물질을 넣지 않도록 한다.

③ 고객이 입을 대는 모든 기물의 둘레에 직원의 손이 닿지 않도록 한다.

④ 애완동물은 근처에 없어야 하며, 음식을 다룰 때는 어느 누구도 애완동물을 만져서는 안된다.

⑤ 쓰레기는 하루에 일정한 시간을 정하여 업장에서 멀리 떨어진 하치장에 버리고, 기계처리장치나 청소차가 자주 청소해야 한다.

⑥ 해충구제는 위생에 대단히 중요하다. 깨끗한 장비, 청결한 관리, 서식처 제거 등을 전문가와 상의하여 방제작업을 하거나, 방제전문업체에게 용역을 주어 정기적인 구충·구서가 이루어지도록 한다.

⑦ 고객이 항상 마시는 Ice-water와 동양식당들의 차(tea)류는 항상 깨끗한 상태에서 적절한 온도를 유지하도록 한다.

⑧ 동양식당에서 사용하는 물수건(시보리)은 항상 깨끗이 세탁되고 소독된 것을 사용한다.

⑨ 항상 영업장 주변을 깨끗이 관리하여 위생의 사각지대를 사전에 차단한다.

⑩ 여름철뿐만 아니라 사시사철 음식물이나 소스(sauce)류 등의 관리를 철저히 시행하여야 한다.

⑪ 모든 Cart를 비롯한 기계·기구·장비 등을 철저히 관리하여 청결을 유지하여야 한다.

2. 개인위생관리

공중위생이 아무리 깨끗이 잘 되어 있다 하더라도 그 곳에서 근무하는 직원 개개인의 위생이 엉망이라면 어찌되겠는가?

평소의 철저한 위생관리를 통해 최고의 시설, 최고의 음식을 판매하는 최고의 직원이 되도록 한 시라도 잊어서는 안되는 가장 기본적인 조건이라 하겠다.

① 건강한 외모와 청결은 깨끗한 신체에서 시작되므로 매일 목욕하고 구강·머리 · 피부를 깨끗하게 유지하여야 한다.

② 짧게 깎아 다듬은 손톱과 깨끗이 씻은 손은 청결하게 유지하여야 하며, 화장실 사용후, 오염된 물질을 만진 후, 담배를 피운 후, 식사한 후에는 반드시 손을 씻도록 한다. 이 경우에도 수건은 1회용을 쓰거나 건조기로 말리도록 한다.

③ 지나친 화장이나 치장은 예상치 못한 사건을 발생시킬 수 있으므로 항상 유념한다.

④ 유니폼은 항상 최상의 상태를 유지해야 하며, 머리카락이 날려 음식에 들어가지 않도록 잘 고정시킨다.

⑤ 법정전염병이나 전염성 피부염 등이 있는 사람은 원칙적으로 취업이 금지되어 있으므로 본인 스스로 항상 주의를 기울이는 자세를 가져야 한다. 일반적으로 회사 차원에서 1년에 1회 내지는 2회 정도 건강진단을 실시하므로 회사의 방침에 잘 따르면 될 것이다.

⑥ 손을 베었다든가 하는 상처를 입었을 경우에는 절대로 음식을 취급하지 않는다.

9.2 식당의 안전관리

식음료부서에서 근무하는 직원들은 언제나 안전사고에 노출되어 있다. 겉으로 보기에 레스토랑은 그저 편안하고 조용하며 사고로부터 먼 곳에 있는 것 같지만, 실은 도처에 위험이 도사리고 있다. 특히 연회장 근무자와 Bar 근무자들은 각별히 유의하여야 하며, 일반 레스토랑의 근무자들도 항상 안전사고에 대비하고, 유사시 고객과 자신의 생명과 안전은 물론, 회사의 재산을 보호할 수 있는 대비태세를 갖추어야 한다.

1. 식당의 안전관리

1) 일반적인 사항

① 자격있는 안전점검자의 점검을 받는다.

② 안전을 위협하는 모든 요인들을 수정하고 제거한다.

③ 모든 사고를 기록화한다.

④ 모든 장비・기계의 다루어지는 구조나 표면의 손질이 잘되어 있어야 한다.

⑤ 식당을 계획하거나 Renovation시에 바닥이 미끄러지지 않는 특별한 재질을 사용한다.

⑥ 출입구・복도・작업대 등에 적당한 조명을 유지한다.

⑦ 모든 필요한 안전장비를 충분히 구비한다.

2) 각종 Cart의 안전한 사용

① 사용용도에 맞는 Cart의 선택

② 무거운 물건과 위험한 물건은 하단, 가벼운 것은 상단에 적재

③ 과적은 절대 금물이며, 시야가 확보되어야 한다.

④ Cart는 뒤에서 앞을 보면서 밀어야 한다.

⑤ 이동하고자 하는 방향의 시야와 장애물 여부를 확인하며 운전한다.

⑥ 돌출물, 출입문턱, 카펫이음, Elevator 출입시 등에는 일단 정지후 서서히 통과하여야 한다.

⑦ 운행은 천천히, 경사에서는 최저속도로 운행한다.

⑧ 사람이 많은 곳에서는 속도를 줄이고 모든 방향에 주의

⑨ Cart를 앞에서 끌 때는 아킬레스건을 특히 조심한다.

⑩ 방향전환시에는 물건이 쏠리지 않도록 주의한다.

⑪ 이동 중 물건의 낙하를 조심한다.

⑫ Cart이동시 파손된 기구는 2차 안전사고의 위험이 있으므로 주의

⑬ 빈 Cart에 탑승하는 행위의 금지

⑭ 각종 문을 통과할 때 Cart로 문을 열지 않는다.

⑮ Cart의 바퀴 등의 이상유무 점검을 생활화하고, 사용하지 않는 것은 통행에 지장이 없도록 안전한 장소에 보관한다.

3) 보행시 안전사고예방

① 불필요한 행동을 하지 않으며, 전방의 시야를 충분히 확보한다.

② 좌측 통행을 생활화하고, 길의 코너에서 급회전을 하지 않는다.

③ 계단 · 통로 · 출입구 · 비상구에는 불필요한 물건을 절대로 놓지 않는다.

④ 움직이는 물체와의 접근보행시는 안전거리를 유지한다.

⑤ 뒷걸음질할 때는 후면의 장애물에 특히 유의한다.

⑥ 출입문을 열고 닫을 때는 서서히 한다.

⑦ 급한 마음과 행동은 보행안전사고의 원인이 된다.

⑧ 무거운 물건을 들고 보행할 시는 바른 자세를 취한다.

⑨ 주변의 장애물을 살펴 미끄러지거나, 걸려 넘어진다거나 하는 일이 없도록 한다.

4) 계단보행시의 안전사고 예방

① 절대로 뛰지 않는다.

② 주머니에 손을 넣고 보행하지 않는다.

③ 계단을 내려 갈 때는 난간을 잡고 보행한다.

④ 계단으로 물건을 옮길 때는 추락이나 굴러 떨어지지 않도록 한다.

⑤ 계단에 불필요한 물건을 놓지 않으며, 모래 · 물 · 기름 등이 떨어져 있지 않도록 한다.

⑥ 계단에서는 보행자간의 안전거리를 충분히 확보한다.

⑦ 뒤꿈치가 높은 구두는 계단면에 걸릴 위험이 있으므로 조심한다.

5) 주방이나 Back-side에서의 안전사고예방

① 바닥의 물기를 완전히 제거한다.

② 깨진 물건의 잔해가 있으므로 항상 깨끗하게 청소한다.

③ 조리사들이 일하는 근처에의 접근을 자제한다.

④ 항상 많은 물건이 이동하는 곳이므로 절대로 조심한다.

⑤ 칼이나 기계류, 뜨거운 음식물과 물을 조심한다. 특히 칼을 가지고 뛰거나 장난을 하지 않는다.

⑥ 언제나 정리 · 정돈을 잘하여 낙하하는 일이 없도록 한다.

⑦ 음식물 찌꺼기를 정해진 곳에 정확히 버려야 한다.

⑧ 가스(도시가스 · 부탄가스 등)의 관리가 철저히 이루어져야 한다.

6) 전기 안전사고예방

① 전기제품 사용 전에는 해당전원의 용량(110/220V)을 확인한다.

② 허용된 정격전압의 전기제품을 사용한다.

③ 전원을 넣고 뽑을 때는 항상 전원 플러그를 잡고 이용한다.

④ 전원이 산화성 물질, 날카로운 모서리, 거친 표면, 고열물질 등에 노출되지 않도록 사전에 확인한다.

⑤ 문어발식 접속을 하여 사용하지 않는다.

⑥ 사용한 전기제품은 스위치를 끄고, 전원 플러그를 뽑아 둔다.

⑦ 피복이 손상된 전선은 교체하거나 테이핑한 후 사용하고, 파손된 플러그는 교체후 사용한다.

⑧ 전기제품의 이상이 있을 때에는 임의로 보수하지 말고 전문가에게 의뢰한다.

⑨ 사용하는 모든 전기제품은 정기적으로 점검을 받는다.

⑩ 전기・기계・기구 등의 설비는 건조한 곳에 보관한다.

⑪ 전원분전반을 임의로 조작하지 않는다.

⑫ 높은 전압의 설비 근처에는 관계자 외의 출입을 금지한다.

⑬ 전기제품의 모든 스위치나 플러그는 왼손보다는 가능한 한 오른손을 이용하여 조작함으로써 누전시의 심장 쇼크를 예방한다.

⑭ 수분이 많은 곳이나 물이 새는 곳에서의 전기설비의 사용을 금지한다.

⑮ 전기제품에 물이 있거나 신체의 일부가 젖은 상태에서의 전기제품 사용을 금한다.

⑯ 물청소시 전기제품에 물기가 스며들지 않도록 조심한다.

7) 화상사고예방

① 고열을 발산하는 조리기구, Dish-washer, Coffee-machine 등의 위험도를 사전에 숙지하고 정확한 사용법을 알고 난 후 사용하도록 한다.

② 화기취급에 유의하고, 화기가 있는 주변의 정리・정돈을 철저히 한다.

③ 알코올점화시는 점화상태를 수시 확인하고, 점화된 상태에서 이동하지 않도록 한다.

④ 연소 중인 알코올 가까이는 다른 알코올통을 보관하지 않는다.

⑤ 사용이 끝난 알코올은 덮개를 반드시 덮어서 보관한다.

8) 요통사고예방

요통사고는 물건의 중량, 작업의 자세, 그리고 작업의 시간과 그 강도에 의하여 결정된다.

① 항상 근무자세를 바르게 하는 습관을 들인다.
② 아무리 가벼운 물건이라도 갑작스럽게 들어 올리지 말고 서서히 들어 올린다.
③ 55kg을 넘는 중량의 물건은 원칙적으로 두 사람 이상이 취급한다.
④ 어깨에 메고 운반할 때는 윗몸을 굽히지 말고 등을 똑바로 편다.
⑤ 무거운 물건을 들 때는 양발에 체중이 가도록 하고, 발을 넓게 벌리고 허리를 낮춘다.
⑥ 물건을 운반할 때는 몸에 밀착하여 허리보다 높은 위치로 올려서 들고, 등을 똑바로 세우고 허리를 편다.
⑦ 무거운 물건을 들어 올릴 때는 양쪽 발을 벌려서 무릎을 구부린 상태에서 몸에 바짝 붙여서 들어 올린다.
⑧ 특히 연회부 직원들은 무거운 장비를 많이 취급하므로 각별히 허리부상을 조심하여야 하며, Bar 직원들은 주류 Box의 운반시 각별히 주의한다.

9) 정리 · 정돈의 중요성

① 안전사고를 미연에 방지한다.
② 체계적인 업무처리의 습관이 붙는다.
③ 파손을 방지한다.
④ 청소관리가 용이하다.
⑤ 보안유지가 된다.
⑥ 다른 직원에게 전파의 효과가 있다.
⑦ 업무능률을 높인다.
⑧ 작업공간이 넓어지고 쾌적해진다.
⑨ 쾌적한 공간으로 피곤함을 덜 느낀다.
⑩ 시간과 에너지를 절약할 수 있다.

2. 식당의 화재예방

호텔의 식당은 항상 불이 가까이 있고, 가스가 있으며, 많은 전열기구류가 있다. 화재발생에 많이 노출되어 있다는 이야기이다. 호텔에서의 화재는 곧바로 대형 사고로 이어지는 것이므로 전직원은 항상 화재에 대한 경각심과 예방정신을 가지고 근무에 임해야 한다.

① 화재발생 위험요인 제거(사전점검)

ⓐ 근무장소 주변의 가연물 방치 여부 및 인화물질(위험물) 방치 여부

ⓑ 화기취급장소 주위에 가연물 및 인화물질 방치 금지

ⓒ 식당을 찾는 고객 및 불특정 다수인에 의한 폭발물 반입 사전확인

② 화기취급시 당사자는 자리를 비우는 일이 절대로 없도록 한다.

③ 담배꽁초는 완전히 불이 꺼졌는지 확인한 후 일반쓰레기와 분리해서 버린다.

④ 화재시의 연소확대를 방지하는 방화문의 작동을 수시로 확인한다.

⑤ 소화기구 주위 및 비상구 통로에 장애물의 적재를 금지한다.

⑥ 전기기구의 사용 전·후에 항상 점검을 생활화한다.

⑦ 최종퇴근자는 담당구역을 점검한 후 퇴근한다.

⑧ 소화기·소화전의 사용법 및 위치를 숙지하여 비상시에 대비한다.

⑨ 화재발생시의 진압요령 및 인원대피요령 등을 Manual에 포함시켜 평소의 직원교육에 활용한다.

PART 3

호텔 식음료 경영실무

Chapter 10

식음료부서 인사관리

10.1 인사관리의 기본적 개념

1. 인사관리의 정의

1) 인사관리의 정의

현재 우리 나라에 있어서 인사관리란 기업의 종업원이나 노사관계를 대상으로 행하여지는 여러 가지 경영시책을 의미하며, 노무관리 · 근로관리 · 인사노무관리 등으로 사용되고 있다. 따라서 반드시 통일된 말은 없으며, 용어 자체가 그때그때 적합한 의미로 사용되기 때문에 때로는 혼란을 가져 오기도 한다.

그러나 인사관리라 하면 사람을 채용 · 교육 · 배치 · 이동 · 승진 · 퇴직 등 일련의 인사행정체계를 의미할 수 있다. 그러므로 노동조건이나 노사관계 · 후생복지 등 전영역을 포함하는 광의의 해석과 인사행정 · 교육훈련 · 인간관계 등의 의미가 포함되기도 한다.

2) 인사관리의 본질

인사관리의 본질은 각기 그 나라에 따라서 특수한 사정이나 역사적 특이성을 지니고 발달했기 때문에 동일하다고는 할 수 없다. 그러나 인간이 인간을 관리하는 것이므로 의문이나 불만에 대해 비판을 받고 납득시켜 나갈 수 있는 것이어야 한다. 그러므로 인사관리는 종업원은 물론, 사회적 통념을 납득시킬 수 있는 여러 가지 자료에 의해 구체화된 것이다.

오늘날 인사관리의 본질이라고 할 수 있는 것은 다음과 같은 사항을 담당하는 내용들이라 할 수 있다.

① 인사관리의 방침과 정책의 확립
② 직원의 채용과 배치, 이동 및 승진
③ 교육훈련
④ 인사조직과 작업방법의 관리
⑤ 욕구불만 및 노동의욕향상의 관리
⑥ 인간성과 인간관계관리
⑦ 노동시간관리와 임금관리
⑧ 안전 · 위생관리
⑨ 복지후생관리
⑩ 노사관계

2. 인사관리의 기능

기업이 필요로 하는 사람을 채용 · 배치하고 노동조건을 개선하여 노동능률을 최고로 발휘할 수 있도록 인간적으로 배려하며 노사관계를 원만히 처리하는 것 등이 인사관리의 주된 기능이다. 기업 내의 대인적 관계를 기업의 목적에 부합되도록 정리하고 체계화해서 원활하게 운영하는 것이라 하겠다.

특히 최근에는 사내의 고객, 특히 서비스기업의 현장직원들을 대상으로 하는 내부지향적 마케팅(internal marketing)활동도 중요하다는 인식이 증가하고 있으며, 사내고객의 동기부여를 통해 직원의 욕구를 충족시키는 경영능력에 따라서 최종고객의 욕구를 충족시키는 능력이 결정된다는 생각이 뿌리내리고 있으므로 인사관리의 기능은 한층 더 그 중요성을 갖는다 하겠다.

〈그림 10-1〉 고객감동 서비스의 역피라미드 조직

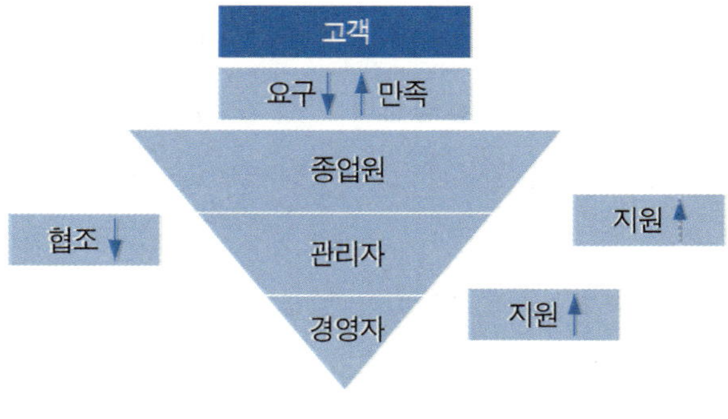

무엇보다도 우선 경영자층의 직원들에 대한 인식의 전환이 이루어져야 하며, 고객의 만족과 감동을 위해서는 내부고객의 좋은 근무환경 조성과 고객을 감동시킬 수 있는 조직으로 정비하여야 하겠다.

3. 호텔 식음료부문의 조직

1) 조직의 개념

호텔 식음료부문의 효과적인 기능발휘를 위해서는 조직을 구성해야만 한다. 직원 각자는 자신의 의무와 업무적 책임·권한 및 경제적 책임을 이해하고 있어야 하며, 조직의 목표와 자신의 업무와의 관계도 파악하고 있어야 한다.

조직이란 특정한 목표를 달성하기 위해 일하는 집단의 행동을 관리하는 것이다. 식음료 서비스에서는 고객의 음식과 서비스에 대한 욕구를 충족시켜 주는 것을 의미한다. 그것은 또한 직원과 경영진에게 최대의 만족을 주는 것을 의미하며, 소유주에게 경제적인 이익이 돌아가는 것을 의미한다.

호텔 식음료부문의 조직은 사람을 통해 작용하기 때문에 각자의 능력을 최대한으로 발휘할 수 있도록 도와 주고 격려해 주어야 한다.

2) 호텔 식음료부문 조직의 원칙

① 기능에 따라 조직해야 한다. 식자재구입·메뉴계획·조리·서비스 등과 같이 식음료부문에서 수행되는 각 기능은 조직구성의 일부가 되어야 하며, 그 기능은 분명한 목적과 존재이유가 있어야만 한다.

② 조직은 간단하게 편성해야 한다. 조직의 구성은 불필요한 직위나 편성이 없도록 간단하게 해야 한다. 계층간의 거리를 짧게 함으로써 경영진과 직원들간의 의사소통을 원활히 하고, 보고의 절차를 간략하게 하여야 한다.

③ 모든 직책에 대한 업무의 책임·권한 및 경제적 책임을 밝혀 두어야 한다.

④ 가능하면 가장 낮은 직급의 직원에게도 책임과 권한을 위임하여야 한다. 어떤 사람이 주어진 업무에 대한 책임을 맡았다면 그 업무를 수행하기 위해서 동등한 권한을 가지고 있어야 한다는 것은 분명한 사실이다. 권한을 위임하지 않음으로써 부하직원들을 절름발이로 만들고 다른 사람이 하면 더 잘할 수 있는 일을 자신이 하게 된다.

⑤ 조직의 패턴(pattern)을 유지해야 한다. 경영자가 직접 나서서 최일선의 직원들에게 명령해서는 안된다. 명령계통을 손상시키지 않고 계통을 밟아 일하는 것이 바람직하다.

3) 호텔 식음료부문의 조직

호텔 식음료부문의 조직은 경영진의 이념에 따라 수입과 비용지출에 관련되는 범주 내에서 구성되어져야 한다. 조직의 기능은 각 구성원들에 대한 업무량의 성과에 좌우되고, 능률을 증대시킬 수 있기 때문이다.

〈그림 10-2〉 일반적인 대형 호텔의 조직도

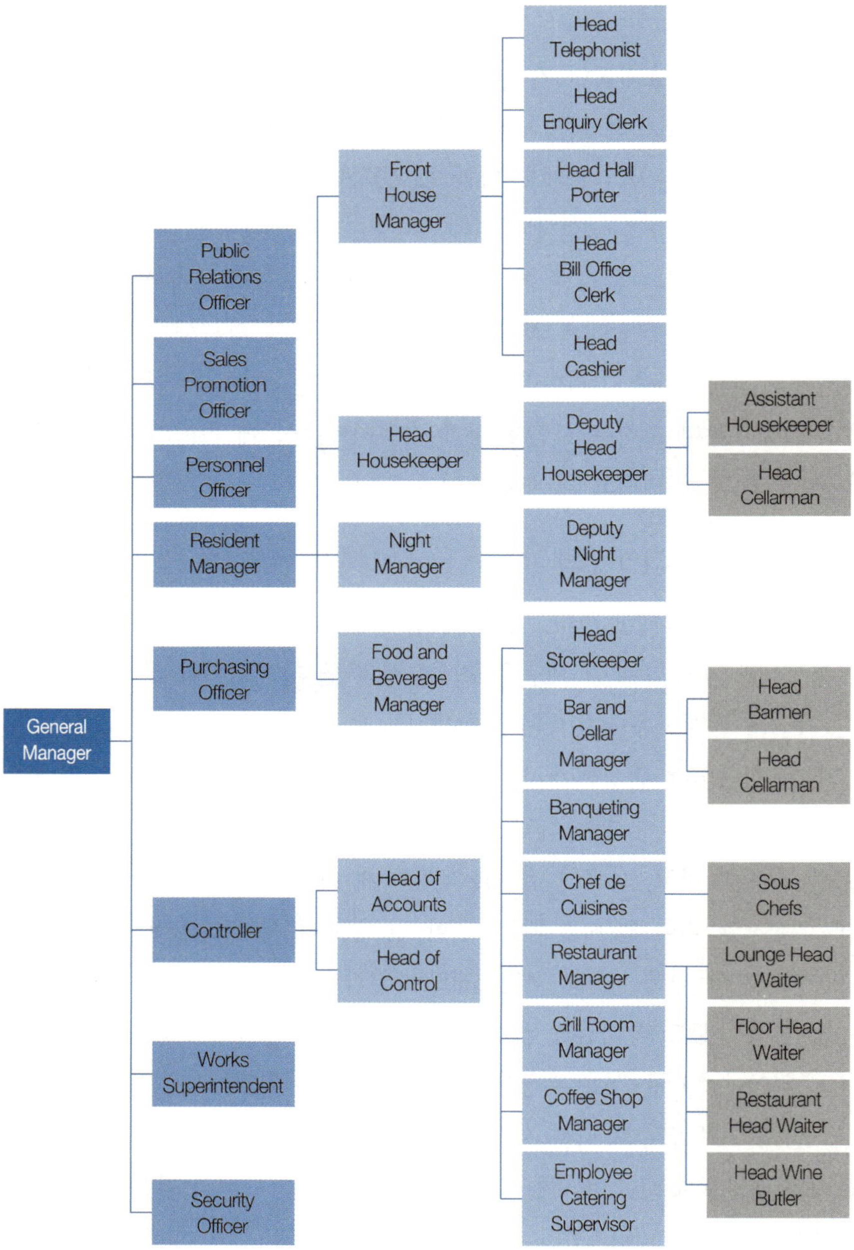

여기에서는 서울에 있는 특1급 호텔 중에서 외국의 체인호텔과 독립경영의 형태로 운영되는 호텔을 비교하여 그 조직도를 예시함으로써 독자들의 이해를 돕고자 한다.

〈그림 10-3〉 'LW'호텔의 식음료부서 조직도

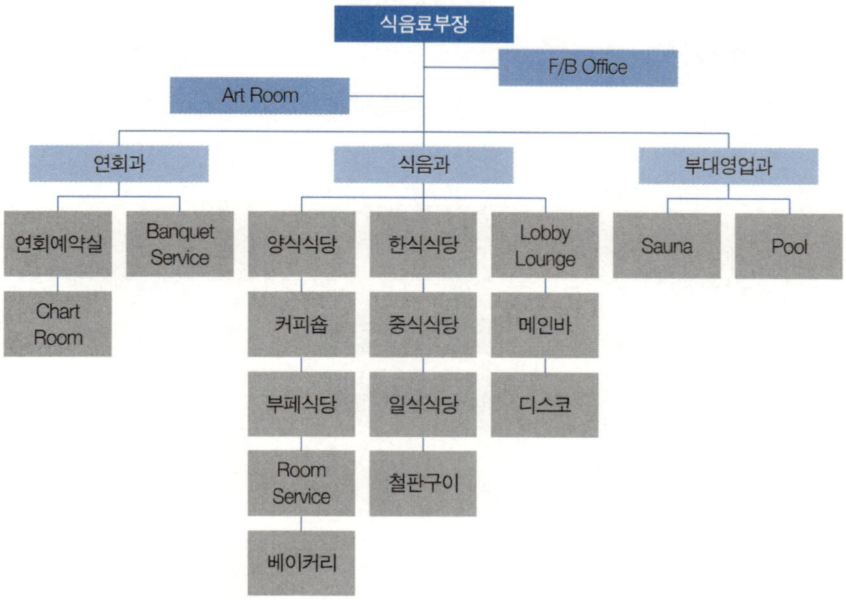

〈그림 10-4〉 'LW'호텔 식음료부서의 직급별 편성표

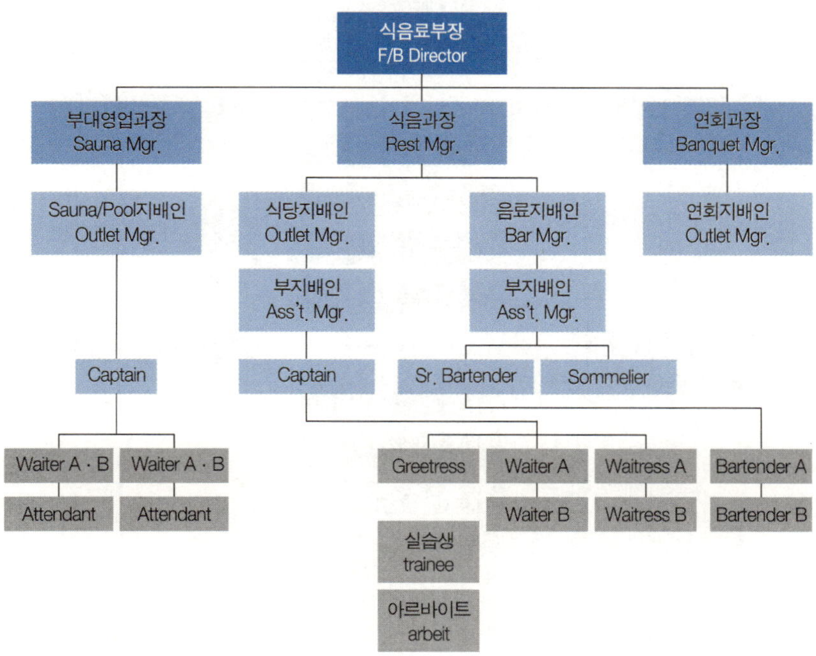

〈그림 10-5〉 'P'호텔 식음료부서의 직급별 편성표

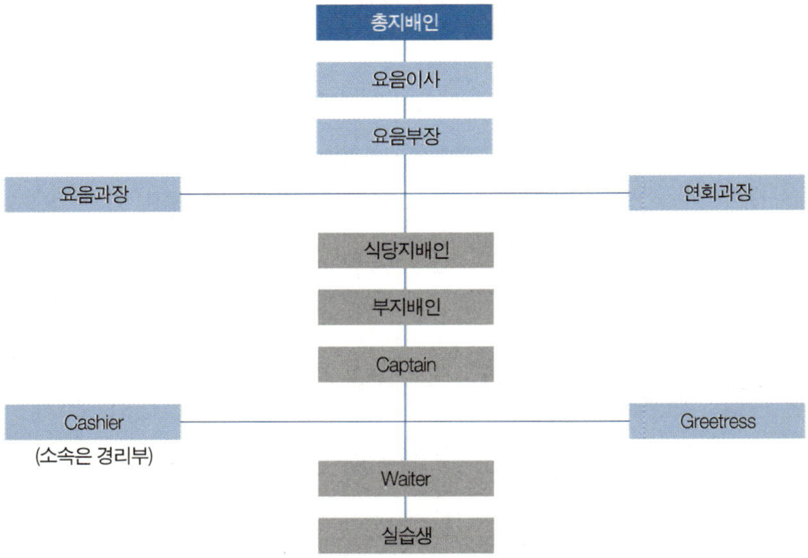

자료: 프라자호텔 식음료부.

〈그림 10-6〉 'I'호텔 식음료부서의 직급별 편성표

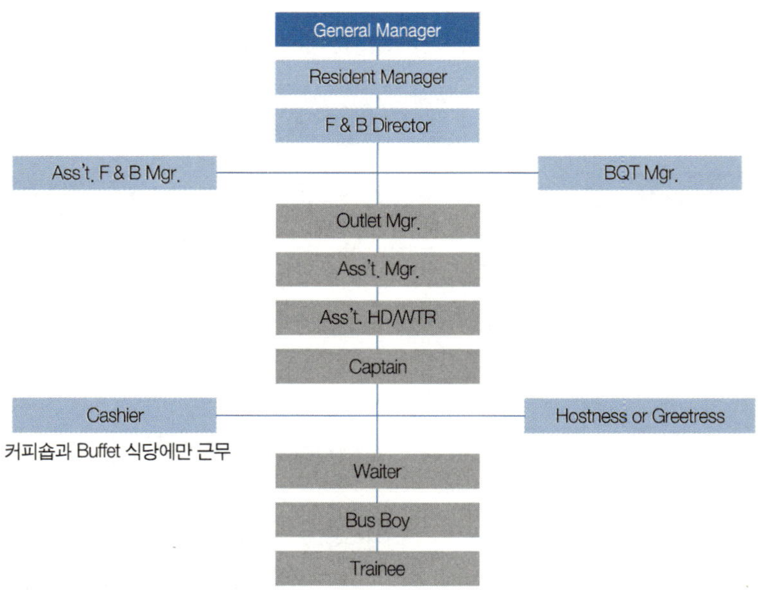

자료: 호텔인터컨티넨탈서울 식음료부.

〈그림 10-7〉 'I'호텔 식음료부서의 조직도

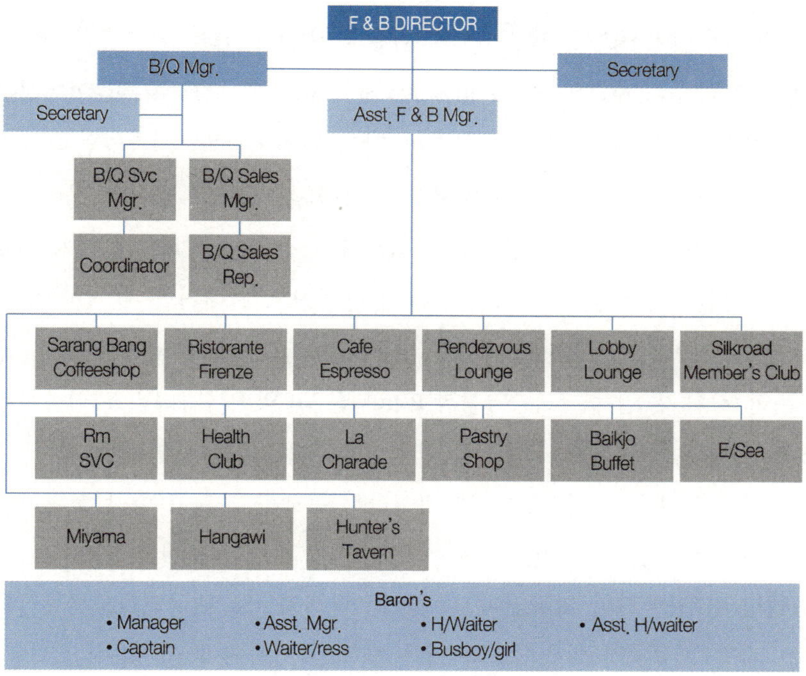

〈그림 10-8〉 'R'호텔 식음료부서의 직급별 편성표

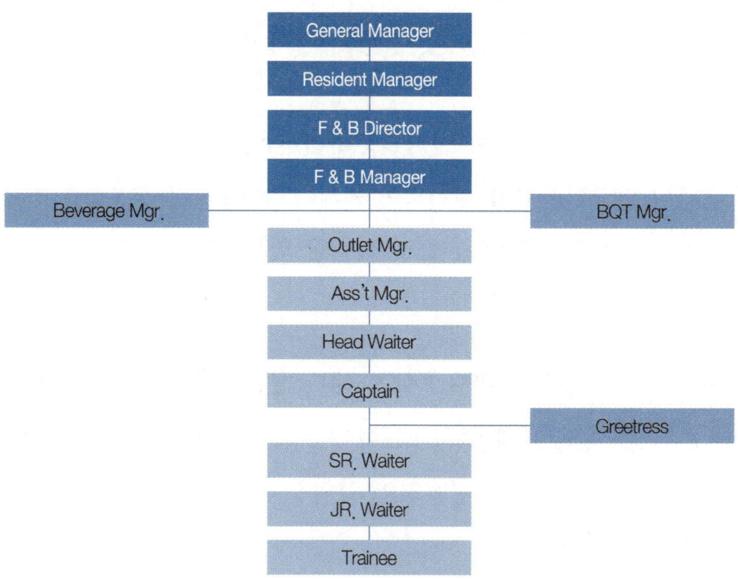

자료: 르네상스호텔 식음료부.

4. 직책별 직무분석(Job Description)

1) Director or Manager of F & B Department(식음료부서 이사 혹은 부장)

식음료부장은 Restaurants, Bars, Banquet, Room Service 등 모든 식음료영업장을 관리·운영하며, 직원들의 노무관리에 대한 책임을 갖고 지휘·감독 및 경영업무를 이행한다.

호텔의 전반적인 경영측면에도 높은 식견과 경험을 가지고 있어야 하며, 호텔의 각 부서 중에서도 가장 많은 직원을 통솔하고 있으므로 강력한 리더십과 함께 세밀한 관찰력, 그리고 명쾌한 통찰력을 바탕으로 상황에 능동적으로 대처할 수 있어야 한다.

고객관리를 비롯한 각 영업장의 메뉴관리, 각종 보고서 결재 및 예산의 집행, Quality Service를 위한 지휘 및 감독, 모든 영업장 Patrol 및 VIP의 영접, 그리고 식음료부서의 경영분석을 통한 문제점을 도출하고 이를 개선해 나가는 일을 주업무로 한다.

가까운 장래에 호텔의 총지배인이 될 것이라는 목표를 가지고 항상 노력하는 자세로 직원들의 신뢰와 존경을 받는 인격자로서의 면모도 갖추어야 할 것이다.

체인 호텔의 경우는 거의 외국인이 수행하는 직책이므로 내국인들도 이 직책을 수행할 수 있는 제도적 장치가 마련되도록 많은 노력을 기울여야 할 것이다.

2) Assistant Manager of F & B Department(식음료부서의 부장 또는 차장)

식음료부서의 차장은 부장의 직무를 도와 부서의 구석구석을 확인하고 감독하는 일을 한다. 부장의 과다한 업무를 분담하여 수행하기도 하며, 주로 직원들의 노무관리, 영업장 시설의 유지, 영업장 모든 기물 및 장비의 관리·감독, 타부서와의 원활한 커뮤니케이션 등을 주업무로 한다.

각 영업장의 지배인들에 대한 고과평가에 참여하기도 하며, 특히 체인 호텔의 경우, 이사 내지는 부장이 외국인이므로 개인적인 커뮤니케이션은 물론, 호텔 전체, 그리고 모든 식음료부서 직원들과의 원활한 관계 및 깔끔한 업무처리로 모든 이의 신뢰를 받아야 한다.

3) Restaurant Manager(Outlet Manager: 영업장 지배인, 차장 또는 과장)

영업장 지배인은 그 업장의 책임자로서 영업현장의 업무 전반과 대고객 서비스관리, 직원의 지휘 및 감독, 노무관리 및 전반적인 영업장 운영을 관장하고, 그 영업의 결과에 대한 전반적인 책임을 진다.

① 직원들에게 미래에 대한 희망과 방향을 제시한다.

② 직원들의 전반적인 교육훈련을 계획하고 관리한다.
③ 고객 · 협력업체 · 경쟁사와의 원활한 관계를 유지한다.
④ 호텔 및 식음료부서의 행사 및 스케줄에 적극적으로 협력한다.
⑤ 항상 고객의 소리에 귀를 기울이고, Guest Satisfaction과 Guest Complaints 등을 빠짐없이 수렴하여 즉각 처리한다.
⑥ 메뉴관리에 최선을 다하고, 주방장을 비롯한 관련부서 직원과의 원활한 인간관계를 유지하여 영업에 지장이 없도록 해야 한다.
⑦ 호텔의 PR담당자와 협력하여 계절별 또는 행사별 Sales Promotion을 실시한다.
⑧ 영업 전반에 걸친 면밀한 분석을 통하여 문제점을 해결하고, 항상 최고의 상품을 판매할 수 있는 태세를 확립한다.
⑨ 전반적인 Quality Control, Marketing & Sales 전략을 수립하여 실행한다.
⑩ 안전관리 · 위생관리 · 화재예방 등을 철저히 실행한다.
⑪ 영업장의 모든 시설과 재산에 대한 상황을 항상 검토하여 영업에 지장이 없도록 한다.

4) Assistant Outlet Manager(영업장 부지배인, 대리)

평상시 영업장의 지배인을 보좌하며, 지배인 부재시는 그 업무를 대행한다. 특히 대고객 서비스관리, 직원의 교육훈련 시설 · 기물관리, 관련부서와의 원활한 인간관계 형성 및 유지, 위생 · 안전관리, 직원들의 근태관리 등에 중점을 두고 근무한다.

또한 지배인의 직원들에 대한 교육의 동반자로서 Train The Trainer 과정을 이수하고, 교안작성은 물론, OJT를 비롯한 각종 교육훈련을 소화할 수 있도록 항상 준비한다.

5) Captain(주임)

Captain은 그 영업장의 가장 중요한 직책이라 할 수 있을 정도로 그 업무의 중요도가 높다. 중간계급의 직급이므로 대고객 서비스업무에는 정통한 경험을 가지고 있어야 하고, 조직 내에서의 인간관계 유지에 심혈을 기울임과 동시에, 프로근성을 겸비한 전문직업인으로서 늘 가깝게 지내는 호텔 식음료부서의 경험이 많지 않은 직원들의 미래에 대한 비전을 몸소 보여 주어야 한다.

① 담당구역의 영업준비사항 및 인원구성을 확인한다.
② 담당구역의 고객을 영접한다.
③ 풍부한 상품지식과 능숙한 서비스로 고객의 주문을 받는다. 이 때도 Suggestive

Selling 및 Up-selling Technique을 발휘하여 업장의 이익창출에 공헌해야 한다.

④ 다른 업장에 대한 사항 및 연회행사 스케줄도 파악하고 있어야 한다.

⑤ 웨이터의 보좌를 받아 대고객 서비스에 만전을 기한다.

⑥ 업장의 Service Manual, 호텔의 전반적인 규정, 긴급시의 조치사항 등을 정확히 숙지하고 있어야 한다.

⑦ 다른 Station이 바쁠 때에는 도와 주도록 한다.

6) Greetress, Hostess, Receptionist

Greetress는 업장의 입구에 위치하여 고객을 영접하고 환송하는 일을 주업무로 하는 직원이다. 업장을 찾는 고객에게 어떻게 좋은 첫 인상을 심어 줄 수 있느냐 하는 것과 상냥한 말씨와 정중한 몸가짐이 필수라 하겠으며, 많은 외국인을 상대하고 안내해야 하므로 일정수준의 외국어 실력도 가지고 있어야 한다.

최근에는 영업장에 Cashier를 두지 않고 지배인이나 Greetress로 하여금 수납을 하도록 하므로 계산받는 요령 및 각종 신용카드 정보에도 밝아야 한다.

① 지배인이 정한 스케줄에 따라 근무하며, 항상 단정하고 깨끗한 자세를 유지한다.

② 가능한한 업장을 찾는 고객의 얼굴과 이름을 기억하여 고객으로 하여금 친근한 느낌을 갖도록 한다.

③ 전화로 예약을 받는 경우가 많으므로 전화받는 요령 및 예약받는 요령을 확실히 숙지하여야 한다.

④ 실제로 고객들은 불평사항이 있는 경우 평소 친근감을 느끼는 Greetress에게 그 불만을 토로하므로 불평고객 처리능력을 함양해야 한다.

⑤ 영업장의 입구와 주변을 항시 체크하여 깨끗함을 유지한다.

⑥ 메뉴를 점검하고 비치하며, 더럽거나 헤진 것이 있을 시에는 즉시 교체하여야 한다.

⑦ 서비스의 시작과 끝은 항상 Greetress의 몫이므로 평소에 교양있는 행동과 인상으로 고객 및 직원들에게 편안함을 주는 근무자세를 갖도록 노력해야 한다.

⑧ 평소에 풍부한 상식과 해박한 시사정보를 습득하려고 노력하는 자세를 가져야 한다. 뿐만 아니라 호텔 내의 다른 시설 및 영업정보 그리고 이용방법 등을 자세히 알고 있으면서 언제 어느 때나 고객의 물음에 정확히 답할 줄 알아야 한다.

⑨ Log Book 및 영업일보를 작성하고 지배인에게 보고한다.

⑩ 예약장부를 애인과 같이 소중히 여기며 관리하고, 기타 서류 등을 잘 보관하고 관

리한다.

⑪ 식음료 서비스인원이 부족할 시에는 그 서비스를 도와 주도록 한다.

⑫ Guest History Card를 철저히 기록하고 관리한다.

7) Waiter와 Waitress

식음료 서비스의 핵으로서 항상 열심히 일하고 업장의 살림을 맡아서 처리하는 직책이다. 위로는 지배인과 캡틴을 보좌하고, 아래로는 Bus Boy 또는 Girl을 교육하고 리드하여 서비스에 만전을 기하고, 영업시간 외에는 영업장의 구석구석을 점검하여 이상이 있는 곳은 즉시 보고하고 시정하도록 한다.

① 청결한 복장, 단정한 인상으로 근무에 임한다.

② 대고객 서비스의 최일선에서 고객에게 편안하고 만족스러운 서비스를 제공하도록 최선을 다한다.

③ 정해진 구역 및 테이블의 서비스를 처음부터 끝까지 책임지고 완수하여야 하며, 이상이 발생시에는 즉시 상사에게 보고하여 문제가 확산되지 않도록 한다.

④ 서비스에 임할 때는 고객의 이름이나 직함을 불러 드리도록 한다.

⑤ 영업장의 기물・시설・장비들을 점검하고 관리하여 영업에 지장이 없도록 한다.

⑥ 서비스하였던 고객의 취향이나 습관 등을 기억하여 영업장의 Guest History Card에 기입할 수 있도록 한다.

⑦ Operation Equipments(기물류)에 대한 Inventory를 실시하여 재산의 관리 및 부족한 기물의 보충을 요청한다.

⑧ 항상 경제 마인드를 간직하여 아껴 쓰는 습관을 기르도록 하며, 환경의 중요성을 인식하여 쓰레기 분리수거 등을 잘 하고 있는지 체크한다.

⑨ 풍부한 상품지식과 대고객 서비스절차를 숙지하여 질적인 서비스를 제공할 수 있도록 한다.

8) Bus Boy 또는 Girl

영업장의 지배인이 정한 스케줄에 따라 깨끗하고 밝은 모습으로 근무에 임하며, 영업장의 선배인 Waiter 또는 Waitress가 모든 서비스를 제공할 수 있도록 준비 및 Delivery의 직무를 수행한다.

① 고객이 주문한 품목을 Waiter 또는 Waitress가 서비스할 수 있도록 주방으로부터 테

이블까지 운반하는 일을 한다.

② 테이블에서 사용이 끝난 기물류를 Pantry까지 운반한다.

③ 고객이 나간 테이블의 Reset-up을 위한 준비를 한다.

④ Service Station을 관리하고, 모자란 기물과 물 등을 항상 체크하여 서비스에 지장이 없도록 한다.

⑤ 고객에게 Ice-water(tea), Butter, Bread 등을 서브한다.

⑥ 영업장의 모든 린넨류의 반납 및 수령을 맡아서 처리하며, 고객의 테이블을 Reset-up 하도록 한다.

⑦ Dessert, Coffee, Tea 등을 서브한다.

⑧ 영업장 내의 모든 기물 및 장비류를 닦고 정리한다.

⑨ 호텔생활을 시작한지 얼마되지 않았으므로 항상 무엇이든지 배운다는 적극적인 사고방식으로 호텔 내의 어느 누구에게나 밝게 인사하고, 언제나 웃으면서 즐겁게 근무하도록 한다.

⑩ 호텔의 근무규정, 서비스 매뉴얼, 긴급시의 대처요령 등을 숙지하고 근무에 임한다.

⑪ 평소에 정해진 규정대로 정확히 일을 함으로써 좋은 습관을 들이도록 할 것이며, 실습생을 비롯한 후배들에게 정확한 일의 절차를 알려 주도록 한다.

9) Wine Steward(Sommelier)

Sommelier는 호텔 및 영업장의 모든 와인류를 관리하는 담당자로서 와인에 대한 해박한 지식을 가지고 고객의 음식주문에 따라 그에 맞는 와인을 추천하고 판매하는 전문가이다. 항상 자신의 섬세한 감각을 잃지 않도록 노력하고 새로운 지식의 습득을 위하여 끊임 없이 노력해야 하는 아주 힘든 전문가이므로 매사에 최선을 다하여야 한다.

① 와인의 진열과 재고를 점검·관리하며, 필요시 음료창고로부터 음료를 수령·보급한다.

② 고객에게 Aperitif, Table Wine, Dessert Wine 등을 권유·추천하고 주문받은 와인을 절차에 따라 정중하게 고객에게 서브한다.

③ 시간이 있을 경우 Irish Coffee와 Liqueur Flambee를 준비한다.

④ 항상 최선의 서비스를 제공할 수 있도록 음료관리에 만전을 기하며, 다른 직원이 바쁠 때에는 도와주도록 한다.

10) Room Service 직원

Room Service는 객실에 투숙한 고객이 여러 가지 이유로 하여 식당을 이용하지 않고 자신의 방에서 음식을 주문할 경우의 서비스를 담당하는 영업장으로서 개인적인 서비스가 이루어진다는 점에서 상당히 주의를 요하는 서비스이다.

특히 주문 자체가 전화를 통해 이루어지므로 Order Taker의 중요성은 아무리 강조해도 지나침이 없다고 하겠다. 정확한 의사를 전달받고 다시 한번 주문내용을 반복하여 확인해야 하며, 전화로 주문을 받는 동안에도 항상 Up-selling을 할 수 있는 노련함이 요구된다 하겠다.

판매하는 상품 및 기타 호텔의 전반적인 서비스에 대해서도 해박한 지식을 가지고 있어야 하며, 영어 및 일본어를 구사할 수 있어야만 그 직무를 원활히 수행할 수 있을 것이다.

그 밖의 업무나 조직은 다른 영업장과 큰 차이는 없으나, 직원들의 서비스가 감독자의 통제권에서 벗어나서 개별적으로 이루어지므로 지배인을 비롯한 감독자들의 철저한 관리가 요구된다 하겠다.

그런가 하면 주문에서 서브까지의 시간이 오래 걸리고 거리도 멀리 떨어져 있는 관계로 엘리베이터를 타기 전에 빠뜨린 것(missing item)은 없는지 철저히 점검하여야 한다. 전용 엘리베이터를 비롯한 Room Service Trolley와 Hot Box 및 연료관리 등을 철저히 하여야 한다.

11) Banquet Service(연회부) 직원

방대한 시설과 많은 장비 및 많은 직원들이 협력하여 행사를 치러야 하는 연회부는 일반영업장과는 달리 독자적인 운영형태를 유지하고 있으므로, 이 부서의 직원들 또한 직무가 복잡하고 힘들다 하겠다.

연회예약과로부터 전달된 Event Order에 따라 행사를 준비하고 진행해야 하는 연회부의 지배인은 큰 스케일과 다양한 스타일의 행사형태를 면밀히 파악하여 한 치의 오차도 없는 완벽한 행사가 되도록 관리하여야 한다.

지배인과 모든 직원들이 한 공간에서 일을 하는 일반영업장과는 달리 연회부는 여러 행사장에서 동시에 많은 행사가 이루어지는 관계로 팀별로 운영이 되는데, 대개는 Captain급의 직원들이 행사를 책임지고 완수해야 한다. 그러므로 지배인을 비롯한 Supervisor들은 행사별로 몇 개씩 또는 층별로 나누어 관리하고, 개별의 행사는 Captain의 책임하에 운용되므로 Captain과 그 이하의 직원들에 대한 직무만을 기술하도록 한다.

(1) Banquet Service Captain

연회부서의 Captain은 개별의 행사를 지배인이 정하는 스케줄에 따라 Event Order에 명시되어 있는 사항을 토대로 일사불란하게 진행하는 중요한 직책이다.

① 담당구역의 직원들에 대한 근무 및 용모를 점검한다.
② 행사준비 및 서비스에 따른 업무를 할당한다.
③ 행사장의 Lay-out을 정하고 고객의 요구사항을 면밀히 검토하여 준비하도록 한다.
④ 기물이 준비되면 직원들과 함께 Table Set-up을 한다.
⑤ 고객이 특별히 요구한 사항이 빠진 것은 없는지 꼼꼼히 검토하여야 하며, 행사에 필요한 모든 소도구들도 점검한다.
⑥ 행사에 따른 주방・시설・꽃방 등의 협력부서와 긴밀히 협조하여 행사에 지장이 없도록 한다.
⑦ Organizer 혹은 행사의 주최자와 인사를 나누고 준비사항을 미리 보여 주고 추가사항 및 수정할 사항을 협의한다.
⑧ 행사시작 1시간 전까지 모든 준비를 마무리하고, 직원들의 식사를 독려한다.
⑨ 한번 더 행사의 준비사항을 검토하고, 행사시작 20분 전에 서비스 Meeting을 주관한다.
⑩ 직원들이 맡은 구역에서 Stand-by하도록 하고, Captain은 입구에서 고객을 영접한다.
⑪ 모든 행사의 진행을 리드(lead)하며, 고객의 사소한 요구에도 신속히 대응하도록 한다.
⑫ 행사가 끝날 무렵이면 사무실에서 계산서를 작성하여 준비한 다음 고객의 요구가 있을 시에 즉시 제공하고, 계산을 도와 드린다.
⑬ 행사의 마무리를 완벽하게 처리한 후 고객을 환송하고 감사의 마음을 표현한다.
⑭ 그 날의 행사에 대해 지배인에게 보고하고 계산서를 비롯한 제반 보고서류를 양식에 의거해 작성한다.
⑮ 다음에 이어지는 행사의 준비를 위해 앞의 절차를 반복수행한다.

(2) Banquet Waiter

① 지배인과 캡틴의 지시에 따라 근무한다.
② Captain의 행사별 근무지침에 따라 테이블・의자・린넨 및 각종 기물을 준비한다.
③ 서비스를 위한 Back-side의 준비사항을 점검하고 미비된 점을 도와 보완하도록 한다.
④ Captain이 행사장을 비우는 동안 그의 업무를 대행한다.

⑤ Captain이 입구에서 영접을 할 때, 행사장 안의 준비를 한다(물따르기, 버터 on table, bread service 등).
⑥ 행사장의 정리 · 정돈
⑦ 행사에 필요한 제반 기물 · 장비의 손질 및 관리
⑧ 행사 서비스에 적극적으로 참여
⑨ 행사 후의 정리 및 다음행사 준비

(3) Banquet Busboy

완벽한 행사진행을 위해서는 이에 수반되는 모든 기물을 비롯한 장비의 준비가 필수이다. 이러한 점에서 이 일을 담당하는 직원의 책무는 실로 중요하다 아니할 수 없다. 철저한 준비만이 성공적인 행사를 가져 올 수 있다는 신념으로 포크 하나, 나이프 하나라도 철저히 준비하는 자세를 가져야 한다.

① 행사를 위한 제반 기물의 준비
② 행사준비를 위한 각종 장비 및 테이블의 준비
③ 행사준비를 위한 제반 린넨류의 준비
④ 행사시의 Backside 업무를 철저히 준비
⑤ 행사진행 중에는 선배들과 함께 할당된 지역의 서비스를 담당
⑥ 행사후 사용된 기물 · 린넨 · 장비 등을 반납
⑦ 다음 행사준비를 위한 모든 기물 및 린넨 등을 준비

10.2 호텔 식음료부서의 인사관리

우수한 직원을 선발하고 교육하여 회사가 추구하고자 하는 방향으로 나아가고자 하는 데 일익을 담당하게 하는 것은 어느 직종 어느 회사를 막론하고 동일한 바람일 것이다. 그러나 개인은 누구나 개인차가 있고, 아무리 훌륭한 교육제도를 가지고 있다 하더라도 그것이 모두에게 고르게 교육되어질 수는 없을 것이다. 우수한 직원과 훌륭한 교육제도, 뛰어난 임금과 복지제도, 그리고 미래의 비전을 제시하는 훌륭한 정책과 제도만이 무한경쟁시대에서 살아 남을 수 있는 자산임을 경영자와 직원들은 깨달아야 할 것이다.

1. 채용 및 배치관리

1) 채용관리

채용관리라 함은 기업활동에 필요한 직무에 요구되는 자격요건을 기준으로 적격자를 계획적으로 일정수 채용하는 조직적 조치라 할 수 있다. 채용관리는 호텔 식음료부문의 경영상 필요한 자질을 갖춘 노동력을 필요한 시기에 조달할 것을 목적으로 하기 때문에 우선 어떤 자질을 갖춘 노동력이 필요한가를 명확히 분석해야 한다. 직무의 특성과 요구되는 능력을 파악하고 필요한 인원을 정원으로 산정해야 한다.

따라서 채용관리의 범위는 다음과 같다.

① 필요한 직원의 수
② 부문별 직무에 있어서의 부족한 직원의 수
③ 요구하는 직무에 부합되는 능력
④ 필요한 수준의 응모자모집
⑤ 일정기준에 따른 선발

(1) 채용계획

질적·양적으로 부족한 인원을 보충하는 방법을 수립하는 것과 새로이 영업장을 개설할 때의 신규모집에 대한 계획을 수립하는 것이 있다.

채용계획을 수립할 때의 요건을 보면 다음과 같다.

① 장기적 인력수급을 분석하여 필요로 하는 노동력을 질과 양적인 면에서 계획한다.
② 인력을 직접 채용할 것인가, 외부 인력공급업체의 협력을 받을 것인가, 아니면 기계화·자동화를 통해 인력을 감축할 것인가를 결정한다.
③ 경력자로 할 것인가, 미경력자로 할 것인가를 결정한다.
④ 정기적인 채용을 할 것인가, 부정기적으로 할 것인가를 결정한다.
⑤ 신규채용과 수시채용에 대한 계획수립과 지출될 인건비에 대한 계획이 필요하다.
⑥ 정규직원으로 할 것인가, 아니면 비정규직으로 할 것인가를 결정한다.

채용이 합리적인 것이 되기 위해서는 소요노동의 직종과 인원을 과학적 내지 합리적으로 결정해야 한다. 질적으로는 직무분석, 양적으로는 시간과 동작연구에 의한 표준작업량을 기초로 해서 정원을 산출하도록 한다.

(2) 채용의 원칙

채용을 원활하게 하기 위해서는 다음과 같은 원칙을 세워 두는 것이 유리하다.

① **직무명확화:** 직원이 담당하고 수행해 나갈 직무나 역할을 명확히 제시해 줌으로써 자질향상의 지표가 되도록 한다.

② **정확한 평가:** 기업의 목표에 공헌할 수 있는 유능한 직원의 채용을 위해서는 직원에 대한 올바른 평가가 이루어져야 한다.

③ **공개경쟁:** 적재적소에 우수한 인력을 확보하기 위해서는 공개적으로 공모하여야 한다.

④ **양자의 정확한 계약:** 채용하는 측과 채용되어지는 측과의 오해의 소지를 없애기 위해 임금과 직책에 대한 정확한 계약이 필요하다.

⑤ **여러 단계의 면접실시:** 필기시험 합격자에 대한 면접을 다단계화함으로써 어느 한 사람의 의견에 의해 채용되는 일이 없도록 한다.

⑥ **적성검사 실시:** 서비스업에 종사하는 직원의 능력은 학업성적과 일치하지는 않는다. 성적이 좋은 사람이라도 적성이 맞지 않을 수 있으므로 좋은 인성을 가진 직원을 선발할 수 있도록 해야 한다.

(3) 선발된 인원의 배치

엄격한 선발기준을 거쳐 채용된 직원은 자신의 능력과 적성에 맞는 영업장에 배치되어야 한다. 적재적소에의 배치는 개인의 근무의욕을 고취시키는 중요한 요소가 되므로 신중하게 처리하여야 한다. 그러나 일단 어떤 직무에 배치된 직원은 어느 정도의 시간이 지나면 태만하거나 흥미를 잃어버리므로 각별히 유의해야 한다.

정기적인 평가에 의한 이동배치와 승진은 그 직원으로 하여금 새로운 의욕을 가지고 근무할 수 있는 동기를 부여하므로 엄격한 규정과 절차에 의한 정책을 시행해야 한다.

많은 수의 직원들이 호텔 내의 각 부서를 돌아가며 경험을 쌓고 싶어 하나 여러 가지 사정으로 인해 어려움이 있다 하겠다. 다만 식음료 부서 내에서라도 여러 가지 영업장을 경험하도록 함으로써 폭넓은 지식을 습득하게 하는 배려가 있어야 할 것이다. 몇몇 체인 호텔의 경우, 한 분야의 전문가를 육성한다는 전제하에 부서이동을 부정적으로 보는 경향이 있으나, 회사의 사정이 허락하는 범위에서의 이동배치는 직원들에게 새로운 근무의욕을 고취시킨다는 점을 감안할 때 시정하는 것이 옳을 듯 싶다.

직원 개개인들도 좁은 시야를 가지고 한 곳의 지식만을 쌓을 것이 아니라, 넓은 시각과 미래에의 비전을 가지고 많은 영업장의 경험을 쌓을 수 있도록 가일층 노력해야 할 것이다. 전문가는 회사가 만들어 주는 것이 아니라 자기 스스로 개척하고 공부하면서 만들어 나가는 것이라는 것을 명심해야 한다.

2. 인사고과 및 승진

인사고과는 호텔의 식음료산업이 의도하는 생산성 향상이라는 목적을 실현하기 위해 생산의욕의 향상 및 능률의 증진을 기하는 적극적인 수단으로 활용되고 있으나 이는 결코 생산량이나 품질 등의 객관적인 자료에 대신하는 것은 아니다. 인사고과는 본질적으로 주관적인 것이며, 절대 정확한 것이 아니다. 모든 제도가 그러하듯이 인사고과제도도 하나의 관리제도로써 이것이 성공하기 위해서는 공정하고 객관성이 있어야 하며, 신뢰성이 있고, 기업의 특성과 실정에 맞는 독자성이 있어야 한다. 정확하고 객관적인 인사고과의 결과는 직원의 평가는 물론, 승진과 전보에도 영향을 주게 되므로 신중하게 행해져야 한다.

1) 인사고과의 목적

인사고과는 호텔 식음료부서 직원의 근무실적이나 능력·성격·적성 등 모든 근무성적을 질서있게 조직적으로 파악해서 평가하는 절차이며, 인사관리상의 모든 문제해결에 대한 자료를 만들어 직원의 자질향상과 사기앙양을 도모하는 데 그 목적이 있다.

인사고과는 통제적 목적으로 사용되는 것이 아니라 직원의 근무의욕의 향상과 업무수행능력을 개선·발전시키는 데 있으며, 업적과 목표에 영향을 주는 요소나 비중의 결정은 제도의 운영면에서 신중히 검토되어야 한다.

2) 인사고과자의 자세

인사고과를 하는 방법에는 여러 가지 방법이 있겠으나, 가장 중요한 것은 그 방법들을 이용하여 직접 고과에 참여하는 고과자의 자세일 것이다. 고과를 하는 방법 중에서 어떻게 점수를 산정하느냐보다는 어떤 항목에 비중을 두고 평가할 것이며, 또 그 평가된 자료를 어떻게 적용할 것이냐 하는 점이다.

〈표 10-1〉 'I'호텔 일반직원의 근무평가표

대리급 이하 사원용
(Level S-IV and Below)

인비
CONFIDENTIAL

200 년 상/하반기

근무평가표

(PERFORMANCE EVALUATION)

평가 200 년 월부터
기간 200 년 월까지

***피평가자 인적사항(Personal Records)**

성명:	사원번호:
(Name)	(Employee Nr.)
부서:	업장:
(Dept.)	(Outlet)
직위:	담당직무:
(Position)	(Job)
입사일:	현부서/업장 근무일:
(D.O.E)	(Date in present position)

***평가요령(How to Evaluate)**

1. 피평가자는 Section A의 전항목, Section B의 자기평가항목 및 Section C의 1항을 작성하여 평가자에게 제출하며, 평가자는 제출받은 평가표를 신중히 검토한다.
2. 평가자는 피평가자와 면담일시를 미리 약속하고 조용한 장소에서 피평가자의 마음이 안정되고 자연스러운 분위기가 유지되도록 배려하여야 한다.
3. 피평가자의 자기관찰에 대하여 상의하면서 진행하되, 시정할 수 없는 약점보다는 개선 가능한 점을 중심으로 명확히 이야기한다.
4. 피평가자는 회사생활에 대한 애로 및 고충사항을 진지하게 수렴하여야 한다.
5. 평가자는 피평가자와 비판평가하는 것이 아니고 피평가자의 잠재능력을 개발시키고 업무를 도와 주는 태도로서 업무수행능력 및 생산성 향상에 역점을 두어 평가하여야 한다.

〈자기자신에 대한 평가가 공명정대하게 되기를 바라듯이 자기가 작성한 평가가 공정하게 이루어지도록 최선의 노력을 다하여 주시기 바랍니다.〉

SECTION A

피평가자 자기관찰표
(EMPLOYEE'S SELF-OBSERVATION)

200 년 월 일

*본 항목은 피평가자가 작성한다(To be completed only by individual being reviewed).

1. 직무만족도(표기방법의 해당항목 선택기재)(Job Satisfaction)

(1) 업무의 양은?(Quantity of Work): ( )
(2) 업무의 질은?(Quality of Work): ( )
(3) 직무수행시 나의 능력발휘도는?: ( )
(Showing my abiliy)
(4) 업무상 나의 재량권은?: ( )
(Scope of Empowering)
(5) 업무에 대한 나의 흥미는?(Interest): ( )
(6) 종합적인 현직무의 만족도는?: ( )
(Overall Job Satisfaction Level)

*표기방법(Rating Key)
A. 매우 많다(높다, 좋다)
(Most, Best)
B. 많다(Much, Many, Good)
C. 보통(Normal)
D. 적다(낮다. 나쁘다)(Little)
E. 매우 적다(낮다, 나쁘다)
(Least, Worst)

2. 전배치 희망(Career Development)

(1) 희망직무 또는 부서/업장(Next Position): ( )
(2) 전배희망시기(Time Frame):

-3개월 이내( ) (within 3 months)	-6개월 이내( ) (within 6 months)	-1년 이내( ) (within 1 year)

(3) 전배희망사유(Reason)

3. 자기개발(Self-Development)

(1) 지난 6개월동안 자신의 능력개발을 위해 특별히 관심을 두고 연구했거나 학습했던 분야는?(Any special areas that you have studied for developing your abilities for last 6 months.)

(2) 향후 자신의 능력개발을 위해 특별히 연구하고 교육받고 싶은 분야가 있다면? (Areas that you want to study, hereafter.)

4. 고충 및 애로사항(Difficulties or Grievances)

5. 건의사항(Proposal and Suggestion)

SECTION B

근무평가표

(Performance Evaluation)

구분	항목 Factor	세부사항 CONTENTS	배점(Distribution)					자기 평가 (Self)	1차 평가 (1st)	2차 평가 (2nd)	조정 Adjust (ment)
			탁월 E	우수 A.S	보통 S	부족 M	열등 B.M				
능력 Ability	업무지식 Job Knowledge	담당업무를 수행하는 데 필요한 전문지식 및 관련 지식의 폭과 깊이	A	B	C	D	E				
	이해판단력 Judgement	회사방침, 지시에 대한 핵심 파악능력과 신속정확한 상황 대처능력	A	B	C	D	E				
	기획창의력 Initiative	담당업무를 수행하기 위한 단계·순서 등을 구체적으로 전개하고 창조성과 독창성을 발휘하고 새로운 방법을 찾아내는 능력	A	B	C	D	E				
태도 Attitude	책임성 Dependability	업무수행 및 그 결과에 대해 성실하고 책임감있는 태도를 취하는 정도	A	B	C	D	E				
	직무의욕 Interest	담당업무에 대해 가지고 있는 관심도와 업무수행에 임하는 열의 및 의욕	A	B	C	D	E				
	협조성 Cooperation	담당업무수행을 위하여 관련 부문, 고객, 상사와 동료에게 이해와 협조를 얻어내는 정도	A	B	C	D	E				
	근태 Punctuality	출근시간을 잘 지키며 근무시간에 충실한 태도를 취하는 정도	A	B	C	D	E				
업적 Job Performance		기간에 담당한 업무의 양과 담당업무를 수행한 결과의 질적 수준	A	B	C	D	E				

*필히 피평가자와 상기 각 평가항목관련 면담을 한 후 서명하시기 바랍니다.

Rating Key: A-Exceptional
B-Above Standard
C-Standard
D-Minimum
E-Below Minimum

1차 평가자(1st Appraiser) 성명(Name): 서명(Sign):

2차 평가자(2nd Appraiser) 성명(Name): 서명(Sign):

SECTION C

근무평가 면담기록

(Interview Description)

*업무목표 설정-피평가자용(Goal Setting for Employee) 다음 근무평가 이전까지 달성하고자 하는 업무목표를 기술하시오.
1. 2. 3.
*평가자의견(Appraiser's Comments): 피평가자의 신상문제 및 애로사항, 업무수행상 문제점, 조직생활, 장래진로 및 지도육성방향 등을 면담실시후 평가자가 기록하시오.
1차 평가자(1st Appraiser)
2차 평가자(2nd Appraiser)

반드시 피평가자가 서명하여야 하며, 직상사가 면담후 서명하시기 바랍니다.

피평가자(Employee)	성명(Name):	서명(Sign):	일자(Date):
1차 평가자(1st Appraiser)	성명(Name):	서명(Sign):	일자(Date):
2차 평가자(2nd Appraiser)	성명(Name):	서명(Sign):	일자(Date):

실제로 고과를 하는 방법을 보면 자기평가를 거쳐 제1평가자의 평가가 있고, 그 다음에 제2평가자의 평가가 있어야 한다. 최종적으로 평가의 결과를 피평가자에게 보여 주면서 면담을 실시한 다음 피평가자의 동의를 얻어야만이 평가가 비로소 완료되는 것이다.

그러나 대부분의 호텔 식음료부문 직원의 평가는 일률적으로 상사의 평가로 이루어지고 있으며, 피평가자는 자신이 어떻게 평가되었는지에 대해서도 알지 못한다. 실제로 고과라는 제도를 통해 직원 상하간의 커뮤니케이션이 이루어져야 하며, 평소의 문제점 및 앞으로의 계획을 서로 허심탄회하게 이야기함으로써 서로간의 사소한 오해도 해결할 수 있고, 직원에게 꾸준히 관심을 보이고 있다는 점을 알릴 수 있는 대화의 장이 되어야 하는 것이다.

정확한 인사고과를 위한 고과자의 유의사항은 다음과 같다.

① 고과의 기준을 정확히 알아야 한다.
② 사실에 입각하여 객관적인 평가를 한다.
③ 각 고과항목을 평가할 때 다른 항목과 정확히 구별되어야 한다.
④ 단기간 내에 고과를 하여야 한다.
⑤ 분위기를 편안한 상태로 조성하여야 한다.
⑥ 고과자는 평소의 근무태도 및 리더십을 통해 피평가자의 신뢰를 얻고 있어야 한다.
⑦ 지난 평가 때 피평가자가 계획했던 사항의 면밀한 검토와 토의가 있어야 한다.
⑧ 평가항목 이외의 사항도 파악하여 직원의 직장생활에 대한 고충처리에 만전을 기할 수 있어야 한다.
⑨ 평가의 결과는 해당자 외에는 반드시 비밀을 유지한다.

3) 승진제도

직원들이 직장에 다니는 이유 중에서 가장 큰 이유는 두 가지이다. 하나는 생계를 위한 수단으로써의 이유이며, 다른 하나는 승진과 발전을 통한 자신의 성취의욕과 자아의 발견이다.

사람은 누구나 각자가 가지고 있는 능력과 공헌도에 따라 종합적으로 평가받아 승진할 기회와 권리를 가지고 있다. 회사가 직원을 최고도로 활용해야하는 입장에서나 직원이 자기발전을 극대화하여야 하는 입장에서 승진의 원칙을 설정하여 합당한 직위로 승진시키는 것이 이상적이다.

일정기간 동안 한 업무를 수행한 직원이 그 업무에 대해서 많은 경험과 지식을 가지게 되어 보다 더 넓은 업무를 수행할 수 있는 능력을 갖추게 되었을 때 상급직으로 옮겨서 그의 업무가 경영에 도움이 되도록 하는 것이 회사에 유익하다.

한 직무에 오래도록 근무하게 되면 직원은 개선의지가 사라지고 의욕이 감퇴되어 생산성의 저하를 불러 오는 것은 물론, 주변의 직원들에게도 좋지 않은 영향을 끼치므로 일정기간동안의 실적을 바탕으로 승진시키는 것은 중요한 Motivation이 되며, 더 많은 능력을 발휘할 수 있는 기회를 제공하게 되는 것이다. 또한 타경쟁사로의 이직(移職)을 방지함으로써 또 다른 효과를 얻을 수도 있는 것이다.

그렇다고 하여 무작정 아무 기준도 없이 오래되었다고 하여 승진시킬 수는 없다. 그런 이유로 각각의 회사는 그들 나름대로의 기준을 설정하여 최대한 공정한 심사를 거쳐 평등의 원칙하에 승진제도를 시행하고 있다.

종래에는 연공서열법에 따라 입사순서에 입각한 제도를 시행하는 경향이 지배적이었으나 최근에는 개인의 능력을 최대한 반영하여 일정기간이 지나면 승진할 수 있는 기회를 주고 있는 경향이 뚜렷하다.

승진을 원하지 않는 직원은 없을 것이며, 될 수 있으면 다른 동료보다 하루라도 빨리 진급하기를 바라는 것은 인지상정이다. 그렇다면 직원 개개인은 어떻게 하여야 할까?

평소에 회사의 경영이념을 완전히 이해하고 이에 상응하는 업무실적을 쌓음으로써 신뢰를 구축해 놓아야 한다. 또한 해마다 정기적으로 실시하는 근무고과에서 좋은 평점을 받도록 노력해야 한다. 항상 웃는 얼굴로 적극적인 근무자세를 견지함으로써 고객은 물론, 내부고객으로부터도 꼭 필요한 구성원임을 인정받아야 한다.

또한 승진을 심사하는 부서의 장과 인사부의 심사담당자는 객관적이고도 신뢰있는 평가를 통하여 어느 누구에게서도 의심을 받지 않는 공정한 심사가 될 수 있도록 각별히 신경써야 한다. 아무리 좋은 제도를 확보하고 있다 하더라도 그것을 운용하는 담당자들의 책임의식이 결여되어 있다면 그 조직은 얼마 가지 않아 문제점을 드러내게 될 것이며, 훌륭한 직원들이 조직을 떠나는 불행한 사태가 벌어질 것이다.

3. 임금관리 및 후생복지

1) 임금관리

인사관리에 있어서 가장 어렵고도 중요한 문제는 바로 임금관리일 것이다. 직원들은 회사로부터 받는 임금을 통하여 사회생활을 할 수 있는 기본요건을 갖추게 되고 가족의 생계가 직접적으로 영향을 받게 된다는 사실과 회사는 될 수 있으면 적은 임금을 지급하면서 최대의 효과를 창출하려 한다는 대명제 앞에서 이를 슬기롭게 해결하고 타협점을 찾는다는 것이 결코 쉬운 일은 아닐 것이다.

노사분쟁의 최대쟁점이 항상 임금문제가 우선시되고 있다는 점을 보더라도 합당한 임금의 지급과 관리는 회사의 존립 자체를 가늠하는 중요한 변수가 되는 것이다.

임금이란 "사용자가 근로의 대가로 근로자에게 임금, 봉급, 기타 어떠한 명칭으로든 지급하는 일체의 금품을 말한다"(근로기준법).

호텔의 임금제도는 일반적인 회사의 그것과는 사뭇 다른 특색을 가지고 있다. 바로 Service Charge라고 하는 봉사료 때문이다. 이 봉사료는 제3공화국 말기에 고객의 부담을 덜어 준다는 취지에서 생겨난 이래 많은 우여곡절을 겪으며 이제는 고객이나 직원이나 당연한 제도로 받아들이고 있는 상황이다.

타산업에 비해 터무니 없이 낮은 기본급으로 시작한 호텔의 임금제도는 그나마 고객으로부터 발생하는 봉사료에 의존하는 비중이 상당히 높았다. 그러나 그 운용에 있어서의 투명성과 배분문제는 항상 노사갈등의 빌미를 제공하여 왔으며, 그 누구도 만족할 만한 방법을 찾지 못한 채 20여년의 세월을 보내 왔다.

다행히 몇 년 전에 각 호텔은 노사협약을 통해 봉사료를 기본급화하고 일정한 기준에 의해 잉여분을 재배분하는 제도를 정착시킴으로써 상당부분 그동안의 문제를 해결했다고 할 수 있다. 직원들은 매월 일정한 수준의 임금을 보장받음으로써 계획성있는 가계를 꾸려 갈 수 있게 되었으며, 회사측은 해마다 대두되어야 하는 노사갈등의 최대원인을 해소하는 계기가 되었으니 참으로 다행한 일이라 아니할 수 없다.

그러나 겉으로 드러나는 그러한 장점과는 달리 실제 내면적으로는 부정적인 면이 아직도 상당부분 남아 있다고 할 수 있다. 그 누구도 드러내 놓고 이야기하기를 꺼려 하는 봉사료 문제가 언제쯤이나 훌륭한 해결점을 찾아 명실공히 관광산업의 중추적인 역할을 담당하고 있는 호텔산업이 홀가분하게 새 천년으로 나아갈지 우려될 뿐이다.

정식직원의 감소와 임시직 또는 계약직의 증가추세에 따른 임금제도의 변칙적인 운용 등 많은 문제점을 가지고 있는 뜨거운 감자인 이 봉사료 문제가 실질적이고도 효과적으로 직원들에게 배분되고 한 점 의구심 없는 제도로 정착하기 위해서는 원활한 노사관계의 정착과 함께 투명성있는 경영자의 운영 및 정확한 자료의 공개를 통한 신뢰의 구축이 절실히 요구된다 하겠다. 전체비용에서 차지하는 인건비항목의 비율을 산정함에 있어서도 겉으로 드러나는 수치만을 공개할 것이 아니라, 봉사료부분을 제외한 정확한 산출근거를 제시하는 투명성을 보여 줌으로써 노사관계의 보다 확실한 신뢰를 구축하여야 할 것이다.

최근의 노동관계법령의 개정으로 종래의 근무 패턴에 커다란 영향을 주면서 이에 따른 임금문제에도 상당한 영향을 주는 것이 사실이다. 임금이라는 영역에 각종 수당들도 포함되고 있는 만큼 변형근로제·탄력근로제·파견근로제 등의 변칙적 운용을 통한 불합리한 제도가 시행되고 있지는 않은지 관계부처와 경영자 및 근로자들은 서로서로 협력하면서 해결점을 찾아가야 할 것이다.

여하튼 임금이라 하면, 노동을 제공하고 받아야 하는 정당한 대가로서 사회조직의 기초인 가정을 영위하는 가장 중요한 변수이므로 근로자는 자신이 가지고 있는 역량을 최대로 발휘하여 회사의 발전에 기여하여야 하며, 회사로서는 최소한의 투입으로 최대한의 효과를 본다는 단순한 경제논리만을 따지지 말고 회사라는 조직을 성장·발전시키는 주체는 자신의 모든 희생을 감수하면서 회사의 발전을 위해 최대한 노력하는 직원들임을 명심하여 서로 협력하고 신뢰하는 분위기 조성에 앞장서야 할 것이다.

2) 후생복지

기업에 있어서 후생복지란 종업원의 복지향상을 위하여 시행하는 임금 이외의 간접적인 여러 혜택을 의미한다. 종업원의 후생복지를 위한 제반 시설 및 제도는 노동력의 재생산을 위한 보조적 수단이라 할 수 있다.

기업의 후생복지내용이 노사관계의 발전과 관계가 있으며, 후생복지의 시설이나 제도는 근로조건의 결정방식, 노동보호법, 사회보장제도의 진전 등 전반적인 노사관계의 주요발전에 따라 후생복지내용을 생각할 수 있다.

24시간 365일을 쉼없이 영업해야 하는 호텔의 특성상 타산업의 후생복지와 작업환경의 조성은 더욱더 중요하다고 할 수 있다. 사실 타산업의 작업장에 비해 근무환경은 상당히 좋은 편이라 하겠으나 항상 서서 일해야 하고, 바쁠 때는 빠른 걸음으로 무거운 것을 들고 이동함으로써 힘에 겨울 때가 많이 있다. 혹자는 이러한 호텔 식음료부문의 근무가 힘든 육체노동이라 하고 있으나 필자는 좀 다른 견해를 가지고 있다.

호텔 식음료부문의 근무는 힘든 육체적 노동과 병행하여 고도의 심리적 스트레스 및 대고객 서비스기술을 비롯한 판매증진기술이 요구되는 직종이다. 그러한 관계로 강인한 체력의 유지와 끊임 없는 자기수양 및 실력향상에 심혈을 기울여야 하는 힘든 직업인 것이다.

그러므로 호텔의 경영자는 이러한 호텔 식음료부문의 특성을 정확히 파악하여 직원의 근무환경 및 복지향상에 남다른 관심을 보여 주어야 한다. 한 영업장에 몇 년씩 근무하도록 함으로써 오게 되는 직업병으로부터의 예방을 위해 정기적인 근무이동을 실시하는 방안도 강구되어야 한다.

각 호텔들은 그동안 나름대로 훌륭한 복지후생제도를 시행하여 왔고 직원들도 어느 정도 만족하는 듯 하였으나, IMF사태 전후의 경영악화를 핑계로 그나마 정착되어가던 각종 복지후생제도를 전면 시행중단 내지는 보류함으로써 아주 좋지 않은 상황으로 회귀하였다. 이제 어느 정도 충격에서 벗어나 사회 전반적인 분위기나 소비심리의 회복으로 호텔의 운영도 정상을 되찾고 있다고 본다. 그러므로 호텔의 경영자들은 하루라도 빨리 종전의 후생복지를 비롯한 모든 제도를 회생시킴은 물론, 좀더 나은 제도를 시행할 수 있기를 바랄 뿐이다.

〈그림 10-9〉 후생복지의 구분

10.3 호텔 식음료부분의 인간관계

1. 인간관계의 의의

혼자서는 살아 갈 수 없는 사회에서의 생활은 개개인의 개성을 존중하면서도 그것이 상대방에게 또는 한 조직에 해가 된다면 우리는 그것을 용납할 수 없게 된다. 특히나 직장에서의 생활은 동질의 목적을 가진 사람들이 모여 생활하는 곳으로 많은 시간을 마주치고 느끼며 생활하게 된다.

직장이란 각양각색의 사람들이 모여 생활의 터전으로 삼고 있는 곳이며, 회사와 사회, 나아가 국가의 발전을 위해 특정한 일을 하는 곳이다. 이렇게 볼 때 직장, 특히 호텔에서의 생활은 근본적으로 몇 가지 특징을 가지고 있다.

첫째, 고객의 만족이라는 대명제 앞에 모든 구성원이 하나가 되어 대고객 서비스에 모든 노력을 다한다.

둘째, 종적인 상하관계가 많은 비중을 차지하고 있어 종횡의 복잡한 인간관계를 형성하고 있으며, 따라서 팀웍이 이루어지지 않으면 안된다는 것이다.

셋째, 직장의 구성원이 백인백색이다. 직장의 구성원은 우선 연령층이 각양각색이고, 각자의 학력과 지식 및 경험이 다를 뿐 아니라 개개인의 성격·기호·취미까지도 구구각색이므로 전체의 Team Work을 형성하기가 어려움은 물론, 개개인의 언행이 매우 중요하며, 여러 가지 까다로운 행동규범이 요구된다.

특히 최근 들어 내부 마케팅(internal marketing)의 중요성이 강조되면서 내부고객(internal customer), 즉 직장내의 구성원간의 관계에 대해 많은 관심과 연구를 행하고 있는 실정이다. 내부고객간의 원활한 인간관계는 직장생활 자체를 즐겁게 하고, 구성원 개개인의 즐거운 심리상태는 곧바로 훌륭한 고객 서비스로 이어진다는 사실에 주목하고 있는 것이다.

2. 고객(External Customer)과의 인간관계

외부고객은 호텔 식음료부문의 상품과 서비스를 최종적으로 이용하는 사람들이나 조직들이다. 외부고객은 상품과 서비스가 존재해야 될 근거를 제시해 주는 기준이며 목적이다.

호텔 식음료부문에 있어서의 고객은 최고의 시설에서 최고의 음식을 최고의 서비스와 함께 제공받을 권리를 가지고 있으며, 이러한 모든 상품을 격식에 맞게, 다른 고객에게 피해가 가지 않도록 이용해야 하는 의무 또한 가지고 있다고 하겠다.

- "Guest is always right."(Caesar Ritz)
- "Guest is a King."(Statler, 피터 드럭커)
- "고객은 황제이다."(존 에이커 IBM회장)
- "고객은 신이다."(일본의 Sony사)

위의 말을 빌지 않더라도 고객의 중요성을 우리는 너무도 잘 알고 있다.

호텔 식음료부문의 모든 직원은 최고의 상품과 서비스로써 고객의 만족을 뛰어 넘는 고객의 감동을 창출해야 하며, 고객이 호텔 식음료경영의 도구가 아니라 호텔 식음료경영의 목표이고 중심이 되어야 한다.

3. 내부고객(Internal Customer)과의 인간관계

내부고객이란 우리가 하고 있는 서비스업무를 지원하는 사람들이나 부서들 또는 조직들을 지칭하는 말이다. 내부고객이 없다면 혼자서 일을 처리할 수밖에 없으며, 내부고객들은 상호협조를 하는 가운데 서비스가치를 생산하게 되는 것이다.

1990년대에 들어 등장한 내부지향 마케팅은 내부고객인 서비스요원을 지향하는 마케팅을 지칭하는 말로 '서비스요원의 만족 없이는 고객만족도 없다'는 새로운 마케팅철학에서 유래된 신종이념이다. 인적 서비스에 대한 의존성이 높은 호텔식음료 서비스의 경우 이러한 이론에 근거한 내부고객간의 인간관계야말로 경영의 성패를 가늠하는 중요한 요소가 아닐 수 없는 것이다. 그러므로 식음료 서비스부문 조직 내의 인간관계는 물론, 업무적으로 연관이 있는 모든 협력부서나 그 조직원들간의 원활한 관계는 성공적인 식음료경영의 중요한 요소임을 인지하고 평소에도 노력을 아끼지 말아야 하는 것이다.

1) 좋은 인간관계 형성의 조건

그렇게 중요한 직장 내에서의 인간관계를 형성하는 데 필요한 조건은 무엇일까?

(1) 서비스정신의 함양

남보다 한 발짝 더 뛰고, 남을 항상 도우려고 하는 마음가짐이 중요하다.

(2) 협동정신의 발휘

직장의 공동목표를 달성하겠다는 굳은 의지로 회사의 각종 제도와 정책의 실현을 위해 적극적으로 협동하는 자세가 필요하다.

(3) 타인에 대한 관심

사랑의 반대는 증오가 아니라 무관심이라는 말이 있다. 상대에게 관심을 가져 준다면 사람은 인식되기를 바라는 공통심리가 있기 때문에 좋은 호감을 주고 인간관계 개선에 도움이 된다.

(4) 감사의 표현

평소 우리의 모습은 다소 무뚝뚝하며, 잘 아는 사이일수록 예절을 지키지 않는 경향이 있다. 감사의 뜻을 마음 속에 묻어 두고 행동이나 태도에 반영되지 않는다면 오해의 소지도 있고 협조적인 분위기가 깨질 수 있으므로 적극적으로 감사의 표현을 하도록 한다.

(5) 타인의 사정을 이해하려는 태도

항상 입장을 바꿔 남을 우선 배려하는 생활습관은 좋은 인간관계를 형성하는 훌륭한 방법이 되는 것이므로 노력을 아끼지 말아야 한다.

(6) 자신의 감정을 억제

나 하나의 감정폭발로 인해 조직의 분위기가 깨지는 경우를 우리는 어렵지 않게 볼 수 있다. 때로는 그 사람의 교양을 의심하게 할 정도로 감정을 참지 못하는 것은 개인의 이미지 형성뿐만 아니라 조직의 분위기 조성에도 좋지 않은 영향을 주므로 각별히 유의한다.

(7) 불평 · 불만의 처리

자신에 대한 불평이든 또는 타인에 대한 불만이든 즉시즉시 해소하는 방법이 필요하다. 평소 자기만의 불만해소방법을 터득해 실천하며, 상대방에 대한 불만은 서로의 대화를 비롯한 여러 가지 방법을 동원하여 해소하도록 한다.

2) 상사와 고객과의 인간관계 정립

① 보고는 신속 · 정확하게 한다.
② 상사의 지시를 항상 메모하고, 책임감을 가지고 철저하게 수행한다.
③ 부정적 사고와 소극적인 자세에서 탈피한다.
④ 매사에 창의적인 업무처리를 위해 노력한다.

⑤ 상사가 정확한 의사결정을 할 수 있도록 도와 드린다.
⑥ 근무시간과 약속시간을 철저히 지킨다.
⑦ 상사의 조언과 충고를 겸허하게 받아들인다.
⑧ 상사에 대한 불신감과 자만심을 떨쳐 버린다.
⑨ 상사가 잘못된 결정이나 지시를 할 때는 적극적으로 의견을 피력하여 그릇됨이 없도록 한다.

3) 부하직원과의 인간관계 정립

① 업무지시는 명확하게 하며, 결재는 신속하게 한다.
② 책임과 권한을 부여하고 신뢰하도록 한다.
③ 항상 자신의 자질향상을 위해 노력하고, 약속을 철저히 지킨다.
④ 칭찬을 아끼지 말 것이며, 더 열심히 하도록 격려한다.
⑤ 책임을 회피하지 않는 소신있는 일처리로 신뢰를 준다.
⑥ 퇴근시간에 임박해서의 지시는 삼가고, 회의는 짧게 한다.
⑦ 편견이나 고정관념을 갖지 않는다.
⑧ 고압적인 언행이나 거친 말투를 삼간다.
⑨ 사적인 업무지시를 하지 않으며, 비방하지 않는다.

4) 동료직원과의 인간관계 정립

어려울 때 아픔을 함께 하고 즐거울 때 그 기쁨을 나눌 수 있는 사람 중에서도 직장의 동료는 남다른 의미를 가지고 있다. 항상 비슷한 업무를 수행하면서 서로의 아픔을 이해해 줄 수 있는 장점과 서로 선의의 경쟁을 함으로써 자기발전의 동기가 될 수 있기 때문이다. 예상치 못했던 직장생활에서의 어려움을 함께 나눈다는 것, 겪어 본 사람이라면 그 고마움을 이해할 것이다.

① 항상 서로를 존중하는 태도를 갖는다.
② 동료보다 한 발 더 뛴다는 생각으로 일한다.
③ 동료가 어려움에 처했을 때 합심하여 해결한다.
④ 친할수록 언행을 조심한다.
⑤ 상호 비방을 삼가고, 서로 칭찬한다.
⑥ 항상 동료의 의견을 존중하고 아껴 준다.
⑦ 동료의 아픔을 감싸 주고 위로한다.

Chapter 11 식음료부서의 교육훈련

11.1 교육훈련의 의의

1. 교육훈련의 의의

호텔 식음료부문 직원의 자질을 개발하고 직무에 대한 적응성을 높임으로써 보다 나은 직무와 자격을 갖출 수 있도록 조직적이고도 체계적으로 유도하는 것이 교육이다. 그러므로 교육훈련은 현장의 최하위직원에서부터 감독자・관리자・경영자에 이르기까지 부서 내의 모든 사람들에게 필요하며, 철저한 계획하에 지속적으로 실시되어야 한다.

현대의 호텔 식음료부서의 인력관리추세를 보면 정식직원의 감소와 인턴 내지는 Casual Worker의 증가세가 뚜렷하다. 그만큼 전문적인 지식과 기술을 지닌 직원들이 줄어들고 있다는 이야기이다.

경영적인 측면에서의 원가비중의 증가와 질적 수준을 위한 적정재료비 원가비율의 유지 등을 생각하면 경영자가 손쉽게 선택할 수 있는 방법은 인건비의 절감이다. 앞에서도 언급하였지만 호텔의 식음료부문에 대한 경영은 긴 세월동안의 경험을 바탕으로 터득하는 부분이 많기 때문에 경험이 많은 직원들을 얼마만큼 확보하고 있느냐 하는 것이 상당히 중요하다고 할 수 있다. 그렇다고 해서 무작정 경력자만을 채용할 수는 없는 일이며, 새로운 직원의 채용을 통한 분위기의 쇄신과 새로운 감각의 상품개발 등을 기대할 수도 있는 것이다.

어찌되었든간에 경력자에게는 나름대로의 재교육 및 새로운 기술의 교육이 있어야 하며, 신입사원에게는 그에 맞는 오리엔테이션을 비롯한 교육이 있는 것이다.

교육훈련은 "직무를 보다 잘 수행하는 데 있어 필요한 모든 능력을 훈련을 통하여 터득시킴으로써 생산성을 높이는 것이다"라고 정의하기도 한다.

Education이란 의미는 세계대백과사전에 따르면 '교육하는 과정을 지적하는 데 필요한 말이다. 이는 아동을 성장시키고 발달시킨다, 지도한다, 도와 준다는 등의 의미를 가지고 있다.' 또한 교육은 Job Skill의 향상, 지식의 확대, 자세나 행동의 변화를 위해 가르치도록 하는 것이라 할 수 있다.

훈련이란 개념은 현대용어의 Training으로서 복잡한 기술개발이나 정밀한 관리기능의 체득 및 복잡한 사회적 사무나 직무에 대처해 나갈 수 있는 제반 활동을 포함한 의미로 사용되고 있다.

2. 교육훈련의 중요성

관광호텔의 정의나 식당의 정의를 보면 항상 공공의 장소라는 표현이 포함된다. 불특정 다수의 고객과 함께 해야 하는 서비스부문에 종사하는 직원으로서의 자질과 능력을 갖추어 맡은 바 직무를 성실히 수행하고, 사회에 봉사한다는 것이 그리 쉬운 일만은 아니다. 그러므로 관광이나 호텔분야 그리고 호텔의 식음료부문에 종사해야 하는 직원은 소정의 교육을 이수해야 하며, 일정한 자격을 갖추어야 하고, 끊임없는 교육을 통하여 그 능력을 계발 및 습득해야 한다.

서비스에 직접적으로 참여하는 직원의 입장에서는 자기계발과 더불어 능력을 갖추어 능동적으로 근무에 임함으로써 조직 내에서의 자신의 존재가치를 인식하고 직무에 대한 강한 동기부여와 직무수행의 원활화를 기하여 사기를 진작시킬 뿐 아니라 자아실현에도 도움을 줄 수 있다.

기업의 측면에서는 훌륭한 인적 자원의 개발과 관리를 통하여 고객에게 최고의 서비스를 제공함으로써 최고의 경쟁력을 갖춘 회사로 존속가능하며, 최소의 투자로 최대의 효과를 얻을 수 있는 기초를 다지는 길이 되는 것이다. 그 호텔의 수준은 그 호텔에서 근무하는 직원들의 수준에 따라 결정된다는 중요한 전제하에 꾸준한 교육훈련을 통하여 직원의 잠재능력을 개발하고, 그 능력을 충분히 발휘할 수 있는 환경을 조성하여 준다는 것은 기업의 장래에 대한 가치있는 투자가 되는 것이다.

고객의 측면에서는 훌륭한 호텔 식음료부문의 서비스를 통하여 자신의 신체적 건강유지는 물론, 정신적인 면에서의 만족을 통한 건강을 유지하는 길이 되며, 일상의 비즈니스를 원활히 수행할 수 있도록 하는 원동력이 된다. 최고의 서비스를 통한 최고의 만족과 감동은 그 자체만으로도 고객의 심리적 안정을 찾는 데 도움이 되며, 편안한 휴식과 양질의 영양공급으로 내일의 노동에 활력을 불어 넣는 효과를 얻을 수 있는 것이다.

11.2 교육훈련 프로그램

인간이 같은 인간에 대해 교육훈련을 실시한다는 것은 사실 상당히 어려운 일이다. 각기 다른 개성을 가진 구성원들을 하나의 목적을 달성하기 위해 일정한 교육을 일률적으로 실시한다는 것이 그리 쉬운 일이 아님은 누구나 주지하고 있는 사실일 것이다. 그러므로 호텔이나 식음료부문의 교육계획자는 철저한 교육계획과 분석을 통하여 기업·직원·고객 모두에게 유익한 교육훈련을 실시할 수 있도록 해야 한다.

1. 전사적인 프로그램

호텔의 교육부나 연수부서에서는 회사의 전체사원을 대상으로 하는 교육을 실시하며, 각 부서별 교육의 방침이나 계획 등을 지원하고 협조한다.

호텔 전체적인 차원에서 실시하는 교육 프로그램은 다음과 같다.

〈그림 11-1〉 교육훈련계획을 위한 순서

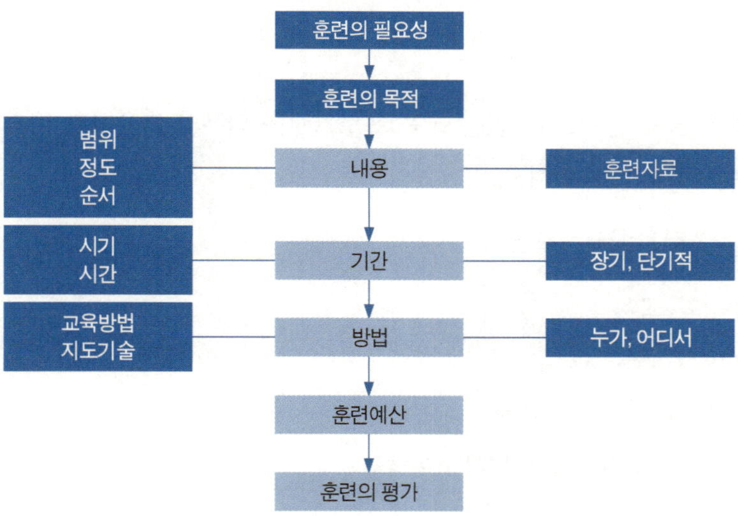

1) 사내교육

회사 자체 내의 계획과 프로그램을 가지고 실시하는 교육을 말하며, 전체직원을 대상으로 직급별로 다양한 프로그램을 개발하여 실시한다.

① 신입사원 Orientation

② 고객예절교육(guest courtesy training)

③ 서비스 정신교육

④ 영어 · 일어 등의 어학교육(language course)

⑤ 소방 · 안전 및 위생교육(fire, safety & sanitation)

⑥ 사내강사 양성교육(train the trainer)

⑦ 각종 교양교육

⑧ 임원 및 부서장 교육

⑨ 간부사원 교육

⑩ 중견사원 교육

⑪ 일반사원 교육

⑫ 실습생 교육

⑬ 매출증대 및 서비스향상 교육(up-selling & quality service)

⑭ 호텔의 상품 및 제도 교육(membership제도 등)

⑮ Communication 관련교육

⑯ 부서별 교환근무교육(cross training)

2) 사외교육

호텔 자체 내에서 실시할 수 없는 교육 프로그램을 외부의 교육기관에 의뢰하거나 참가토록 하여 교육을 이수한다.

① 최고경영자 교육

② 조직활성화 교육

③ 교육담당자 교육

④ 노조(노사위원회)간부 교육

⑤ 관광공사 및 협회주관 위탁보수교육

⑥ 노동부주관 위탁보수교육

⑦ 기타 교육관련기관 위탁교육

3) 해외연수

① 정기적인 해외연수

② 근무우수사원 Incentive성격의 해외연수

③ 호텔의 체인본부에서 주관하는 교육참가

④ 어학시험 성적우수자 해외연수

⑤ 각종 대회참가 및 견학

2. 부서별 프로그램

회사차원에서의 교육을 떠나서 각 부서별로 실시하는 교육으로 나름대로 심도있는 교육을 통해 분야별 전문가를 양성하는 데 크게 기여하는 교육 프로그램이다.

식음료부서의 교육담당자는 교육부서의 조언과 도움을 받아 부서에 맞는 교육계획을 작성하여야 하며, 아무리 바쁘고 힘들더라도 계획된 스케줄에 따라 꾸준히 교육을 실시하여야 한다.

식음료부서의 전문가를 양성하는 일은 하루아침에 이루어질 수 없는 것이므로 철저한 실무 위주의 교육을 통해 목적을 달성할 수 있도록 부서장의 각별한 관심과 교육담당자의 뜨거운 열정이 필요하다 하겠다.

① 부서내 신입생 Orientation

② 고객예절교육(guest courtesy training)

③ 매출증진교육(up-selling technique)

④ 용모 및 복장관리 교육

⑤ 소방 · 안전 · 위생교육

⑥ 전화응대교육

⑦ Suggestive Selling

⑧ 직책별 직무교육(on the job training)

⑨ 기물 및 장비취급 교육

⑩ 업장별 Food Knowledge 교육

⑪ Beverage Knowledge 교육

⑫ 영업회계관리 교육

⑬ Service Standard 교육

⑭ Service Procedure 교육

⑮ Foreign Language Training

3. 교육훈련 결과의 분석 및 보완

직원에 대한 모든 교육에 관한 자료는 교육참가 여부와 함께 결과를 개인 신상기록이나 교육이수관련 File에 기록하여 차후 상벌을 결정하는 자료로 삼고, 특히 진급이나 승급의 심사시 참고함으로써 객관적인 심사를 할 수 있도록 함은 물론, 직원 개개인도 교육의 중요성을 깊이 인식하고 평소에 성실하고 노력하는 습관을 가질 수 있도록 해야 한다.

개개인의 교육관련 및 어학시험의 결과는 신중히 비밀을 보장하는 상태에서 보관되어야 하며, 수시로 본인에게 보여 줌으로써 오류기재의 가능성을 사전에 배제하고, 모든 직원이 자기개발을 위한 동기부여의 효과를 얻을 수 있도록 하여야 한다.

마땅히 이수하여야 하는 교육을 이유 없이 이수하지 않은 경우에는 어떠한 형태로든지 불이익이 돌아가도록 제도화함으로써 교육이라고 하는 것은 어떠한 경우에도 반드시 이수하여야 한다는 인식을 뿌리깊게 내려 주어야 한다.

개별의 교육이 끝나면 그 교육에 대한 정확한 분석과 기록을 유지함으로써 한정된 프로그램만을 반복해서 이수하는 일이 없도록 해야 하고, 교육의 담당자는 피교육자의 수준·이해도 등을 면밀히 검토하여 교안을 수정한다든지 또는 교육횟수를 늘린다든지 하는 방법을 동원하여 충분히 이해하고 실전에 활용할 수 있도록 하여야 한다.

한 국가나 기업의 미래는 교육에 투자하는 만큼에 비례한다는 엄연한 사실을 명심하고 경영자나 관리자는 항상 교육관련 프로그램을 점검하고, 그 실행 여부를 감독하여야 한다. 다시 한번 언급하지만 특히 최근의 직원구성이나 고객의 기대수준으로 볼 때 교육이 얼마나 중요한 것인가를 강조하는 것은 아무리 강조해도 지나침이 없다고 할 것이다.

Chapter 12

식음료부분 회계와 원가관리

12.1 호텔 식음료 회계업무

1. 호텔 식음료 회계업무의 개요

F & B Cashier는 주문서를 받아 NCR · MICROS 등의 회계기를 사용하여 계산서를 작성하고 그 금액을 정산하며, 회계기를 마감한 후 캐셔(cashier)보고서를 작성하거나 회계기로 캐셔보고서를 산출하여 현금을 입금시키고 주문서 · 계산서 등과 함께 Night Auditor에게 인계한다.

캐셔는 고객이 정산하려고 할 때 예절바르고 정성스럽게 맞이하며, 대화를 할 때에는 정확히 발음하고 말소리를 낮추어야 한다. 고객이 이해하지 못하는 일이 생기면 작은 문제라도 참을성을 가지고 고객이 이해할 때까지 노력해야 한다. 어떤 경우라도 고객과 논쟁을 한다거나 화를 내서는 안되며, 항상 고객 위주로 근무하고 신속 · 정확하게 계산하여야 한다.

일일이 금액을 계산하고 결산하던 시대는 지나갔다. 잘 발달된 컴퓨터의 등장으로 회계기 또한 편리하고 빠르게 처리할 수 있도록 고안되었으므로 그 운용적인 면만을 잘 관리한다면 특별한 어려움은 없다고 하겠다.

실제로 하루의 영업시간동안 Formal Restaurant의 경우 캐셔가 처리하는 Bill의 숫자는 그리 많지 않다.

100평 기준으로 30개의 테이블이 준비되어 있는 식당의 경우 1회전을 한다고 가정하면 점심과 저녁영업을 합쳐 60여장의 Bill을 처리하게 되는데, 1장당 처리시간을 따져 보면 약 1분도 채 걸리지 않는다.

이런 실정이니 어느 경영자가 식당의 캐셔를 따로 두고 운용하겠는가? 이런 연유로 최근의 추세는 커피숍이나 Buffet Restaurant과 같이 고객의 숫자가 많은 곳을 제외하고는 거의 모든 영업장에서 지배인이나 Receptionist가 그 업무를 병행하도록 하고 있다.

그러므로 책임자나 실무자는 항상 금전관리에 대해 신중해야 하고, 고객의 계산처리에 문제가 발생하지 않도록 각별히 유의해야 한다. 그 식당의 마지막 서비스와 인상은 계산하는 과정에서 일어나는 경우가 많으므로 특별히 모든 고객에게 만족도를 여쭤 보고 불편하신 점은 없었는지 확인함으로써 고객에게 강한 인상을 심어 주어야 한다.

2. 업무내용

1) 주문서(Order Pad)

서비스 담당직원이 고객으로부터 주문을 받아 4매 1조로 되어 있는 주문서를 작성하면, 1장은 캐셔, 1장은 본인, 1장은 Delivery를 담당하는 직원, 그리고 마지막 1장은 주방으로 건네 줌으로써 서비스가 이루어지는 것이다.

2) 계산서(Bill)의 발생 및 정산

캐셔는 이 주문서에 적힌 대로 Bill을 작성하여 보관하고, 추가가 있을 경우에는 계속 그 Bill에 추가하면 된다. 그러나 최근에 널리 사용되고 있는 MICROS회계기의 경우는 별도로 계산서를 인쇄하여 사용하지 않고 Roll Paper를 사용함으로써 그때그때 필요에 따라 발행하면 되도록 하고 있다. 고객이 식사를 하시는 동안 계속 추가하여 입력을 한 다음 고객이 계산을 하시고자 할 때 내역을 출력하여 정산을 하면 되는 것이다.

지배인이나 Receptionist는 항상 고객의 동정을 잘 살펴서 어느 고객이 어느 테이블에서 식사를 하시는지를 항상 파악하고 있어야 하며, 혹시 정확하지 않을 경우에는 반드시 담당직원에게 문의하여 실수가 없도록 한다.

계산방법은 현금(cash), 신용카드(credit card), 투숙객후불(room charge), 외래객후불(A/R)로 분류하며, 현금 및 신용카드로 계산한 경우에는 반드시 영수증을 고객께 교부하도록 한다.

3) 가격점검(Break-down)

캐셔가 발행된 Bill을 근거로 품목별 수량을 점검하여 영업마감시에 계산서 금액과 일치시켜 각 품목의 단가가 잘못 전기되었는가를 검사하는 것인데, NCR 2135와 NCR 2160 이상의 회계기를 사용하는 영업장에서는 기계가 알아서 처리하므로 할 필요가 없는 작업이다.

4) F & B Cashier's Report

캐셔는 업무를 마감할 때 업장별로 발생된 고객수 · 식음료 · 봉사료 · 세금 · 합계금액 등을 보고서에 상세히 기록한다. 이 때 보고서 좌측의 계산서 번호 · 인원수 · 식음료 · 봉사료 · 세금의 합계와 우측의 현금 · 신용카드 · 투숙객후불 · 외래객후불 등으로 지불된 내용과 금액이 일치되어야 한다. 이 보고서는 계산서에 의해 작성되는데, NCR 2160 이상의 기종에서는 그동안 계산서에 의해 전기해 온 금액이 업무를 마감할 때 Waiter Terminal의 Waiter Report, Cashier Terminal의 Cashier Report, 그리고 Night Auditor에 의한 각종 보고서가 자동적으로 산출된다.

5) 입금봉투(Cashier's Envelope)

영업장별로 수납된 현금을 호텔의 대형 금고에 넣도록 된 봉투를 말한다. 이 때 캐셔는 봉투 표지에 표시된 대로 정확히 기입해야 하고, 수납 중 과부족이 발생하면 그 사유서도 동봉하여 경리부의 담당자가 참고할 수 있도록 하여야 하며, 그 처리는 수입심사에서 결정한다.

캐셔는 입금봉투를 봉하고 호텔의 프런트 데스크(Front desk)에 비치된 입금기록서에 기록한 후 증인입회하에 대형 금고에 넣는다.

6) 대형 금고(General Slot Safe) 관리

영업장에서 발생한 모든 현금을 넣는 금고로 24시간 감시가 가능한 곳에 두어야 하며, 이 금고에는 캐셔가 봉투를 넣을 수만 있고 수거하는 것은 다음날 아침에 경리부의 현금담당자만이 할 수 있다.

7) Restaurant Head Cashier

F & B Cashier들을 지도 · 감독하며, 프런트 캐셔 및 식당직원과의 유기적인 관계를 가지고 회사수입에 최대의 역량을 발휘해야 한다. 또한 식음료부서의 회의참석은 물론, 모든 캐셔의 근무 스케줄을 작성하며, 연회장의 기능에 따라 캐셔의 근무배치 및 수입에 관련된 것을 관리한다.

각 영업장을 수시로 방문하여 문제점을 보고 처리하고, 캐셔의 메뉴가격 숙지 및 회계기 사용관계를 지도 · 감독하며, 신입직원의 교육 및 지도를 담당하며, 연회행사표와 단체식사주문표를 매일 체크하여 근무배치 및 계산에 차질이 없게 하고, 캐셔들의 근무사항을 면밀히 검토하여 미약한 부분을 보강하도록 한다.

8) F & B Night Auditor

F & B Cashier들이 근무마감후 인계한 계산서를 업장별로 계산서의 연번호를 점검하고 Cashier's Report와 대조하며, 계산서의 계산이 정확한가 또는 봉사료와 세액이 정확한가 등을 체크하여 그 날의 수입을 확정한다. 또한 신용카드금액과 전표의 이상 여부도 확인하며, 외래객후불의 주소·성명, Sign의 정확 여부, 할인의 적정 여부를 확인한다.

직원의 식사계산서(officer's check)와 판촉의 일원으로 외래객에게 접대한 계산서(entertainment check)를 확인하며, 각 업장의 투숙객후불을 산출하여 Room Night Auditor와 일치시킨 후 식음료 1일영업회계보고서를 작성한다.

3. 식음료회계기

식음료부문의 회계기는 금전등록기를 시작으로 1977년 NCR 2135 기종이 생산·보급되어 사용되기 시작하였고, 1982년에는 NCR 2135 기종의 생산이 중단되고 NCR 2160 기종이 생산되어 사용되기 시작하였다. 1988년부터는 NCR 2160 기종도 생산이 중단되고, 새로운 NCR 2760 기종이 생산되어 쓰이고 있다. 또한 1990년대 중반에 들어서는 Touch Screen방식의 MICROS라는 회계기가 새로이 도입되어 주로 쓰이고 있다.

1) NCR 2135 회계기

최고 30개 품목의 메뉴단가를 기억하며, 봉사료와 세금이 자동적으로 계산되고, 계산서의 자동인쇄발행이 가능하며, 총매출액을 수시로 점검할 수 있는 식음료회계기이다.

2) NCR 2160 회계기

최초로 POS System이 가능해진 기종으로 프런트 데스크의 컴퓨터와 인터페이스(F & B Cashier가 NCR 2160 회계기에서 투숙객의 후불을 전기하면 프런트 데스크의 컴퓨터에 자동으로 즉시 입력되는 체제)가 가능하며, 각 메뉴에 대한 가격은 각 업장 및 메뉴에 따라 기억장치 내에 보관되어 있으므로 사용자는 해당 메뉴품목의 키(key)만 누르면 그 메뉴품목과 함께 자동으로 가격이 Print된다. 운영시간을 절약할 수 있으며, 가격을 잘못 입력시키거나 잘못 조작하는 것을 방지해 주고, 가격변동에 따른 재입력은 가격변동의 기능에 의해 수시로 가능하다.

고객계산서 통제방법에 의해 일단 주문을 하고 난 후 중간 마감할 수 있으며, 추가주문은 물론, 다른 업장의 고객계산서를 이동시킬 수 있으므로 고객 서비스의 향상에 만전을 기할 수 있다.

식당의 특성에 따라 Server용 Terminal과 Cashier용 Terminal을 별도로 지정하여 각자의 업무에만 전념할 수 있으므로 고객이 기다리는 시간을 단축시켜 영업장의 관리를 능률적으로 할 수 있다.

고객의 계산서번호를 Bar Code로 미리 계산서에 인쇄함으로써 번호를 일일이 입력할 필요없이 Printer에 넣는 순간 자동으로 번호가 읽히는 방식으로 사용시간을 단축할 수 있다.

NCR 2760 회계기

MICROS 4200 회계기

3) NCR 2760 회계기

NCR 2160 회계기의 기능 외에 Personal Computer의 기능이 있어 중앙의 통제를 받지 않고 독자기능(stand alone)의 형태를 수행할 수 있고, 다양한 응용 프로그램을 작성할 수 있으며, 이를 이용하여 적정재고관리 등 각종 보고서를 산출할 수 있다.

또한 자동가격정보와 전자감사기능 및 전기(posting)과정을 통하여 매출에 대해 엄격히 관리·통제할 수 있으며, 회계기를 작동할 때 도움말(help)의 기능을 제공함으로써 사용자가 쉽게 사용할 수 있도록 되어 있다. 이 밖에도 각종 정보를 제 때에 제공함으로써 전체적인 업장관리의 효율화 및 대고객 서비스 향상에 기여할 수 있다.

4) MICROS 4200

최근에 등장한 이 기종은 Touch Screen방식으로 화면이 크고 화면의 밝기를 자유자재로 할 수 있는가 하면, 컴퓨터의 기능은 물론, POS System을 운용하는 데 아주 편리하게 되어 있는 기종이다.

고객의 Bill과 주문서(Captain order pad)를 따로 제작할 필요가 없고 Roll Paper를 이용함으로써 자원의 낭비를 방지할 수도 있다. 까다롭게 계산하는 고객의 요구를 손쉽게 처리할 수 있을 뿐만 아니라 자유자재로 Seperate Bill 및 One Bill로 전환이 가능하고, 주방과의 커뮤니케이션에 유용한 기능을 가지고 있으므로 고객의 다양한 요구에 능동적으로 대처할 수 있다는 장점이 있다.

그때그때 필요한 Report 및 영업상황을 Paper Report 출력 없이 검색이 가능하므로 영업분석에 도움을 주는 기종이라 하겠으며, 현재 많은 호텔의 부대영업장과 외식업체에서 사용하고 있다.

12.2 식음료 원가관리

1. 식음료 원가관리의 목적

1919년경 미국에는 약 426,000여개의 식당이 있었으며, 소도시의 시민들은 상당히 외식을 즐기는 편이었다. 그러나 1919년에 제정된 볼스테드법(The Volstead Act)으로 해서 알코올성 주류가 판매금지되자 주류의 판매에서 주로 이윤획득을 꾀하던 대부분의 많은 식당은 경영난에 허덕이게 되었다. 여기서 탈피하기 위하여 모색된 활로가 곧 식음료 원가관리의 강화방안과 회계제도의 강조였다.

이것은 실로 1910년 프레드 보디센(Fred Baudissin)이라는 무명의 식당사업자에 의해 식료 원가관리제도(Food cost control system)가 연구된 이후 처음있는 발전이었다.

성공적인 식음료사업의 경영성과를 위해서는 효율적인 식음료 원가관리제도가 전제된다. 일반적으로 대부분의 기업에 있어서는 원가계산제도(cost accounting system: 원가의 기록과 계산기능)와 원가관리제도(cost control system: 원가에 대한 통제의 기능을 수행하는 것)의 개념의 병립과 실무상의 병합을 실행함으로써 효율적인 경영관리가 가능하도록 노력하고 있다.

미국 회계학회(AAA)에서 1956년에 발표한 원가계산의 목적은 다음과 같다.

① 회계설정을 위한 목적의 원가수치 제공
② 관리목적을 위한 원가수치 제공
③ 재무제표 작성 등 기타 목적을 위한 원가수치의 제공 등

위에서 언급된 원가수치의 제공이란 목적은 원가의 계산기능에 의한 것이며, 계획의 수립과 관리의 목적으로 그 수치를 사용하는 기능 자체는 원가의 관리기능인 것이다.

다시 말해서 원가계산 자체가 목적이 될 수 없으며, 다만 원가관리를 위한 수단적 및 과정적 기능에 불과하다 하겠다.

그런데 실제로 원가를 관리하는 데는 다음의 두 가지 주제에 초점을 맞출 필요가 있다.

① 원가를 현재의 수준에 유지하는 데 제반 노력이 경주되나 보다 바람직한 원가관리의 목표는 원가의 인하이다.

② 원가를 통제함으로써 그 관리의 목적을 추구하는 것보다는 오히려 올바른 원가계산을 통한 정확한 자료수치나 정보에 의해 계획의 기능을 강화하는 방향으로 관리의 목표를 두는 것이 바람직하다.

혼그린(Horngren)은 원가회계의 목적을 계획과 관리의 기능 외에도 제품원가의 계산에 두고 있다(이정자, 1994에서 발췌 · 인용).

식음료원가를 관리하는 식당의 경영자는 구입에서 판매에 이르기까지의 상품의 움직임에 따른 기능(가격의 흐름)을 잘 파악하여 매 단계마다 능률적인 원가관리를 하도록 해야 한다.

그래서 미국의 크렉(Lothor A. Kreck)은 콘트롤의 영역과 과정을 다음과 같이 요약하고 있다.

① Purchasing(Basic Operating Activities)

② Receiving(Basic Operating Activities)

③ Storing(Basic Operating Activities)

④ Issuing(Basic Operating Activities)

⑤ Pre-preparation

⑥ Prepare Portioning

⑦ Service

⑧ Accounting and Sales

즉 식음료 콘트롤의 목적은 경영진에게 식음료판매에 가능한 한 많은 이익을 올릴 수 있도록 정보제공, 판매가격, 양목, 물품구입의 수량 및 질을 결정하는 데 있고, 이러한 기본방침을 설정하는 데 있다. 그러므로 무엇보다도 중요한 것은 식음료의 원가를 줄이고 판매를 증진시키는 데 있어 식음료 콘트롤의 기능을 어떻게 살릴 것인가에 목적이 있는 것이다.

2. 식음료 원가관리의 형태

1) 비율에 의한 원가관리제도(Percentage Control System)

식료의 매출원가를 매출로 나눔으로써 계산되는 식료의 원가율(the percentage of food cost)을 기초로 하는 것으로 식료원가가 매출의 일정범위 내에 있도록 관리하려는 통제적 개념하에서 성립된다.

이 방법은 구체적인 원가수치가 아닌 비율에 의하여 원가의 관리를 도모하는 것이므로 메뉴의 판매가나 원가변동에 관계 없이 그 비교가 가능할 뿐만 아니라 높은 식료원가 여부를 밝히는 데 매우 효과적이다.

2) 표준원가관리제도

미리 재료비를 결정하여 사전원가를 계산하고 이것을 목표로 실제원가와 비교함으로써 원가를 관리하려는 방법이다.

현대의 식음료사업이 목표에 의한 관리(MBO: Management By Objectives)를 지향한다는 측면에서 고려할 때 원가가 적정선을 유지하고 있는 것인지의 여부를 판단함으로써 현재와 동일한 내용으로 경영활동을 계속 수행해 나갈 것인가, 아니면 다소의 수정을 가함으로써 부진한 실적을 회복시켜 나갈 것인가에 대한 경영자의 의사결정을 도와 줄 수 있는 판단의 지표가 필요하게 된다.

표준원가관리제도란 업적을 판단하고 각 메뉴품목별 판매가격의 결정에 필요한 자료로서의 수치와 기준을 신속히 파악해야 하는 경영관리상의 그와 같은 요구에 대한 해결방안인 것이다.

표준원가관리에 의해서 기대되는 경영성과의 제고는 경영관리의 목적, 의사결정의 목적, 노무비절약의 목적 등과 같은 목적기능의 달성에 의한다고 할 수 있다.

(1) 표준원가의 종류

당좌표준원가(current standard cost)와 기준표준원가(basic standard cost)로 구분되고, 당좌표준원가는 다시 이상표준원가, 정상표준원가, 달성가능한 표준원가로 구분되어진다.

가) 이상표준원가(Ideal Standard Cost or Pure Standard Cost)

모든 여건이 완벽한 이상적인 상태, 즉 낭비나 축소·폐기 등이 전혀 없고, 최적의 능률이 보장되며, 설정된 모든 보조적 표준이 준수되었을 경우에만 실현될 수 있는 원가이다.

19세기 초에는 이러한 이상표준원가가 지배적인 양상을 보였으나 오늘날에 와서는 달성가능한 원가가 지배적 경향에 있다.

나) 정상표준원가(Normal Standard Cost)

과거의 정상적인 조업상태인 실제 조업도의 평균에 장래 예측치를 고려하여 결정한 조업상태하에서의 표준원가이다.

다) 달성가능표준원가(Attainable Standard Cost)

실제로 발생될 조업도를 예상하고 이에 준해서 실제로 달성할 수 있는 여건과 수준에서 결정되는 표준원가를 말한다.

- **달성가능표준원가** = 이상표준원가 + 허용차(여유: tolerance)

(2) 원가요소(Elements of Cost)

원가요소란 원가구성요소의 약어로 원가를 구성하는 각종의 경제가치를 말한다. 일반적으로 재료비 · 노무비 · 경비 등을 '원가의 3요소'라 칭한다.

① **재료비:** 총매출액에 대해 재료비가 차지하는 비율로서 호텔 식음료부문에 있어서 가장 큰 비율을 차지한다.

② **노무비:** 임금, 휴일수당, 병가비용, 급식비, 복리후생비 등

③ **기타 경비:** 청소용품비, 커미션, 주방용품, 연료비, 세탁비 등

(3) 표준원가의 설정기준

가) 재료소비량 표준의 설정기준

재료의 변화 등을 알기 위한 재료의 화학적 · 물리적인 분석, 시험적인 단위생산(yield test), 표준조리법(Standard recipes)에 의한 재료의 명세, 과거의 재료소요 평균치, 과거의 경험 등을 기초로 하여 재료의 품질표준과 표준단위크기(standard portion size) 등을 고려함으로써 완성된 식료단위당 소요되는 각종 식재료의 수량을 결정한다. 물론 여기에는 비숙련 조리사 및 주방종사원의 기술부족 혹은 부주의, 기타 재료품질불량에 의한 재료의 손실이나 낭비 따위는 포함시키지 않으나 정상적인 작업상태에서 발생되는 폐물과 정상적인 감손을 인정하여 재료수량표준에 산입한다.

나) 재료의 가격표준

구매부나 저장부서에서 결정하는 것으로 재료의 소비량과 단위가격에 의해 변동한다.

가격의 표준은 재료의 구매·운반·취급 등이 일정수준의 양호한 능률을 유지할 때 달성가능한 수치로써 결정한다. 기술적인 면에서 재료가격 표준의 결정을 위해서는 과거의 구매가격을 원가법에 의해 개별원가에 의하거나 혹은 총평균과 단순평균 및 이동평균의 방법에 의해 산정하거나, 최근 구매가격의 중간치, 통계적 방법에 의한 가격추세의 예측 등에 의존하기도 한다.

이렇게 산정된 재료의 표준가격과 실제원가의 차이는 어느 정도까지는 구매부의 업무수행능력에 의해 좌우되기도 하나, 보다 근본적인 원인은 시장상황, 구매관습, 수급관계, 계절적 문제, 경기변동 등에 의한 영향이 크다. 그러므로 구매부서는 항상 재료원가 인하방안을 염두에 두고 정책적으로 구매하도록 하여야 한다.

(4) 표준의 수립

식재료의 표준원가를 산출하기 위해서는 관련된 모든 보조적인 표준의 수립이 선행되어야 한다. 왜냐하면 이것은 표준원가관리에 있어서 표준원가의 계산자료 및 관리기술에 대한 자료가 됨으로써 식음료관리자가 과도한 낭비의 원인이나 그러한 사태를 야기하는 부분을 발견하는 데 기여할 것이기 때문이다.

가) 1인분 몫의 표준크기(Standard Portion Size)

호텔식당의 고객에게 판매될 각각의 품목별 1인분에 대한 단위크기·수량·무게 등을 나타낸다. 단위표준의 크기는 모든 품목에 설정하여야 하며, 다음과 같은 중요성을 지닌다.

① 고객에게 제공할 정확한 양을 결정하고 식당의 고객이 지불할 가치에 대한 정당한 대가로써 적량의 상품을 제공하여 고객의 권익을 보호한다.
② 호텔의 경영관리적 측면에서 관리하기가 편리하다.

나) 표준조리법(Standard Recipes)

특정품목에 대해서 기대되는 일정의 품질이나 양에 맞추어 준비하고 조리할 수 있도록 조리법과 접시 등 그릇에 담는 방법 및 서비스방법에 대해 기술해 놓은 것을 말하며, 그 목적은 다음과 같다.

① 특정품목을 조리했을 경우 그 제조원가의 산정이 용이하여 적정한 판매가격 결정에 기여한다.
② 표준조리법에 나타나 있는 재료소요량 자체가 기대되는 일정의 능률하에서 결정된 표준재료소비량이므로 표준원가의 결정에도 기여한다.

③ 상품을 생산함에 있어 품질관리에 기여한다.

다) 표준구매명세표(Standard Purchase Specification)

구매에 있어서의 내용지침서로서 특정대상에 대한 특성을 기술한 기술서이므로 이것을 작성하는 데는 상당한 시간과 비용과 노력이 소요된다.

① 식음료제품의 일반적인 상품명이나 호텔이 거래에 있어서 사용하는 이름
② 구매할 물품의 수량단위, 즉 갑, g, 파운드, 큰 박스(carton) 등
③ 품목별로 요구되는 품질등급이나 상품명
④ 단위포장 안에 들어 있는 물품의 규격이나 수량
⑤ 단위당 규격, 즉 Case의 규격이나 무게, 야드, 다스, Gallon 등
⑥ 특정품목의 구매에 필요한 내용이나 특정사항에 대한 기술 등의 내용이 포함된다.

(5) 표준원가의 계산

① **원가계산의 기초자료:** 1인분 몫의 표준크기, 표준조리법, 표준구매명세서, 표준산출고의 수립, 메뉴품목별 판매수량, 소비된 원재료의 구입원가 및 시가(market price)
② **매출원가계산을 위한 정산표:** 식사 코스별로 모든 품목을 나누어 각각의 품목에 대한 주재료와 곁들이는 재료비 및 그 합계, 판매가, 매출수량, 매출수익총계, 원가계 및 표준재료비 원가율 등을 한 눈에 볼 수 있도록 집계해 놓은 것.
③ **표준원가계산에 영향을 미치는 요소:** 복수 메뉴의 운영, 가격수준의 변동, 메뉴의 변화, Sales Mix의 변화 등

3) 판매분석에 의한 방안

판매분석(sales analysis)은 표준원가관리와 원가분석에 이용되고 있다. 특정품목에 대한 과거의 매출기록을 자료로 이용함으로써 보다 더 정확한 장래의 매출예측과 이에 따른 생산량 예측을 할 수 있게 된다. 또한 예측된 판매수량을 실제의 판매수량과 비교함으로써 그 적정 여부를 판단·관리하고 장래의 새로운 예측을 위한 기초로 제공한다.

4) 상품군별 원가관리(Commodity Group Control)

어느 식재료상품 그룹에서 과대한 원가가 발생하고 있는가의 여부를 발견하는 데 효과적인 방법으로 재료원가의 계산을 위해서는 당일의 구매와 저장고로부터의 재고인출분을 다음과 같은 각 그룹별로 구분하여 기록하는 것이다. 즉 Meat, Fish, Seafood, Fruits, Vegetables, Groceries(잡화류) 등으로 식재료를 구분한다. 그런 다음 각 그룹별 원가와 전

체의 합계된 원가를 계산하여 관리한다.

5) 단위원가의 관리(Portion Cost Control)

원가가 높은 품목으로 인하여 야기되는 문제를 해소하기 위하여 식재료상품 그룹 중에서 고원가상품을 알아내려는 데 이용되는 관리방안으로 단위원가(portion)의 분석에 따른다. 이것은 전체의 메뉴품목 중에서 가장 높은 원가를 발생시키는 품목을 알아낼 수 있으므로 비교적 정확한 식재료 원가관리 방안이라 할 수 있다.

Chapter 13

식자재 및 음료관리

13.1 식자재 및 음료관리의 개요

1. 식자재 및 음료관리의 정의

기업활동에 필요한 자재를 효율적으로 관리하기 위한 과학적인 관리기술이라 할 수 있으며, 식음료 자재관리는 기업활동에 필요한 품목을 명확히 파악하는 때부터 시작된다.

효율적인 관리란 합리적·능률적인 관리로서 자재의 분류와 소요량 산정 및 구매·보관·공급·처분에 이르는 일련의 과정을 합리적이며 능률적으로 수행하는 것이며, 과학적인 기술이란 전문기술과 경험을 필요로 하는 관리영역으로서 고도로 발전된 관리기술에 대한 전문지식과 경험을 갖추어야 하는 숙련된 특수업무를 뜻한다.

필요한 자재의 소요산정과 구매·저장·분배·처리의 여러 기능을 합리적으로 수행하는 기술로 표현하는 식음료 자재관리는 구매관리와 저장관리 및 출고관리로 크게 나눌 수 있다.

2. 식자재 및 음료관리의 목적과 기능

1) 식자재·음료관리의 목적

식음료자재를 취급하는 관계자들의 원가에 대한 의식을 높이게 하고, 합리적인 방법으로 관리되어 낭비가 되풀이 되는 일이 없도록 하는 것이 식음료 자재관리의 목적이다.

2) 식자재·음료관리의 효과

① 낭비가 방지되어 예정된 목표이익을 실현한다.

② 실제원가계산이 정확하게 계산되므로 식음료 자재처리에 있어서 낭비의 요인이 발생하는 것을 방지한다.

③ 식음료자재의 가격변동에 민감해진다.
④ 식음료자재의 원가를 알게 되므로 취급에 주의하게 된다.
⑤ 낭비방지와 절약의식이 다른 분야에도 시너지효과를 일으킨다.
⑥ 식음료상품의 생산이 계획적으로 진행되며, 영업성적에 지대한 관심을 갖게 된다.
⑦ 서로서로의 업무를 이해하게 되어 인간관계 형성에 도움을 준다.
⑧ 검품검량이 확실해지므로 재고수량에 관심을 갖게 되고, 보관에 최선을 다하게 된다.
⑨ 메뉴의 인기도 파악이 명확해지므로 메뉴 엔지니어링에 도움이 된다.
⑩ 식음료 생산부서(주방, bar)의 관리가 용이해진다.

3) 식자재 · 음료관리의 기능

(1) 기본기능

식음료 자재관리도 생산관리의 일환이므로 생산 제1차 관리가 적용된다.

① **품질관리:** 구매명세의 결정, 납품검사, 구매처에 대한 품질 및 기술지도를 통하여 품질의 향상과 불량의 감소를 도모한다.
② **원가관리:** 구입품의 원가관리 또는 허용원가를 설정하며, 적시적량발주, 적정재고 운용, 구입처와의 공동연구 또는 기술지도를 통하여 원가절감을 꾀한다.
③ **공정관리:** 소요량 납기의 결정, Lead Time(기획에서 생산까지의 시간 또는 발주에서 배달까지의 시간)에 기준한 발주조정, 진도의 점검을 통하여 납기 및 수량의 확보와 납품지연을 방지한다.

(2) 부수적인 기능

자재관리의 고유기능으로서 다음과 같은 관리가 시행되며, 종합적인 실시가 효과적이다.

① **재고관리:** 원가절감 · 적정재고유지 · 원재료회전율 향상으로 요약되며, 저장품의 적정재고 유지에 중점을 둔다. 사내 전재고자산에 대한 재고관리로 재고수량과 금액의 기준을 설정할 필요가 있다.
② **저장관리:** 자재의 보관이나 운반을 합리화하고 이에 소요되는 인건비와 기타 비용을 절감하며 자재의 품질을 유지하여야 한다. 입고시에는 구입처로부터 납품되는 방식에 대한 규제가 필요하며, 출고시에는 현장 운반관리자와의 협조가 필요하다.
③ **구매관리:** 구매는 하나의 영업행위로서 그 방법과 합리성 여부에 따라 이익을 추구할 수도 있고, 손실을 초래할 수도 있다. 시황, 대체재 및 신개발, 거래선, 거래

조건 등을 연구하고 시황이나 가격에 따라 선구매, 단가계약 체결, 구입처간의 경쟁유도 등이 필요하다.

13.2 구매관리

1. 구매관리의 의의와 목적

식음료의 구매·검수·저장·출고에 관련된 업무활동은 식음료원가의 흐름에 있어 제일 첫 단계라고 볼 수 있다. 그러므로 이것은 식음료관리의 기초단계로서 이러한 제반 활동이 효율적으로 수행될 수 있어야만 최소의 비용으로써 최선품질의 식음료를 준비할 수 있는 기반을 마련하게 된다 하겠다.

일반제조기업에 있어서는 총판매수익의 평균 56% 정도가 재료원가로 지출되는데 비해, 호텔경영에 있어서는 그 비율이 다소 낮아서 일반적으로 25% 정도인 것으로 알려져 있다. 이는 호텔산업이 전투자액 중에서 고정자산의 비율이 큰 특징으로 해서 최초투자비가 과대하며, 또한 호텔 전체로 볼 때 제조기업의 성격을 띠지 않기 때문이다.

그러나 식음료부문만큼은 제조가 그 본질적 업무의 성격을 갖고 있으므로 매일의 경영활동 결과로 발생되는 여러 비용 중 식음료의 재료비가 최대의 단일비용항목으로 표출되고 있다. 그러므로 이러한 식음료 재료원가의 효율적인 관리 여부는 식당운영에 있어 성패를 좌우하는 주요인으로 작용하고 있다.

그런데 호텔경영에 있어서 식음료수익이 실제로 전체의 경영성과에 대해 차지하는 비중이 크므로 이것은 비단 식음료부문의 영역에만 국한되는 것이 아니라 호텔 전체의 경영성과에 직접적인 영향을 미치는 문제가 된다.

사실상 식당경영에서 야기되는 근본적인 과제는 식음료재료의 관리라 할 수 있겠는데, 식음료 재료나 제품이 갖는 강한 부패성으로 해서 물품관리 및 생산관리상 시간적·공간적 보유재고량에 제약이 따르고 있으며, 이러한 모든 문제의 불가피성은 그 관리상의 곤란을 가중시키고 있는 것이다.

특히 목표에 의한 관리(MBO: Management By Objectives)를 지향하는 현대호텔경영에 있어서 객실부문은 물론, 식음료부문으로부터 기대되는 성과는 사전에 목표로서 수립되고 있을 뿐만 아니라 호텔 총수익에 대한 점유율이 큰 만큼 호텔의 전반적인 목표와 그 경제적인 성과에도 간과할 수 없는 영향요인으로 나타나게 된다.

따라서 식음료의 원가통제는 식당에 국한되는 국소적인 문제의 영역을 초월하여 호텔경영관리적 의의를 갖게 된다. 대체로 과대한 식음료원가는 재료의 구매와 이에 따른 검수·저장·출고에 이르는 모든 활동을 수행하는 동안 야기되는 모든 형태의 재료손실·낭비에 기인하고 있다. 그러므로 그러한 과정에서 야기되기 쉬운 문제점에 대한 구매관리자의 관리노력으로 그러한 불필요한 비용의 발생을 최대한으로 배제하여야 한다.

2. 구매의 기본요건

양적으로나 질적으로 최고의 상품을 최저가격으로 구매한다는 것은 어느 회사 누구를 막론하고 똑같은 목표일 것이다. 이러한 목표를 효과적으로 달성하기 위해서는 다음과 같은 세 가지 기본적인 요건을 필요로 한다.

1) 자격을 갖춘 구매자

구매하고자 하는 상품에 대한 충분한 지식을 갖추고 있어야 하는 식품구매자가 갖추어야 할 요건은 다음과 같다.

① 계절에 따른 상품의 생산지
② 품질면에 있어서 그 상품이 지니고 있는 성질
③ 정확한 저장조건 및 온도 등에 관한 지식
④ 식품의 적기(effective time: 제품이 제맛이 나는 시기)에 관한 지식
⑤ 산지가격에 관한 분석능력
⑥ 상품의 준비과정(F & B preparation)
⑦ 표준구매규격명세서에 관한 지식
⑧ 책임감있고 정직·성실·공정한 인품 함양
⑨ 모든 관련자들과의 원활한 인간관계 형성 및 유지
⑩ 주인의식·원가의식·개선의식·봉사의식·명예의식·직업의식 함양

2) 훌륭한 표준구매규격명세서

어떤 특정상품에 요구되는 품질·크기·중량·수량 등과 같은 사항에 대한 서술서로서 상품을 발송 또는 수령하는 데 있어서 구매인이나 수령인을 위한 적절한 지침이 될 수 있을 만큼 상세히 서술하여야 한다. 구매자·수령자·물품조달자는 각각 상품의 규격명세를 1부씩 가지고 있어야 하며, 이를 철저히 지키도록 하여야 한다.

3) 효과적인 구매방법 · 과정

여러 가지 구매방법 중에서 그 식당에 맞는 방법을 채택하여 시행하나 그 목적은 항상 같다는 것을 명심한다. 경쟁입찰을 하든 또는 직접구매를 하든 구매담당자는 항상 성실하게 근무에 임해야 하며, 시장조사를 통한 정보의 습득을 게을리 해서는 안된다.

4) 구매와 관련된 관리활동

자격있는 직원을 고용하고, 표준구매규격명세서가 준비되었으며, 효과적인 구매방법과 과정이 마련되었다 하더라도 그것을 운용하고 경영하는 관리활동이 미비하다면 성공을 보장할 수 없다. 그러므로 경영자 및 관리자는 항상 그들의 업무를 점검하고 감독하여 목표한 바를 달성할 수 있도록 최선의 노력을 아끼지 말아야 한다.

3. 구매계획의 수립

① **기초정보의 확보:** 구매에 관한 기록, 자료의 보관, 가격변화에 대한 기록보유, 원재료 재고 및 그 소비에 관한 계속적 기록의 보유, 식음료 판매업자에 관한 기록의 유지, 구매명세서 파일, 취급품목에 대한 Catalog

② **조사연구:** 시장에 관한 연구, 취급품목에 대한 연구, 원가분석, 공급원에 대한 평가, 생산업자의 공장견학 및 조사, 많은 공급원개발, 대체품목의 개발과 그 공급원의 개발 및 확보

③ **물품의 획득과 조달:** 물품청구서(requisition)의 검토, 견적서(quotations securing)의 관리, 견적내용의 분석, 계약에 의한 구매 또는 시장구매의 결정, 구매와 배달일정계획, 계약내용의 협상, 계약내용의 법적 여건 검토, 구매를 위한 발주 및 사내 각 부서별 주문의 접수, 배달된 물품의 점검, 물품대금 영수증의 점검, 대금청구서 내용의 확인, 식음료 판매업자와의 연락관계, 판매업자와의 필요한 내용의 절충

④ **물품의 관리:** 최소한의 재고량 유지, 재고량의 일정량 유지, 재고회전율의 개선, 오래된 재료의 우선적 사용(FIFO), 물품요건의 정리 및 통합, 포장 및 용기의 표준화, 반송가능한 용기에 대한 계산, 물품관리 업무수행에 대한 정기적 보고

⑤ **기타:** 비용의 계산, 잔여물이나 노후물품 또는 잉여물품의 처리, 상호 거래관계에 대한 처리

4. 구매절차

구매활동은 구매요구서(purchase requisition)를 접수하면서부터 시작되어 구매요구된 물자가 납품되어 검수가 종료된 때에 끝난다.

〈그림 13-1〉은 그 절차를 일목요연하게 보여 주고 있다.

〈그림 13-1〉 구매절차에 관한 흐름도

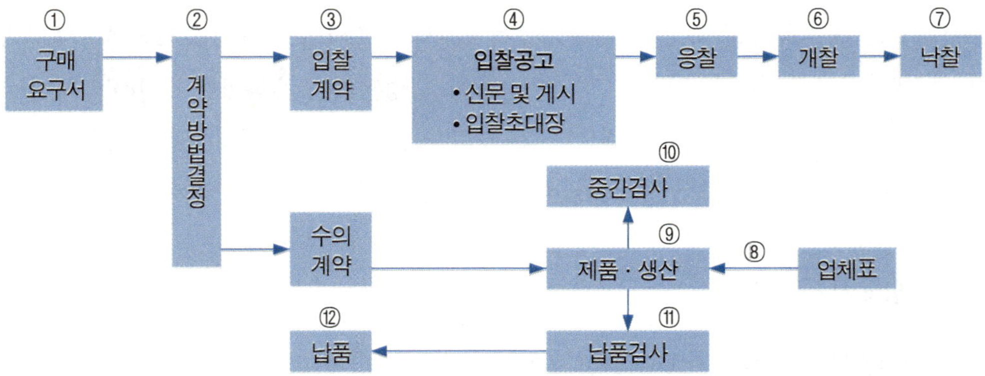

5. 검 수

검수는 구매과정 못지 않게 중요한 업무이다. 아무리 좋은 물품을 구매하였다 하더라도 그 물품의 수령단계에서 제대로 검사하지 못한다면 모든 노력이 물거품이 됨과 아울러 회사에 막대한 손실을 초래할 수 있기 때문이다.

검수를 담당하는 직원은 앞에서 말한 구매담당자의 능력을 갖추어야 함은 물론, 정확한 수치개념과 계량도구의 사용을 통하여 한 치의 오차도 없도록 업무에 임해야 한다. 특히 인간적인 사사로운 정에 이끌려 자신의 직분을 망각하는 일이 없도록 만사에 공명정대한 근무태도를 견지해야 한다. 대개의 회사가 구매부나 경리부 소속의 조직으로 편제되도록 하여 같은 부서의 직원끼리 구매와 검수를 담당토록 함으로써 공정하고 냉철한 검수가 이루어지기 어렵도록 하고 있는 실정이므로 경영자는 이러한 폐단에서 과감히 탈피하여 독자적으로 업무를 수행할 수 있도록 배려함으로써 소신있는 업무를 수행할 수 있도록 하여야 한다.

검수를 담당하는 직원은 자신의 눈과 손끝에서 식음료부서의 성패가 결정되고, 나아가 호텔 전체의 경영성패에 영향을 준다는 엄청난 사실을 인지하여 책임있는 업무수행이 되도록 하여야 한다.

13.3 저장관리

1. 저장관리의 의의와 목적

식음료재료의 구매와 검수가 이루어지고 나면 즉시 출고할 것은 그 자리에서 바로 해당영업장에 불출하고 나머지는 합리적인 방법으로 보존하는 것이 필요한데, 이렇게 재료를 원래의 소요에 충당하기 위하여 보존하는 상태를 저장(storing)이라 한다.

Dispense Bar의 내부

호텔에는 대개의 경우 일반자재창고(general store), 식품저장창고(food store), 음료저장창고(beverage store) 등을 준비하여 운용하고 있다.

인력과 시설을 투자하여 저장을 하는 것은 한 마디로 물품의 적정보관상태와 재고관리를 효율적으로 하며 망실·파손 ·부패 등으로 인한 손실을 최소화하는 데 그 목적이 있다 하겠다.

또한 식음료자재를 저장하는 데는 다음과 같은 목적을 가지고 있다.

① 부패나 폐기에 의한 식음료의 손실을 최소화함으로써 식음료원재료의 적정재고를 유지하려는 데 있다.
② 식음료의 출고가 올바르게 이루어지도록 하려는 데 있다.
③ 입고 및 출고된 식음료재료의 현황을 매일매일 관리한다.
④ 물품청구서에 의한 식음료재료의 출고는 특별한 사유가 없는 한 그것이 사용되는 시점에서 이루어지도록 하는 데 있다.

2. 저장관리의 일반원칙

식음료재료의 효과적으로 저장하고 관리하기 위해서는 다음과 같은 일반원칙을 따르는 것이 좋다.

1) 저장위치표시의 원칙

식음료재료가 어디에 있든지 쉽게 위치를 파악하고 확인할 수 있도록 하여야 한다.

그러므로 재고위치제도를 적용하여 품목별로 카드를 만들어 관리하여야 한다. 이러한 관리를 함으로써 누구든지 쉽게 원하는 물품을 관리할 수 있도록 하여 준다.

2) 분류저장의 원칙

최적상태로 저장하는 저장기준을 참고로 하여 식음료자재의 성질・용도・기능 등에 따라 분류기준을 설정한다. 같은 종류의 물품끼리 저장함으로써 입출고시의 번잡과 혼돈을 방지하여야 한다.

3) 품질유지의 원칙

일반적인 식음료자재의 적정저장온도・습도・저장기간 등을 적용하여 품질의 변화가 생기지 않도록 최고의 품질수준을 유지한다. 냉동・냉장・진공포장 등의 방법을 이용한다.

4) 선입선출(FIFO: First-In First-Out)의 원칙

재료의 저장기간이 짧으면 짧을수록 재고자산의 회전율이 높고, 자본의 재투자가 효율적으로 이루어질 수가 있다. 특히 변질되기 쉬운 품목과 유효기간이 설정되어 있는 품목의 출고관리에 유의한다. 그러기 위하여는 적재할 때부터 입고순서에 따라 출고될 수 있도록 하여야 한다.

5) 공간활용의 원칙

저장시설에 있어서 가장 중요한 것은 보온 및 충분한 저장공간이다. 저장공간은 저장품목의 양과 부피에 따라 결정되며, 품목 자체가 점유하는 공간 이외에도 운반장구의 이동공간도 고려되어야 한다. 또한 벌레・세균・박테리아 등으로부터 식음료자재를 보호하기 위하여 다음과 같은 사항을 매일 실시한다.

① 저장시설의 바닥을 매일 쓸고 닦는다.
② 저장시설을 규칙적으로 닦고 깨끗이 한다.
③ 바닥은 언제나 건조된 상태를 유지한다.
④ 선반을 매일 깨끗이 한다.
⑤ 주기적으로 구충・구서제를 살포한다.

3. 식자재별 저장방법

모든 품목은 품목별 특성과 적정온도를 파악하여 가능한 한 검수 즉시 입고하도록 하고, 저장고상태 · 환기상태 등을 면밀히 체크하여 보관하도록 한다.

1) 과일의 저장방법

과일의 저장온도는 0~15°C로 품목에 따라 각기 다르나 보통 6°C가 적당하다. 과일은 흠이 쉽게 나므로 가능한 한 흠집을 적게 하기 위하여 모든 방법을 동원하여야 한다.

① **사과:** 썩은 것은 항상 분류시키고, 포장지가 젖지 않았으면 상자채로 보관한다. 사과는 손질하는 것을 피하고 주의깊게 취급한다.

② **살구:** 흠이 쉽게 나므로 조심해서 다루고, 썩은 것은 빨리 분류하여야 한다. 신선한 맛의 유지를 위하여 통풍이 잘되는 곳에 보관한다.

③ **바나나:** 특히 환기가 잘되는 곳에 보관해야 하는데, 공기를 빨아드는 곳은 적당치 못하다. 노란색 겉에 갈색의 점이 보이면 완전히 익은 것이나, 완전히 익기 전에 건조하게 보관하는 것이 좋으며, 냉장고에는 보관하지 않는다.

④ **딸기:** 습기가 있는 곳에서는 빨리 익으며, 건조한 곳에 두고 하루에도 몇 번씩 주의깊게 Box를 흔들어 밑에까지 환기를 시킴으로써 곰팡이를 방지하여야 한다. 매일매일 주문을 받도록 한다.

⑤ **자몽**(grapefruit)**:** 찬 날씨와 더운 날씨도 잘 견디어내는 과일이다. 더운 날씨에는 3~4일 내에 사용하여야 하며, 오랫동안 보관시키려면 건조한 곳을 피한다.

⑥ **포도:** 상자에 든 포도는 위와 밑에 간격을 만들어서 통풍이 잘 될 수 있도록 하고, 차고 건조하게 보관한다. 썩은 부분을 제거하고, 조심스럽게 다루며, 필요할 때 포장을 풀어 사용한다.

⑦ **레몬:** 오래 보관하려면 건조하거나 습한 곳을 피해서 포장한 채로 보관한다. 젖었을 경우에는 물기를 닦은 다음 보관한다.

⑧ **오렌지:** 포장한 채로 건조하게 보관한다. 무더운 날씨에는 특히 조심하여야 하며, 3~4일분을 주문한다.

⑨ **복숭아:** 건조하게 보관하고 산적하지 않도록 한다. 환기를 잘 시키되, 직접 팬(fan)의 바람을 받지 않도록 한다.

⑩ **배 · 토마토:** 포장한 채로 건조하게 보관한다. 익지 않은 것은 시원한 장소에서 보관하면서 서서히 익힌다. 완전히 익은 후에 더욱 썩기 쉬우므로 세심한 주의가 필

요하다.

⑪ **수박:** 2개 이상 산적하지 말고 냉장고에 보관하면서 매일 두번씩 돌려 놓는다. 끝이 나쁜 부분이 보일 때는 도려낸 다음 셀로판지를 붙이고 고기류와 분리해서 냉장고에 보관한다.

⑫ **파파야:** 냉장고에 보관 후 3~4시간 내에 쓰는 것이 가장 이상적이며, 건조한 곳에 보관하지 말고 상자채로 보관한다. 썩기 쉬운 과일이므로 2~3일 정도의 분량만 주문한다.

⑬ **머스크 멜론**(musk melon)**:** 400~500g의 중량에 딱딱한 부분이 많을수록 좋으며, 건조한 곳을 피해 상자가 좌우로 되도록 보관한다.

⑭ **키위**(kiwi)**:** 조금 부드러운 것이 좋고, 너무 익은 것은 좋지 않다. 보관방법은 보통 과일과 똑같고, 1주일간 냉장고에 보관이 가능하다.

⑮ **아보카도**(avocado)**:** 딱딱한 것은 좋지 않고 부드러워야 하며, 보관기간은 1주일 정도가 적당하다(green: 미국 플로리다산, Black: 멕시코산).

⑯ **파인애플:** 디저트용과 요리장식용 두 가지가 있다. 장식용으로는 표면이 딱딱한 것이 좋고, 디저트용으로는 장식용보다 더욱 신선한 맛이라야 한다. 끝이 노랗게 되면 맛이 변한 것이다. 보관은 냉장고에서 3~4일 정도 가능하다(필리핀산, 대만산).

2) 야채의 저장방법

야채의 저장목적은 신선하고 풍부한 영양을 그대로 유지시키는 데 있다.
냉장고의 보관온도는 2~7°C이며, 냉장고 윗부분에 저장하는 것이 좋다.

① **Lima Beans:** 공기가 중간에 통할 수 있도록 해서 건조하게 보관한다.

② **Cabbage:** 양배추의 변색을 방지하려면 충분한 공기가 필요하므로 산적해서 보관하지 않도록 한다.

③ **Celery:** 조각난 얼음을 자주 뿌려서 서늘하게 보관한다. 시든 것을 싱싱하게 만들기 위해서는 얼음물을 오랫동안 뿌려 놓는다.

④ **Eggplant:** 건조하게 보관한다. 가지가 줄어들면 물을 채워서 회생시킨다.

⑤ **Lettuce:** 물을 자주 뿌려서 싱싱하게 한다.

⑥ **Mushroom:** 강한 불빛에는 빠르게 검게 된다. 이 검은 색은 부패의 징조이므로 뚜껑을 씌워 건조하게 따로 보관한다. 주문량은 하루분량씩만 한다.

⑦ **Onion:** 강한 냄새가 빠질 수 있는 곳에서 다른 물품과 분리시켜서 차고 건조하게 보관한다. 금방 무르게 되므로 오랜 기간의 보관은 불가능하다.

⑧ **Parsley:** 자주 물을 뿌리면, 털을 살려서 싱싱하게 할 수 있다. 공기가 밀폐된 컨테이너에 넣어 보관한다.

3) Meat의 저장방법

① **Beef:** Fresh Meat의 일반적인 보관온도는 0~2°C이고, Beef는 -2°C가 되면 동결이 된다. Meat를 구입할 때에는 사용할 양을 미리 측정하여 낭비가 없도록 한다. 냉장고는 냄새를 제거해서 깨끗이 하고, 벽 · 선반 · 꼬챙이는 정기적으로 소독을 해서 청결하게 사용한다. 자주 사용하는 고기는 쉽게 손이 닿는 곳에 놓고, 통풍이 잘 되도록 공간을 만들어 준다. 성과 나이가 쇠고기의 맛과 질을 결정지으며, 가격의 차이로 반영되고 있으므로 구입단계에서부터 신중을 기한다.

② **Pork:** 적정온도는 0~2°C에서 7~10일간 보관이 가능하다. -2°C에서 동결이 되며, 좋은 것은 3~7일간 보관하는 것이 좋다. 돼지고기의 주성분은 단백질과 지방질이며, 무기질과 비타민류가 소량 함유되어 있다. 연령과 부위에 따라 다르나 윤기가 나고 엷은 핑크빛을 띠는 것이 양질의 것이다. 쇠고기와 달리 보수력이 약하므로 상온에 방치하여 두면 쉽게 육즙이 생겨서 조리시에 양이 줄어드는 손실이 오게 된다.

③ **Veal:** 수분이 많은 송아지고기의 보관기간은 1주일 정도가 적당하며, 냉장고에서 빼내자마자 사용해야 한다. 어릴 때 거세한 송아지육으로 대부분 최상급 또는 상등급에 해당한다. 2.5~3살에 판매한다.

④ **Lamb:** 양고기는 도살 즉시 냉동시켜서 사용한다. 해동시킨 것은 4~7일간 보존이 가능하다. 양고기는 쇠고기보다 엷으나 돼지고기보다 진한 선홍색이다. 근섬유는 가늘고 조직이 약하기 때문에 소화가 잘되고 특유의 향이 있다.

⑤ **Chicken:** 0~2°C에서 4~6일간 보관이 가능하지만, 맛의 변질이 빠르기 때문에 될 수 있으면 신선한 것을 사용하는 것이 좋다. 닭을 도살하고 2~3일동안 낮은 온도의 냉장고에서 숙성시키면 육질이 연하고 맛이 좋아진다.

⑥ **Ham, Sausage, Bacon:** Ham · Sausage류는 10°C 이하에서 보관하는 것이 좋다. 보통 Meat 냉장고에 보관(3°C 이하)된 Sliced Ham과 Bacon은 2~3일 정도가 좋고, 가열처리가 안된 Sausage는 1주일, 가열처리된 것은 2주일 정도 보관하는 것이 좋다.

⑦ **Fresh Fish:** 신선한 생선은 0~4°C 사이에 보관하는 것이 제일 좋다. 얼음은 생선을 싱싱하게 하는 데 가장 좋으며, 생선의 습기를 계속 유지시켜 준다. 생선의 부패 여부를 자주 확인하여야 하며, 신선도를 잘 조사하여야 한다. 운반시에는 생선을 얼음으로 포장하여야 하고, 검수시에도 얼음을 부셔서 생선이 상하지 않도록 잘 취급하여야 한다. 주문한 생선은 잘 정리·정돈하여야 하며, 거칠은 취급은 피하고, 품질의 파손이나 흠을 방지하여야 한다.

⑧ **Frozen Fish와 Shell Fish:** 냉동생선은 냉동된 상태를 그대로 유지하면서 보관하여야 한다. 냉동된 생선은 해동시키지 말며, 보관온도는 -18°C를 유지한다. 만약 부패한 생선을 냉동고에 보관하면 보관장소가 불결해질 뿐만 아니라 다른 생선의 질과 맛에도 영향을 끼치므로 주의한다.

⑨ **Egg:** 계란은 강한 냄새가 나는 식료품으로부터 분리해서 냄새의 오염을 막아야 한다. 습기찬 계란은 썩지 않도록 건조시키고, 계란 사이에 통풍이 잘되도록 간격을 만들어 준다. 또한 냉장고의 파이프로부터 떨어지도록 하여 보관한다.

⑩ **Butter:** 버터는 광선과 공기를 접하면 쉽게 부패하고 색깔도 퇴색하므로 주의깊게 포장해서 꼭 뚜껑을 덮어야 한다. 그리고 냄새가 강한 식품과 분리하여 보관한다.

⑪ **Cheese:** 치즈는 냉동상태를 견디어내지 못한다. 치즈는 유제품에서 분리시켜 잘 보관하고 응어리진 것은 젖은 천을 사용하여 건조함을 예방하고 다른 품목으로부터 스며드는 냄새도 방지한다.

〈표 13-1〉 냉동품의 최대저장기간(-20°C 이하일 때)

품명	기간(월)	품명	기간(월)
Beef	6-12	Chicken	6-12
Lamb	6-9	Turkey	3-6
Veal	6-9	Fillet	3
Pork	3-9	Cooked Poulty Meat	1
Sausage	1-3	Ground Meat	1-3

13.4 출고관리

1. 출고관리의 의의와 목적

출고란 저장창고로부터의 물품인출에 대한 관리를 의미하나, 광의에서는 직접구매에 의한 물품의 취급까지도 물품저장고에서의 출고와 함께 출고관리 영역에 내포된다고 할 수 있다. 이러한 출고관리의 목적은 정해진 사람이 적절한 절차를 따라서 물품을 출고함으로써 원가의 낭비를 방지할 수 있고, 물품출고를 날짜에 따라 계산할 때 용이하게 하는 데 있다.

2. 출고에 따른 제반 관리활동

① 출고는 반드시 물품청구서(store requisition)의 작성 및 제출에 의하여 이루어져야 한다.

② 출고직원과 업장에서 물품을 수령하러 온 직원과의 정확한 수량파악에 의해 출고가 이루어져야 한다.

③ 물품인출에 필요한 청구서는 창고에 있는 식음료재료의 재고와 출고된 물품의 계산에 사용될 뿐만 아니라 월중의 식음료매출에 대한 원가율을 구하는 데 자료로써 사용된다.

④ 출고에 사용되는 대표적인 것은 출고전표인데, 이것에는 품목, 수량, Code No., 부서장의 서명이나 도장이 꼭 날인되어야 한다.

⑤ 1일 2회 정도 오전과 오후로 나누어 정해진 시간에 물품청구서를 접수하여 물품을 출고함으로써 업무의 능률화를 꾀한다.

⑥ 출고업무담당자는 국산제품과 수입제품을 구분하여 처리한다.

⑦ 출고를 담당하는 직원이나 수령하는 직원 모두 일의 능률이나 위생 및 파손방지 등을 위하여 Cart를 이용한다.

⑧ 출고가 이루어진 후에는 물품청구서의 사본을 잘 보관하고, 반드시 컴퓨터에 정리하여 재고관리목적에 이용하도록 한다.

⑨ 물품청구서에는 출고자와 수령자의 서명이 반드시 기재되도록 한다.

Chapter 14

식음료 서비스 설비관리

14.1 식음료 서비스 설비계획의 목적

1. 식당설비계획의 필요성 인식

식음료 서비스의 디자인과 설계는 비용의 관점에서 뿐만 아니라 음식의 질과 서비스의 면에서도 그 운영의 성패와 밀접한 관계를 가지고 있다. 실제로 어떠한 Layout을 가져가고 어떠한 시설을 하여야만이 신속하면서도 능률적인 서비스를 제공할 수 있느냐는 문제가 결정되며, 그 곳에서 근무하는 직원들의 피로도가 바로 Layout을 비롯한 식당의 시설적인 면에 많은 영향을 받기 때문이다.

많은 호텔과 식당이 처음 개관을 하고 실무자들이 배치된 후 많은 문제점들을 가지고 있으므로 멀쩡한 시설을 뜯어 고친다거나 변경하는 경우가 허다 하다. 이는 주방이나 서비스를 담당하는 전문가들의 의견이 철저히 무시된 채 디자인적인 측면만을 고려하여 계획하고 시공하였기 때문이다.

시설의 내용과 배치의 계획단계에서부터 설계자의 의견만을 존중할 것이 아니라 실제적으로 그 시설을 이용하고 운용해야 하는 고객과 직원의 입장을 고려하는 슬기를 발휘함으로써 많은 비용과 시간을 투자하여 시설한 것을 영업도 시작하기 전에 고쳐야 하는 폐단을 사전에 예방하여야 할 것이다.

경영자는 현재와 미래의 식음료 서비스를 계획하고 운영적인 면에서의 개선을 끊임없이 추구하여 운영경비의 절감은 물론, 서비스의 질적 향상에 기여해야 하는 막중한 책무를 가지고 있는 것이다.

2. 식당설비계획의 목적

식당에 있어서 디자인이란 크기 · 모양 · 형태 · 서비스에 사용되는 건물이나 장식 그리고 이러한 장소들 상호간의 관계를 의미하고, 설계란 보다 특수한 의미로서 식음료 서비스 내의 여러 장소에 대한 세부적인 배열과 이러한 장소 내에서의 설비와 기재의 위치를 말한다.

전체적인 분위기, 즉 가구, 색깔, 도자기, 각종 Tableware류, 벽장식, 메뉴, 유니폼 등이 전체적으로 조화를 이루는 것은 물론, 효과적인 실내장식과 설비 등이 이루어질 수 있도록 하는 것 또한 성공적인 식당설비의 목적의 하나가 될 것이다.

고객에게는 아늑하고 세련되며 차분한 분위기를 제공하고, 근무자에게는 최고의 설비를 가지고 가장 생산성있는 근무환경을 제공함과 동시에, 고객이 원하는 상품을 제 때에 신속히 제공할 수 있는 시스템을 갖추는 것이야말로 식음료설비에 있어서 추구해야 하는 최고의 목표인 것이다.

그러므로 경영자나 설비책임자는 다음의 특수성을 잘 활용하고 연구하여 기업이 목표로 하는 바를 달성할 수 있도록 하여야 할 것이다.

① 기능의 다양성
② 품질관리 및 원가관리
③ 설비의 다양성
④ 장래의 변화예측에 따른 디자인 및 기능 설계

〈그림 14-1〉 식당 종류별 1객석당 기준면적표

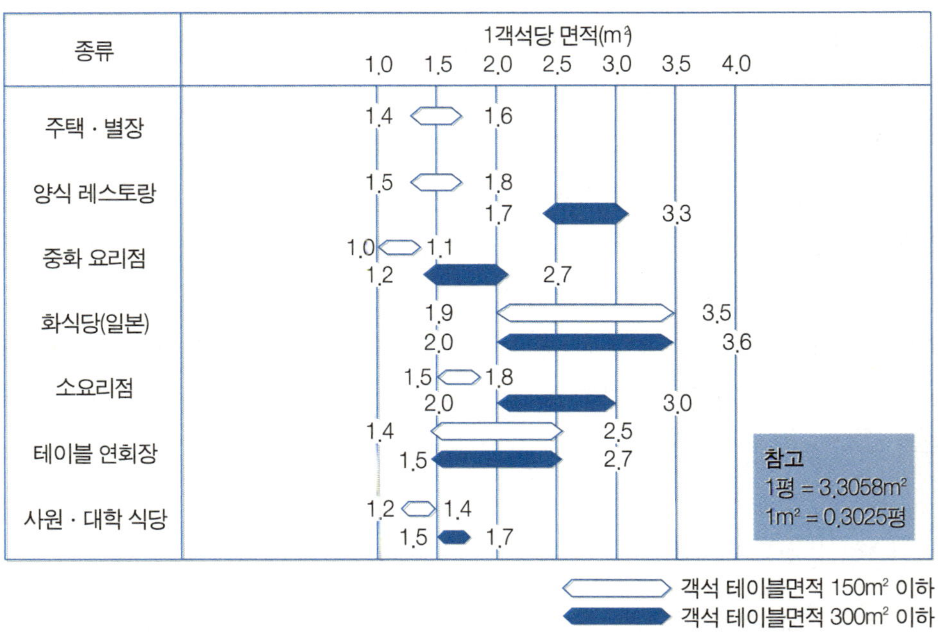

〈표 14-1〉 테이블형식과 1객석당 테이블면적의 기준표

서비스방식	테이블형식		1객석당 상면적(m^2)
식탁 서비스 (table service)	정방형 테이블 배열	평행 2인용	1.4~1.6
		평행 4인용	1.3~1.7
		각절 4인용	1.0~1.2
	방형 테이블 배열	4인용	1.3~1.5
		6인용	1.0~1.3
	원형 테이블 배열	4인용	0.9~1.4
	고정의 긴 테이블 배열	4인용	0.7~1.0
	연회용 배열	복수열	0.9~1.1
		단수열	1.0~1.3
카운터 서비스 (counter service)	원형으로 둘러싸인 카운터		1.4~1.6
	직렬단일 카운터		1.7~2.0
셀프 서비스 (self service)	방형 테이블 배열	4인용	1.3~1.5
		6인용	1.0~1.2
		6인용	0.9~1.1

14.2 효율적인 식음료시설 배치

1. 시설배치계획의 필요성

앞에서도 지적했지만 일반적으로 보면 호텔의 식음료시설이 완성된 후에 지배인이나 주방장이 근무를 시작한 후에는 최초의 시설 또는 기구의 배치가 변하는 것이 통례이다. 왜 그래야만 하는가? 최초의 설계에서부터 시설의 배치에 이르기까지 전문가 및 사용할 직원의 의견이 무시된 채 무계획하게 시설되었기 때문이다.

배치계획은 기업의 생산성을 결정하며, 경우에 따라서는 기업의 존망 자체를 결정하기도 한다. 아무리 훌륭한 기자재 및 시설을 도입하더라도 그 시설 및 기자재의 배치가 잘못된다면 생산성을 기대하기는 커녕 아까운 비용의 낭비만을 초래할 수도 있다는 점을 명심해야 할 것이다.

2. 효율적인 시설배치의 효과와 목적

1) 효율적인 시설배치의 효과

식당을 운영함에 있어 일반적으로 경제적이며 직원의 안전과 만족감을 주는 시설 및 업장의 배치를 추구해 나간다. 생산에 관여하는 요소들인 작업자, 원료, 기계 및 보조설비 등을 효율적으로 배치하여 낮은 비용으로 제품을 생산함으로써 기업의 이윤을 극대화하려 할 것이다. 그러므로 효율적인 시설의 배치는 다음과 같은 효과를 기대할 수 있다.

① 직원의 건강 및 안전에 대한 위험의 감소
② 직원의 사기앙양 및 만족감의 증대
③ 생산성의 증가
④ 생산원재료 낭비의 감소
⑤ 시설이 차지하는 공간의 감소
⑥ 기계와 노동력 및 서비스의 효용증대
⑦ 중간재고 및 물자취급량의 감소로 제품과 품질의 안정성 증가
⑧ 상품생산시간의 단축
⑨ 감독의 용이성·효율성
⑩ 기타 변화에 대한 조정이 용이하다.

2) 효율적인 시설배치의 목적

위의 효과를 동시에 모두 성취할 수는 없겠지만 하나하나가 시설배치의 연구에 의해서 얻어진 결과로써 다음과 같은 목적을 말할 수 있다.

① 종합적인 조화의 원칙
② 최단거리 운반의 원칙
③ 유통원활의 원칙
④ 공간활용의 원칙
⑤ 안전도와 만족감의 원칙
⑥ 융통성의 원칙

3. 시설배치의 형태

생산을 하기 위해서는 생산의 요소인 노동력·원자재·기계 중 최소한 한 가지는 움직여야 하므로 이 개념으로부터 다음과 같은 세 가지의 시설배치형태가 있다.

1) 고정위치에 따른 시설배치(Layout by Fixed Position)

주된 원료가 어느 고정된 위치에 놓여지고 기계와 공구 및 기타 원료 그리고 직원에 의해 이 위치에서 작업이 진행된다. 이 방법은 선박과 같이 생산품의 크기가 대단히 크지만, 생산량이 적은 경우와 수공에 의해 일관된 작업이 행하여지는 경우에 적합하다.

2) 공정에 따른 시설배치(Layout by Process of Function)

같은 유형의 작업이 같은 장소에서 행하여지는 것이 특징이다. 즉 동종의 기계나 비슷한 조립공정은 그룹화된다. 생산품목이 다양하나 생산량이 적은 품목으로 기계공장, 섬유 및 인쇄작업, 서비스업을 예로 들 수 있다.

3) 생산품에 따른 시설배치(Layout by Product or Line Production)

이 배치는 기계와 조립작업장이 작업의 순서대로 배열되어 있는 것으로 재료들이 한 공정에서 다음공정으로 직접 운반된다. 생산량이 대단히 많고 제품이 표준화된 경우에 적합하다.

위에서 알아 본 시설배치의 유형은 주로 공산품의 생산에 적용하는 형태이나 식당의 주방은 생산부서로 인식하고 있는 만큼 공정에 따른 시설배치의 형태를 식당설비의 배치에 도입하는 것이 무난할 것이다.

참 고 문 헌

1. 국내문헌

김근종(2008), 서비스의 이해, 새로미
권용주 외(2007), 호텔·외식음료경영실무론, 백산출판사.
김성혁(2002), 컨벤션산업론, 백산출판사.
김영준(2006), 레스토랑세일즈테크닉, 백산출판사.
김진수(2008), 호텔식음료서비스론, 기문사.
나영선(1996), 호텔서양조리실무개론, 백산출판사.
나정기(1994) "메뉴계획과 디자인의 평가에 관한 연구," 경기대학교 대학원 박사학위논문.
대생기업, 기본 및 업무 Manual.
박준형(2000), 볼프강의 글로벌비즈니스에티켓, 김영사.
박진배(2003), 호텔경영과 디자인 팔레트, 도서출판국제.
양유석 역(1998), 보이지 않는 것을 팔아라, 해리 벡위드, 문예당.
오정환(2000), 호텔관리개론, 백산출판사.
월간호텔 & 레스토랑(2006~2011).
윤태환 외(2005), 최신호텔외식실무 주방경영론, 백산출판사.
이우현·정구영(1991), 마케팅원론, 형설출판사.
이유재(1998), 서비스마케팅, 학현사.
정구점(2007), *Hotel Management Work-Shop*, 새로미.
정인태·이종순(1996), 현대호텔식음료경영론, 형설출판사.
조관일(1998), 서비스에 승부를 걸어라, 도서출판 다움.
조문수·윤혁수(1998), 외식사업경영론, 기문사.
최동열(1998), 관광서비스론, 기문사.
최정길(2005), 호텔경영학, 21세기사.
플라자호텔 식음료 매뉴얼.
한국관광협회(1984) 관광호텔 표준편람.
호텔롯데, 식음료 *Service Manual.*
호텔 인터컨티넨탈 서울 Hotel School 교육자료집, *Food & Bever: Age, Culinary.*
KFI(1998), 외식사업경영론, 백산출판사.

2. 국외문헌

Bahamon, Alejandro(2003), *New Hotels*, Harper Collins International.
CIA(1991), *The New Professional Chef*, fifth ed., New York: Van Nostrand Reinhold.
Kunz, Martin Nicholas(2003), *Luxury Hotels Europe*, teNeues Publishing Group.
Powers, Thomas F. et al.(1984), *Food Service Operations: Planning and Control*, John Wiley & Sons, Inc.
The Gallup Monthy Report on Eating Out, 1987, Vol. 7, No. 3.
Ypma, Herbert(2000), *Hip Hotels*, Thames & Hudson.

저자소개

■ **김 진 수**

- 경기대학교 대학원 관광학박사
- 그랜드인터컨티넨탈서울(식음료부, VIP라운지, 프런트)호텔 근무
- 동원대학 호텔외식경영과 교수
- 하와이주립대학교 KCC(Hotel & Restaurant Dept.) 연구교수
- 조주기능사 출제, 실기면접위원, 컨벤션기획사 필기출제위원
- 호텔경영사, 호텔관리사, 호텔서비스사, 국내여행안내사 면접위원
- 현) 한국관광서비스평가원(KTSEC) 대표
  한국관광이코노미호텔업협회(KTEHA) 회장
  경인여자대학교 호텔경영과 겸임교수

〈저서〉

- 호텔식음료관리론, 호텔실무전문용어, 관광서비스, 호텔경영정보론(공저), 국제매너와 에티켓, 호텔식음료경영론

■ **복 창 근**

- 서경대학교 대학원 경영학과 경영학박사
- 경희대학교 경영대학원 관광경영과 경영학석사
- 라마다 올림피아호텔 13년 근무
- 썬앤문그룹(라마다서울 호텔그룹) 12년 근무
- 경동대학교 관광학부 겸임교수
- 안산공과대학 관광정보과 겸임교수
- 장안대학교 호텔경영과 겸임교수
- 서경대학교, 대원과학대학, 수원여자대학, 국제대학, 가천길대학 강사
- 현) 부천대학교 관광경영과 교수

■ **이 현 재**

- 세종대학교 대학원 호텔관광경영학과 호텔관광학박사
- 롯데호텔 외 근무
- 현) 대덕대학교 호텔관광서비스과 학과장
  한국웨딩학회 부회장 겸 자격검정위원장
  한국정보관리협회 문서실무사 출제위원

〈저서〉

호텔체험가이드, 호텔・외식 연회컨벤션 경영실무

〈논문〉

- 컨벤션 결정속성이 참가자 만족에 미치는 영향
- 와인소비자의 음용특성・선택속성이 고객반응에 미치는 영향에 관한 연구

저자소개

■ 이 성 우

- 순천향대학교 일반대학원 관광경영학박사
- 청주대학교 산업경영대학원 경영학석사
- 호원대학교 관광통역학과 외래교수
- 우송정보대학 관광학부 외래교수
- 현) 온양그랜드호텔 근무
  백석대학교 호텔관광과 외래교수
  순천향대학교 관광경영학과 외래교수

■ 김 원 식

- 세종대학교 대학원 호텔관광경영 박사과정 수료
- Griffith University Hospitality & Tourism Management 석사 졸업
- Criterion Hotel F&B Brand Manager
- 노보텔 대구 F&B Office Manager
- 현) 한국관광공사 베니키아사업팀 전문위원

호텔 식음료실무

2013년 8월 25일 초판 1쇄 인쇄
2013년 8월 30일 초판 1쇄 발행

저 자 김진수·복창근 · 이현재·이성우 · 김원식

발행인 寅製 진 욱 상

저자와의 합의하에 인지첩부 생략

발행처 백산출판사

서울시 성북구 정릉3동 653-40
등록 : 1974. 1. 9 제 1-72호
전화 : 914-1621, 917-6240
FAX : 912-4438
http://www.ibaeksan.kr
editbsp@naver.com

값 17,000원
ISBN 978-89-6183-775-0